SERIE CULTURAS

VIOLENCIAS, IDENTIDADES Y CIVILIDAD

Para una cultura política global

Collegeville, PA
30-5-2006

SERIE CULTURA

Dirigida por Néstor García Canclini

Se ha vuelto necesario estudiar la cultura en nuevos territorios. La industrialización y la globalización de los procesos culturales, además de modificar el papel de intelectuales y artistas, provoca que se interesen en este campo empresarios y economistas, gobernantes y animadores de la comunicación y participación social. La presente colección dará a conocer estudios sobre estas nuevas escenas, así como enfoques interdisciplinarios de las áreas clásicas: las artes y la literatura, la cultura popular, los conflictos fronterizos, los desafíos culturales del desarrollo y la ciudadanía. Daremos preferencia a estudios en español y en otras lenguas que están renovando tanto el trabajo de las disciplinas «dedicadas» a la cultura –antropología, historia y comunicación– como los campos que se abren para estos temas en la economía, la tecnología y la gestión sociopolítica.

GEORGE YÚDICE Y TOBY MILLER	**Política cultural**
GUSTAVO LINS RIBEIRO	**Postimperialismo** *Cultura y política en el mundo contemporáneo*
SCOTT MICHAELSEN Y DAVID E. JOHNSON (COMPS.)	**Teoría de la frontera** *Los límites de la política cultural*
GEORGE YÚDICE	**El recurso de la cultura** *Usos de la cultura en la era global*
JEAN-PIERRE WARNIER	**La mundialización de la cultura**
LUIS REYGADAS	**Ensamblando culturas** *Diversidad y conflicto en la globalización de la industria*
ALEJANDRO GRIMSON	**La nación en sus límites**
RENATO ORTIZ	**Mundialización: saberes y creencias** *(próxima aparición)*

VIOLENCIAS, IDENTIDADES Y CIVILIDAD

Para una cultura política global

Étienne Balibar

Traducción de Luciano Padilla

gedisa editorial

Esta obra ha sido editada con la ayuda de la Dirección General del Libro, Archivos y Bibliotecas del Ministerio de Cultura.

Traducción: Luciano Padilla, excepto Capítulo 1: Patricia Wilson

Primera edición: septiembre de 2005, Barcelona

Paseo Bonanova 9, 1º1ª
08022 Barcelona, España
Tel 93 253 09 04
Fax 93 253 09 05
gedisa@gedisa.com
www.gedisa.com

ISBN: 84-9784-063-1
Depósito legal: 40097-2005

Diseño de colección: Sylvia Sans
Impreso por Romanyà Valls, 1 - 08786 Capellades (Barcelona)
Impreso en España - *Printed in Spain*

ÍNDICE

PREFACIO

La presente recopilación de ensayos escritos durante el período 1990-1997 reproduce principalmente la tercera sección del volumen *La crainte des masses. Politique et philosophie avant et après Marx*, publicado en París por la editorial Galilée en el año 1997. Dicha sección ya fue objeto de una publicación por separado en inglés: *Politics and the Other Scene*, incluido en la colección «Phronesis», dirigida por Ernesto Laclau para el sello Verso. Hago constar el profundo reconocimiento a mi amigo Néstor García Canclini por haber querido también integrar con ese material un libro para la serie «Culturas» de Editorial Gedisa, que él dirige. Para esta traducción al castellano creí estar facultado para añadir a esos textos iniciales un extenso debate («Civilization/Globalization») tomado del volumen que acompañaba la exposición de arte contemporáneo *Documenta X* realizada en Kassel (Alemania) en 1997 bajo la dirección de Catherine David:[1] allí, yo intentaba, bajo la amistosa y exigente presión de mis interlocutores, precisar qué entendía exactamente, en el contexto de la mundialización económica y cultural, por «la otra escena» de la política. Confío en que el conjunto así obtenido habrá de dar al lector una idea más clara no de mi «teoría», sino de la problemática libremente inspirada en Marx y Freud, dentro de cuyo marco intento proseguir la reflexión crítica comenzada junto a Althusser, hace ya cuarenta años,[2] y marcada, simultáneamente, por una estrecha implicación mutua de teoría y política, amén de un respeto tan escrupuloso como fuera posible por sus necesidades, temporalidades y lenguaje propios.

El núcleo de esta compilación lo forma un grupo de ensayos dedicados a los temas y a los problemas del racismo, de la identidad y de la identificación colectiva, de la frontera como institución histórica y como categoría de lo imaginario, de la violencia «extrema» y de sus modalidades constitutivas y destructivas. Están especialmente ligadas a la apuesta que

1. Globalisierung/Zivilisierung, ein Gespräch mit Jean-François Chevrier, Catherine David, Nadia Tazi, en *Poetics-Politics. Das Buch zur documenta X*. Ostfildern, Cantz, 1997.

2. L. Althusser, É. Balibar, P. Macherey, J. Rancière y R. Establet, *Lire le Capital*. París, Maspéro, 1965 (3ª ed., París, PUF, Colección «Quadrige», 1996). [*Leer el Capital*. México, Siglo XXI, 1969.]

representa en el mundo actual la construcción «europea», a cuyo respecto persisto en pensar que no sólo posee un interés local sino que también debe relativizarse y «descentrarse» (si no resultar «provincializada», conforme a la provocativa expresión de Dipesh Chakrabarty).[3] A modo de introducción y de conclusión, sumé dos ensayos más generales, de carácter metodológico y especulativo: uno se refiere a la pluralidad de «conceptos de la política», en el sentido *crítico* del término (por ende, en oposición a los conceptos o criterios de orden social, de norma jurídica, de antagonismo estratégico amigo-enemigo...); el otro a las tensiones o equívocos inherentes al concepto de lo universal, que la coyuntura de mundialización lleva a repensar en el sentido de una «finitud» radical que también tiene un alcance antropológico.

No es mi intención repetir en este breve prefacio las afirmaciones o dar mayor desarrollo a las hipótesis incluidas en mis ensayos. Espero que, tomados en el orden de su presentación –parcialmente fiel al de su concepción– impliquen una coherencia suficiente para que sea factible debatir sus orientaciones, y cedo a los lectores la preocupación de decidir en qué medida resulta posible hacer uso de esos escritos para nutrir el debate contemporáneo, inmanente al ámbito de las humanidades, la estética y la antropología. En cambio, con la visión retrospectiva que aporta la década transcurrida desde la redacción de la mayor parte de ellos, deseo acentuar aún más tres ideas que los surcan de manera implícita o explícita y, a mi criterio, contribuyen a unificar sus análisis.

La primera idea, de carácter epistemológico, concierne a la permanencia y los límites de una teorización de cuño marxista en el ámbito de la política. Ya no abrigo dudas –si ése fue alguna vez el caso– acerca de la índole «insoslayable» de las problemáticas planteadas por Marx y sus sucesores en cuanto a la acción determinante de las divisiones y las luchas de clases en la historia de las sociedades modernas, aunque en formas y desafíos que deben repensarse por completo en cada una de las épocas. Eso sucede ostensiblemente hoy en día, una vez concluido, en condiciones dramáticas, el ciclo de luchas nacionales e internacionales antaño englobadas por el *Manifiesto Comunista* en el concepto de «internacionalismo proletario». En cambio, llevo a su última instancia la reflexión crítica y autocrítica resumida en el título de uno de los últimos ensayos de Althusser: «Le marxisme comme théorie "finie"» (1978),[4] para afirmar que el marxismo es de suyo una teoría *incompleta*. Es más, contrariamente a lo

3. Dipesh Chakrabarty, *Provincializing Europe. Postcolonial Thought and Historical Difference*. Princeton, Princeton University Press, 2000.

4. Cf. Louis Althusser, *Solitude de Machiavel et autres essais*, edición preparada y comentada por Yves Sintomer. París, PUF, 1998.

que pensó y profetizó la mayor parte de los marxistas clásicos, es una teoría *imposible de completar* para hacer de ella una «concepción del mundo» totalizante y unificadora. Por ese motivo es específicamente imposible bosquejar el ámbito y la noción de «cultura», en sus acepciones apologéticas tanto como disidentes, insurreccionales, como un *complemento* o un *suplemento* a la problemática de las relaciones de producción y a su propio «materialismo». Es conveniente al respecto utilizar la noción de cultura (pero igualmente las de ideología, violencia simbólica, hegemonía, etc.) como un *punto de bifurcación*, o un «punto de herejía» (Foucault), a partir del cual la política y la historia se dan de bruces sobre «otra escena», que Freud también llegaba a denominar metafóricamente «región extraña» de la teoría.[5] Esa escena no expande el marxismo, sino que en cierto modo lo *da vuelta*, exhibiendo su *reverso*, otra estructura, cuya lógica es fantasmática, la del imaginario, y cuya materialidad igualmente constrictiva «perturba» la propia de la economía, a la vez que es perturbada por aquélla. Por eso resulta imposible asignar a la historia (aunque fuera la aparentemente unilateral e irresistible de la «mundialización») un rumbo previsible, calculable, determinado.

Segunda idea: también es imposible, en esas condiciones, seguir reflexionando acerca de las antinomias de la política en términos de mera oposición metafísica (pero retomada por gran parte de la tradición dialéctica), entre lo particular y lo universal o, si se prefiere invocar los «ismos» de la ideología política, entre particularismo y universalismo. En esta instancia vuelve a intervenir la referencia a la *cultura*: en la mayor parte de los casos, para reforzar esa dicotomía, según se la vincule a un «culturalismo» (y a un «multiculturalismo») arraigado en la particularidad de las historias comunitarias o, por el contrario, a un ideal de ciencia, de derecho y de comunicación que sería virtualmente común a toda la humanidad. A esa dicotomía, de la que los conflictos y tensiones de la era de la mundialización –a veces denominados «posmodernos»– hacen derivar su carácter burdo e inadecuado, he intentado poner en primer término una noción de *equivocidad del universo*: en cierto modo quise repartir lo universal según las instancias de enunciación, imaginación y práctica. Éstas hacen surgir lo que Hegel llamaba, con su terminología, «negación de la negación», es decir, autodestrucción, superación ineluctable de cualquier «frontera», de cualquier «identidad» fija para el accionar colectivo de las sociedades humanas. Pero sobre todo he intentado elaborar paulatinamente (en el presente, destino mi esfuerzo a continuar ese trabajo, al mismo tiempo que otros

5. Véanse en especial las *Nuevas conferencias de introducción al psicoanálisis* de 1932 (Buenos Aires, Amorrortu, 2004).

teóricos contemporáneos)[6] una noción de *universalidad conflictiva*, la cual sitúa la idea de «herejía» o de unidad de los opuestos no en los márgenes, como un límite externo, sino en su centro, como el modo mismo de enunciación de lo universal. Desearía oponer esa idea –de ascendencia indiscutiblemente dialéctica (Pascal, Hegel), pero desterrada de cualquier perspectiva de totalización o de resolución final, y por tanto de cualquier teleología de la verdad– tanto al relativismo como al dogmatismo gracias al que adquiere forma su contrapartida. En procura de ello, creí mi deber retomar el concepto de «civilización» o, aún mejor, una noción diferencial de «rasgo de civilización» inherente a la institución de lo social, de lo político, de lo religioso y, así, *separar* irremediablemente sus representaciones y sus prácticas, al rehuir sus usos estratégicos esencialistas (el célebre *Clash of Civilizations*), para caracterizar esta figura intrínsecamente conflictiva de lo universal, que también es cuanto nos impide relegar, sin más, esa idea a un pasado superado. Por mucho que la enunciación y la plasmación de lo universal generen los más intensos conflictos, siguen siendo el centro exacto del pensamiento de lo político. Desde luego, la idea marxiana de lucha de clases no contradice lo anterior; tampoco lo hace la idea freudiana de inconsciente.

Por último, una tercera idea, prolongación de este planteamiento, que sin embargo intenta sumarle la dimensión propia de lo imaginario, de la ficción y –si se prefiere– de la creación. Ésa sería una creación no encarada desde la perspectiva de la trascendencia, sino de la transformación y de la interpretación del «mundo» existente: la colisión de las *identidades* colectivas, transindividuales, siempre irremediablemente «ambiguas», y las *universalidades* conflictivas de Mercado, Estado, Ley, Revolución, Emancipación, se cristaliza cada vez en problemas de «fronteras», en un sentido radical del término. No sólo comprende dimensiones geográficas y geopolíticas tanto como psicológicas y simbólicas, sino que incide en el *ser* de los sujetos históricos al igual que en sus condiciones de existencia. Por eso cito a menudo una fórmula sorprendente del psicoanalista francés André Green, que predica que resulta difícil, y en ciertos aspectos incluso «imposible», por ende, inevitable, *ser una frontera* a la par que vivir «en» [*«sur»*] las fronteras.[7] Las fronteras, como estructuras ambivalentes de cierre y apertura, de reunión y de exclusión, son objeto, meta, pero también modelo de elaboración cultural, de creación estética. Después de ha-

6. Cf., por ejemplo, el debate entre Judith Butler, Ernesto Laclau y Slavoj Žižek publicado en 2000 con el título *Contingency, Hegemony, Universality. Contemporary Dialogues on the Left* –Londres y Nueva York, Verso–; en especial las aportaciones de Judith Butler, en «Competing Universalities» [*Contingencia, hegemonía*, Buenos Aires, Fondo de Cultura Económica, 2002].

7. Cf. André Green, *La folie privée. Psychanalyse des cas-limites*. París, Gallimard, 1990, p. 107. [*De locuras privadas*. Buenos Aires, Amorrortu, 2000.]

ber servido para separar autoritariamente las colectividades, pueden tornarse las ideas rectoras de una «estética de sí mismo», como diría Foucault, que no sólo vale para los individuos sino también para las colectividades históricas y es contraria a cualquier representación «autárquica» y exclusiva de la cultura. Una vez «democratizadas», sugieren considerar valores centrales el mestizaje, la *créolité*,[8] la alteridad constitutiva,[9] pero también las prácticas de pasaje, de traducción, de mediación, de transgresión, y procurar que se hagan realidad en una auténtica «cultura de las fronteras».[10] En ello veo no una panacea, una solución lista de antemano. Más bien –nuevamente– una idea rectora para desarrollar lo que he denominado política de la civilidad, es decir, una resistencia colectiva ante la violencia y en especial a la violencia de exterminio, que no adopte la forma de un orden estatal, de una «contraviolencia» institucional, sino de una actividad experimental de los individuos, de los grupos pequeños, y hasta de las propias «masas» y, así, intente superar la aporía de la ciudadanía meramente nacional o desplegar su «astucia» con su dimensión comunitaria. Desde luego –circunstancia que precisamente nos remite a la validez del marxismo–, ese tipo de política democrática de la civilidad es una dimensión original de la política. Sin embargo, nadie creerá que pueda prescindir de condiciones económicas tanto como estatales, y por consiguiente de luchas sociales. Dicha política intenta «inyectarles» la dimensión *autocrítica*, sin la cual revueltas e insurrecciones desembocan nuevamente en la servidumbre, como lo demostró el siglo recién concluido.

Al enlazar conjuntamente esas diferentes ideas, esos horizontes teórico políticos, soy consciente de que tan sólo vuelvo a enunciar en forma abstracta lo que otros formulan con concreción mucho mayor directamente en sus análisis antropológicos o sus obras de pensamiento, arte y crítica de la cultura contemporánea. Con todo, espero hacer una aportación a una circulación de las experiencias que siga el itinerario de las fronteras intelectuales tanto como lingüísticas y continentales. Sé que toda la eficacia de un trabajo como ése depende de quienes lo reciben mucho más aún que de quien lo propone.

París, 27 de abril de 2005

8. Cf. la obra de Edouard Glissant, en especial *Le discours antillais*. París, Seuil, 1981.

9. Cf. el libro de Jacques Derrida, *Le monolinguisme de l'autre ou la prothèse d'origine*. París, Galilée, 1996. [*El monolingüismo del otro*. Buenos Aires, Manantial, 1997.]

10. Intenté desarrollar esa idea en mis dos libros más recientes: *Nous, citoyens d'Europe? Les frontières, l'Etat, le peuple*. París, La Découverte, 2001; y *L'Europe, l'Amérique, la Guerre. Réflexions sur la médiation européenne*. París, La Découverte, 2003.

1. TRES CONCEPTOS DE LA POLÍTICA: EMANCIPACIÓN, TRANSFORMACIÓN, CIVILIDAD

Si nos preocupa pensar la política (¿cómo hacer política sin pensarla?), creo que no podemos prescindir de al menos tres conceptos distintos, cuya articulación es problemática. Sin duda, esta dialéctica (pues se trata de una dialéctica, aunque no comporte una síntesis final) no es la única pensable. Los nombres y figuras que designará podrían ser designados de otra manera. Por su carácter provisorio, sólo tienden a delimitar ciertas diferencias; sin embargo, considero ineludible ese principio.

Intentaré caracterizar esos conceptos desde un punto de vista lógico y desde un punto de vista ético: en cada caso me referiré a formulaciones típicas, y esbozaré una discusión de los problemas que éstas plantean. Llamaré al primero *autonomía de la política*, y le haré corresponder la figura ética de la *emancipación*. Por contraste, llamaré al segundo *heteronomía de la política*, o política referida a *condiciones* estructurales y coyunturales, y le haré corresponder las figuras (múltiples, como veremos más adelante) de la *transformación*. Será preciso entonces introducir, a partir de ciertas aporías del segundo concepto, pero como nueva figura por derecho propio, un concepto que llamaré *heteronomía de la heteronomía*, pues mostrará que las condiciones a las cuales se remite una política jamás son una instancia última: por el contrario, lo que las vuelve determinantes es la manera en que sostienen a los sujetos o son sostenidas por ellos. Ahora bien, los sujetos actúan en conformidad con la identidad que les es impuesta, o que ellos crean para sí. El imaginario de identidades, pertenencias y rupturas es, por ende, la condición de las condiciones; es como la otra escena en la cual se urden los efectos de la autonomía y la heteronomía de la política. A ello corresponde también una política, irreductible tanto a la emancipación como a la transformación. Caracterizaré su horizonte ético como *civilidad*.

Autonomía de la política: la emancipación

La autonomía de la política no es la autonomía de *lo* político. No es cuestión de aislar la esfera de los poderes y las instituciones, ni de hacer lugar en el cielo de las ideas a la esencia de la comunidad. Será cuestión de comprender cómo se define la política cuando se refiere a una universalidad de derecho, que podría considerarse *intensiva*,[1] porque expresa el principio, declarado o no, de que la colectividad (el «pueblo», la «nación», la «sociedad», el «Estado», pero también la «colectividad internacional» o la «humanidad») no puede existir como tal ni, por ende, gobernarse, mientras esté fundada sobre la sujeción de sus miembros a una autoridad natural o trascendente, sobre la instauración de la restricción y la discriminación.

En otros trabajos, tomé como punto de partida lo que, evidentemente, no es la única sino apenas una de las enunciaciones más decisivas de la política entendida en este sentido (la *Declaración de los Derechos del Hombre y del Ciudadano* de 1789) y propuse llamar «proposición de igualibertad»[2] a la fórmula genérica en la cual se reúnen los dos cauces, prácticamente inseparables, de esa proclamación de autonomía: no hay igualdad sin libertad, ni libertad sin igualdad. Es cierto que las revoluciones llamadas burguesas (que lo fueron en medida bastante acotada durante su momento de insurrección contra el despotismo y los privilegios, aquel que Negri llama «constituyente»),[3] han dado un cariz muy particular a esa proclama, al vincularla con una ideología de retorno al origen (natural y racional) perdido.[4] Pero no hay motivo alguno para pensar que les pertenece exclusivamente, ni que los regímenes y los Estados que proceden de ella y que han inscrito esas fórmulas en su constitución sean aquellos que conservan mejor la proclamada eficacia simbólica y práctica. ¿Por qué considerar que en ellas consta una formulación típica de la autonomía de la política, cuya verdad y dificultades aún hoy deberíamos comprobar o medir? Por dos motivos diferentes, según creo, pero que no dejan de reforzarse mutuamente. La proposición de igual libertad, en su enunciado revolucionario,[5] tiene una forma lógica notable, llamada ya

1. Por oposición a las universalidades extensivas, que apuntan a la reunión de la humanidad, o de la «mayor» parte de ella, bajo una autoridad, una creencia o una esperanza única, incluso un simple *way of life* en común.

2. Contracción de «igual libertad»: cf. Étienne Balibar, «Droits de l'homme» et «droits du citoyen». «La dialectique moderne de l'égalité et de la liberté», en *Les frontières de la démocratie*. París, La Découverte, 1992. La expresión proviene de la *aequa libertas* romana, y no deja de aparecer hasta en los debates del neocontractualismo contemporáneo.

3. Antonio Negri, *Il potere costituente. Saggio sulle alternative del moderno*. Milán, Sugar Co., 1992. [*El poder constituyente: ensayo sobre las alternativas de la modernidad*. San Lorenzo de El Escorial, Ediciones Libertarias-Prodhufi, 1993.]

4. «El hombre nace libre, y en todas partes se halla encadenado», había escrito Rousseau. Y la Declaración de 1789, de manera que hoy llamaríamos performativa: «Los hombres nacen y permanecen libres e iguales en derechos».

5. Es decir, cuando no está «calificada» de manera restrictiva por la introducción de un *orden de prioridades* entre los dos valores o «principios» que ella afirma (la libertad en la igualdad y la igualdad en la libertad), como sucede, por ejemplo, en Rawls (*Teoría de la justicia*), quien retoma la fórmula clásica –lo cual no puede ser una casualidad–, pero para luego plantear que lo primero es incondicional, y que lo segundo no puede sino ser condicional.

por los antiguos griegos *elenchos*, es decir, una autorrefutación de su negación. Esa proposición constata que es *imposible* sostener hasta el final, sin caer en el absurdo, la idea de una libertad civil perfecta que se base en las discriminaciones, los privilegios y las desigualdades de condiciones (y, a fortiori, instituirla), al igual que es imposible pensar e instituir una igualdad entre los hombres que se base en el despotismo (aun «ilustrado»), en el monopolio del poder. La igual libertad es, pues, *incondicionada*. Pero esto se traduce más concretamente en dos consecuencias.

La primera es que la política consiste en un despliegue de autodeterminación del pueblo (*demos*) (si asignamos ese nombre genérico al conjunto de ciudadanos «libres e iguales en derechos»), configurado en y por el establecimiento de sus derechos. En efecto, cualesquiera que sean las condiciones en las cuales se encuentran los individuos, las colectividades o comunidades capaces de reconocerse como sujetos políticos, y las causas de las restricciones aplicadas a la libertad y a la igualdad, éstas son por ello mismo ilegítimas: su abolición es inmediatamente exigible. En la interpretación más profunda de esta situación, no se trata tanto de rechazar un poder opresivo exterior, sino más bien de *suprimir lo que separa al pueblo de sí mismo* (de su propia autonomía). Esta generación o regeneración del pueblo es la condición de su «conquista de la democracia» frente a toda dominación, y por tanto su propia responsabilidad, como expresará Kant en un célebre texto inspirado en San Pablo.[6] De allí deriva la estrecha afinidad que, a lo largo de la historia (al menos, la historia occidental), une la política de autonomía a los principios filosóficos del Derecho Natural.

Pero la forma incondicionada de la proposición entraña otra consecuencia necesaria, que podría llamarse *cláusula de reciprocidad*. La expresaré diciendo que tal proposición implica un derecho universal a la política: nadie puede ser liberado ni promovido a la igualdad –digamos, *ser emancipado*– por obra de una decisión exterior, unilateral, o una gracia superior, sino solamente de manera recíproca, merced a un reconocimiento mutuo. Los derechos que forman el contenido de la igual libertad y la materializan son, por definición, derechos individuales, derechos de las personas. Pero dado que no pueden ser otorgados, deben ser conquistados, y sólo se conquistan colectivamente. Su esencia es ser derechos que

6. «¿Qué es la Ilustración? La salida del hombre de su minoría de edad. Él mismo es culpable de ella. La minoría de edad estriba en la incapacidad para servirse del propio entendimiento, sin la dirección de otro. Uno mismo es culpable de esta minoría de edad cuando la causa de ella no estriba en un defecto del entendimiento, sino en una falta de decisión y ánimo para servirse con independencia de él, sin la conducción de otro» (Immanuel Kant, Respuesta a la pregunta: ¿qué es «la Ilustración»?, en *La Philosophie de l'histoire (opuscules)*, trad. al francés S. Piobetta. París, 1947, p. 83). [*Filosofía de la historia*. Madrid, Fondo de Cultura Económica, 2000.]

los individuos se confieren, se garantizan entre sí.[7] Por esta senda pasamos de la autodeterminación del pueblo a la autonomía de la política misma. La autonomía de la política (en cuanto representa un proceso que no tiene otro origen ni otro fin que sí mismo, o lo que se llamará la ciudadanía) no es concebible sin la autonomía de su sujeto, y ésta, a su vez, no es otra cosa que el «hacerse» a sí mismo del pueblo, al mismo tiempo que los individuos que lo constituyen se confieren mutuamente derechos fundamentales. Solamente hay autonomía de la política en la medida en que los sujetos son unos para otros fuente y referencia última de la emancipación.

Los sujetos de la política entendida en este sentido son, por definición, portadores de lo universal en el que se encuentran implicados. Esto quiere decir, en primer término, que portan esa reivindicación *actualmente*: en el momento actual (que, como se ha visto, es *todo* momento, vale decir, siempre es tiempo de exigir la emancipación para sí mismo y para los demás), y de manera *efectiva*, en un sistema de instituciones y de prácticas ciudadanas que no representan otra cosa que la dignidad realizada de cada hombre. Para ser ciudadano basta con *ser hombre*, *ohne Eigenschaften*. Al mismo tiempo, los sujetos de la política son los portavoces de lo universal, pues se «representan a sí mismos». Eso no excluye, evidentemente, ningún procedimiento institucional de delegación del poder, a condición de que sea controlable y revocable.

No lo ocultemos, sin embargo: esas proposiciones, aunque tengan la misma efectividad que todos los movimientos de emancipación que han atravesado y atravesarán la historia, están preñadas de contradicciones y aporías. Es el caso en particular de la idea de representarse a sí mismo y hacerse portavoz de lo universal, dado que la palabra es también una relación de poder, y que la distribución desigual de las habilidades de palabra no se puede corregir mediante el mero reconocimiento del título de ciudadano. Pero hay otros ejemplos. Es necesario, entonces, esbozar una dialéctica interna a la emancipación.

En su libro *El desacuerdo*, Rancière ha analizado profusamente una aporía (él la llama «un escándalo del pensamiento») que me parece real, y uno de los aspectos importantes de esa dialéctica.[8] Rancière demuestra que la política recta, aquella que opone permanentemente la lógica igualitaria a la lógica policial (y que se distingue por ello de la antipolítica, que procede mediante el movimiento inverso), no consiste en la forma-

7. El preámbulo de los Estatutos de la Internacional, redactado por Marx en 1864, está en la misma línea de esta concepción cuando escribe: «La emancipación de los trabajadores será obra de los trabajadores mismos».

8. Jacques Rancière, *La Mésentente. Politique et philosophie*. París, Galilée, 1995. [*El Desacuerdo. Política y filosofía*. Buenos Aires, Nueva Visión, 1996.]

ción de un consenso universal en el seno del *demos* sino por el contrario en la instauración de una «parte de los sin parte» (los pobres de la ciudad antigua, los obreros, los inmigrantes o las mujeres; sin embargo, como la expresión designa un *lugar*, no puede ser encerrada en ninguna condición sociológica específica), cuya existencia señala la presencia irreductible de un litigio, o la imposibilidad de constituir el *demos* como una totalidad, una simple distribución o reciprocidad de partes.

A mi entender, que no haya una política democrática sin ese litigio puede desembocar en que no haya en absoluto política, pues los «sin parte» (o los no propietarios, *die Eigentumslosen*, los «despropiados» en el sentido más general del término) no pueden ser los sujetos *de* la política, lo que supondría, por ejemplo, que se organizaran en procura de conquistar la igualdad, concibiéndose a sí mismos como *el todo* virtual de la humanidad ciudadana, ni sujetos *en* la política, lo que supondría, por ejemplo, que forzaran la entrada de la institución, de manera de hacer oír su voz cuando denuncian el daño que se les hace, instituyendo así una publicidad de la que están excluidos y que, sin embargo, no existe sin ellos. Los «sin parte», en este sentido radical, no pueden ser, pues, *ni todo ni parte*; su existencia, que es condición de posibilidad de la política, es a un tiempo su condición de imposibilidad.

Pero también uno puede preguntarse cómo se ha desarrollado históricamente esa aporía. La respuesta es que se desplaza hacia lo que Rancière llama de manera provocadora y con cierto dejo polémico «*pathos* de la víctima universal» (*op. cit.*, p. 63), pero que sin duda da forma, dialécticamente, al proceso por el cual la autonomía se vuelve una política efectiva de la emancipación. Más que su sola enunciación inicial, que da cuenta del derecho a la no exclusión, según creo, la autonomía reside en el *a posteriori* que comporta, por medio de una nueva negación. La autonomía se convierte en política cuando se demuestra que una «parte» de la sociedad (y, por ende, de la humanidad) está excluida –legalmente o no– del derecho universal a la política: esto sucede siquiera bajo la forma de una simple oposición, pero de plena elocuencia, entre «ciudadanos activos» y «ciudadanos pasivos», es decir, mayores y menores. Esa parte (que se convierte inevitablemente en un *partido*: el partido de lo universal o el partido de la abolición de las particularidades y de las clases) se presenta entonces no solamente como el portavoz más activo de la ciudadanía, sino también como la fracción capaz de hacer valer su propia emancipación como *el criterio* de la emancipación general (o fracción cuya esclavitud o alienación entrañaría la no libertad de todos). Es, como se sabe, lo que se presenta sucesiva o simultáneamente en el discurso y la práctica política de los proletarios, las mujeres, los pueblos de color colonizados y reducidos a esclavitud, las minorías sexuales, etc. Estos ejemplos demuestran que, en realidad, toda la historia de la emancipación no es tanto la historia de la reivindicación de derechos ignorados, sino más bien la historia de la lucha real por el goce de derechos *ya declarados*. Si es así, el combate contra la negación de ciudadanía[9] es la vida de la política de emancipación. Pero eso no carece de complicaciones y, finalmente, de una profunda ambivalencia.

Ambivalencia del lado de los dominados, de los excluidos de la política, que reivindican su emancipación particular como condición y prueba de la emancipación de todos, invocando la verdad de la proposición de igual libertad, y verificando por sí mismos su efectividad. Para ello necesitan presentarse como *el pueblo del pueblo*, o incluso, en la terminología que fue durante un tiempo la de Marx, como la clase universal: clase-no clase cuyo ser reside precisamente en su alienación, reverso de la reciprocidad (de la «libre asociación de todos», de la «comunidad de iguales») y, por tanto, exigencia incondicionada de su realización. En síntesis, dado que la autonomía de la política se presenta primero como una negación, la política de la autonomía debe presentarse a su vez como una negación de la negación y, así, como un absoluto. La *idealización* de la política y de los sujetos es la contraparte de la *idealidad* que los funda (sin ella no tendría realidad práctica alguna). Y con justo motivo esa idealización se traduce en nominaciones, creaciones de palabras clave, cuyo poder de captación imaginaria es mayor porque, originariamente, ellas expresaron una negatividad radical, el rechazo de las representaciones sustanciales de la «capacidad política». *Pueblo* fue una de ellas, desde luego, así como *proletariado* (sin duda, el pueblo del pueblo por excelencia en la historia moderna). *Mujer, extranjero* podrían volverse palabras clave.

Pero esa ambivalencia tiene además otro aspecto, entre los dominantes. Nietzsche puede servirnos de guía, cuando explica que toda política democrática expresa una «moral de esclavos». En este caso, lo más importante no es la estigmatización contrarrevolucionaria de la política hecha por las masas y para ellas ni la idealización correlativa de los individuos de excepción, sino la proposición de un análisis y de una genealogía que dejen al desnudo el mecanismo para construir hegemonía y forjar consenso. Me tomaré la libertad de llegar a la siguiente interpretación: el dominio sobre un orden establecido se basa, como decía Marx siguiendo a Hegel, en la universalización ideológica de sus principios; pero, contrariamente a lo que él creía, las «ideas dominantes» no pueden ser las propias de la «clase dominante». Es necesario que sean las de «los dominados», las que enun-

9. Y a través de ella, la negación de humanidad, pues la negación de ciudadanía se funda siempre sobre la exhibición de alguna diferencia antropológica discriminatoria, que puede ser opuesta a la universalidad en nombre de las características de la especie humana: función maternal, inferioridad racial o intelectual, sus supuestas índoles inasimilables o anormales, etcétera.

cian su derecho teórico al reconocimiento y a la capacidad igual. O mejor todavía: es necesario que en el discurso de la dominación hegemónica sea posible someter *una discriminación de hecho a una igualdad de derecho*, no solamente sin que los principios se vean quebrantados, sino de manera que sean restablecidos y den prueba constantemente de su carácter absoluto, pues ellos siguen constituyendo el recurso contra su aplicación fallida. Todos los conflictos pueden entonces transformarse en legitimación, dado que frente a la injusticia del orden establecido no apelan a la heterogeneidad, sino a la identidad de los principios. Pero a fin de cuentas eso no sería posible si los principios universales no expresaran, como quería Nietzsche (para quien consistía en un defecto redhibitorio), el derecho de los dominados, y el valor de criterio que reviste su emancipación. Por ello, en última instancia, basta con que la institución política sea enunciada como el «derecho de los excluidos» para que, en determinadas condiciones, ello mismo asegure la *posibilidad* de un esquema de consagración del orden establecido, o de consenso. Y esa ambivalencia, al igual que la precedente, no puede desaparecer mientras la política tenga por concepto la emancipación humana y la ciudadanía. Es decir, que no puede desaparecer jamás. Es cierto que puede considerarse también que la política es justamente una práctica que se enfrenta a tales ambivalencias. Pero entonces se planteará el problema de saber si el concepto que le conviene es siempre el de la autonomía.

Heteronomía de la política: la transformación

> Los hombres hacen su propia historia (*machen ihre eigene Geschichte*), pero no la hacen a su libre arbitrio, bajo circunstancias elegidas por ellos mismos (*selbstgewählten*), sino bajo aquellas circunstancias con que se encuentran directamente, que existen y les han sido legadas por el pasado (*unmittelbar vorgefundenen, gegebenen und überlieferten*).

Esta cita de *El 18 Brumario de Luis Bonaparte*, que Sartre elevó a epítome de la dialéctica histórica (y del problema que ésta plantea al filósofo), al comienzo nos permitirá enunciar qué diferencia el concepto de autonomía respecto del concepto de heteronomía de la política (que se podría llamar también, ya veremos por qué, *política del más acá,* del *Diesseits*).

Sin duda, el propio Marx estaba lejos de ver entre uno y otro una incompatibilidad: incluso puede decirse que la mayor parte de su reflexión política consistió en intentar incorporarlos en un único escenario. Como los revolucionarios sobre los que teorizaba, Marx era, en efecto, un jacobino, para quien «la democracia es la verdad de todas las constituciones»,[10] y el proletariado la «clase universal», cuya emancipación constituye la piedra de toque para la liberación de la humanidad entera. Sin embargo, lo primero que nos interesa aquí es que haya invertido completamente los presupuestos, al exponer una concepción radical de la heteronomía de la política e imponiéndola a toda una época, de la cual aún no hemos salido. Para Marx, ejemplarmente, no hay política («hacer la historia») sino *en (o bajo) condiciones* determinadas (*Umständen, Bedingungen, Verhältnissen*): los individuos y los grupos «entran» en ellas porque siempre han estado allí. Lejos de abolir la política, esas condiciones la definen intrínsecamente, y le confieren su realidad. Tomaré el ejemplo privilegiado de Marx, algunas de cuyas proposiciones más conocidas recordaré, como base, en procura de exponer lo que, en general, caracteriza tal concepto.

Pero, como veremos, también aporta al interés de la discusión que no exista un solo modelo de heteronomía de la política, o de la política condicionada, sino varios, opuestos entre sí alrededor de cierto punto de herejía. No pienso tanto en que, a partir de la idea de condiciones materiales determinantes para la política, se pueden dar versiones y llegar a consecuencias prácticas opuestas: Marx ya lo había hecho desmintiendo a un economista anterior a él. Tampoco siquiera en que, dentro de la categoría de las condiciones o de las relaciones sociales, se pueden privilegiar tanto estructuras de producción y de intercambio como estructuras culturales, o simbólicas: así lo hicieron otras corrientes de la sociología crítica. Pienso más bien en que *la noción misma de condiciones* puede ser transmutada, sin que por ello desaparezca, sino al contrario, la idea de una política esencialmente heterónoma. Los temas desarrollados por Foucault, desde la «sociedad disciplinaria» hasta la idea general de una «microfísica del poder» y hasta el estudio de la «gobernabilidad», son aquí ejemplares. Y, sin duda, si la representación que uno se forma de sus condiciones constitutivas cambia, el modo de ser de la política se transforma. La diferencia es estrictamente ontológica; concierne a la individualidad. En cambio, su diferencia con respecto al concepto de autonomía era primero lógica y ética, diferencia entre un idealismo y un realismo o materialismo).[11]

10. «Manuscrito de 1843» (Crítica de la filosofía hegeliana del Estado). La idea tiene sus raíces en Aristóteles, pero en la época moderna va de los monarcomacos Spinoza y Locke hasta Rousseau, con todos los críticos de la idea de un *pactum subjectionis* originario. Cada cual a su manera, Ernst Bloch y Antonio Negri son, en el siglo XX, los herederos más elocuentes y más coherentes de este aspecto del marxismo.

11. Me preguntarán por qué no hago aquí referencia a Weber: mi objetivo no es en absoluto incluir, sino buscar el punto de una diferencia. Marx y Foucault no están elegidos al azar, pero no agotan la cuestión. Con respecto al «punto de vista del más acá» común a Marx y a Weber, remito a la discusión de C. Colliot-Thélène, *Marx, Weber et l'histoire*. París, PUF, 1990, pp. 35 *ss*.

Intentaremos entonces caracterizar en algunos párrafos, cuando harían falta varias páginas, no el ropaje común a estas dos concepciones, sino el punto en que divergen, pues esto es justamente lo característico. Partamos de Marx, y establezcamos, en principio, dos cuestiones preliminares, por lo demás estrechamente vinculadas. Marx piensa una política cuya verdad debe buscarse no en su propia conciencia de sí o su actividad constituyente, sino en la relación que mantiene con condiciones y con objetos que forman su «materia» y la constituyen como una actividad material. Pero esta posición nada tiene que ver con una liquidación de la *autonomía de los sujetos* de la política (el «pueblo»). Es incluso a la inversa: la política de Marx, al igual que la política de emancipación, tiene el fin de instituir la autonomía de los sujetos, pero se la representa como resultado de su propio movimiento, y no como un presupuesto. Ella se inscribe en la perspectiva de un *devenir necesario de la libertad*. Mientras que la proposición de igual libertad presupone la universalidad de los derechos, remitiendo así a un origen trascendental siempre disponible, la práctica política marxiana es una transformación interna de las condiciones que produce como resultado (y a medida que se efectúa, es decir, en la «lucha») la necesidad de la libertad, la autonomía del pueblo, al cual se denomina proletariado.

Es preciso mencionar enseguida que, según Marx, las condiciones de la política están caracterizadas como una «base» o «estructura económica» de la historia. Sin esa determinación, evidentemente, ya no estaríamos en el marxismo propiamente dicho; sin embargo, hay que distinguir un aspecto particular y un aspecto general. Es particular que Marx, «reflejando» activamente el proceso histórico al que asiste, y reconociéndose implicado en la lucha que se desarrolla en aquél, elija universalizar la base económica de la historia y, por consiguiente, la antropología que hace del hombre ante todo un ser de trabajo. La economía entendida en este sentido es, por excelencia, *lo otro de la política*, su exterior absoluto, que le impone condiciones estructurales ineludibles. Para pensar la realidad de la política es necesario entonces producir un cortocircuito entre la política y su *otro*. Esto se realizará mediante una doble crítica: a la autonomización de la política y a la fetichización de la economía. Es necesario mostrar que, como política revolucionaria, no es otra cosa que el desarrollo de las contradicciones de la economía.[12] Para transgredir los límites de lo político reconocido, artificialmente *separado*, que siempre son sólo los límites del orden establecido, la política debe remontarse a las condiciones «no políticas» (por tanto, en última instancia, *eminente-*

12. Sobre este «cortocircuito» característico de Marx, cf. mi ensayo «L'idée d'une politique de classe chez Marx», *Les Temps Modernes*, febrero de 1984, núm. 451.

mente políticas) de esa institución, es decir, a las contradicciones económicas, y actuar sobre ellas desde el interior.

Esa figura es generalizable, y lo ha sido efectivamente, en la medida en que, a partir del modelo del marxismo y en vinculación con nuevos movimientos sociales (a menudo, por tanto, tácticamente contra Marx), se ha teorizado la relación de la política con la transformación de «condiciones» o de «estructuras» históricas diferentes, pero no menos determinantes que la economía, y no menos exteriores a la institución de lo político: en especial, las propias de la familia, o del patriarcado, es decir, relaciones de dominación entre los sexos, y las del «capital simbólico», o relaciones de dominación intelectual y cultural. Retrospectivamente, el cortocircuito marxiano se muestra, así, como el prototipo de una figura más general: la de remontarse a las condiciones materiales de la política, figura requerida por la transformación política interna de dichas condiciones.[13]

Enunciemos ahora lo que pueden considerarse los teoremas de Marx. El primero dice que las condiciones son en realidad *relaciones sociales*, o natural-sociales, como precisaba Althusser, es decir, que consisten en el conjunto objetivo, regularmente reproducido a expensas de sus contradicciones mismas, de prácticas transindividuales (como la producción, el consumo, el intercambio, el derecho, la cultura o las prácticas ideológicas), y no en una acumulación de «cosas» inertes; o inversamente, en una maldición trascendente de la condición humana. En consecuencia, la política es de por sí una práctica determinada, y no la utopía de una buena administración de las cosas, o la esperanza escatológica de una conversión del hombre a la justicia.

El segundo teorema dice entonces, como hemos visto, que las relaciones sociales son relaciones económicas. Pero, por su parte, las relaciones económicas son relaciones sociales. Nueva ecuación cuya exposición forma el núcleo íntimo de la crítica marxiana. Sólo señalo aquí un aspecto: todo análisis de las condiciones sociales de la política debe dejar en evidencia a la vez la causalidad estructurante que ellas ejercen, y el *efecto de sociedad* (Althusser) que producen. En el caso de Marx, esa estructura de causa y efecto está identificada con el «proceso de producción y reproducción del capital» y con su dinámica propia. La propiedad privada de los medios de producción es una función de ese proceso, solidaria con cierta forma de organización de comunidades en las cuales se ejerce pre-

13. La obra publicada en 1970 por Pierre Bourdieu y Jean-Claude Passeron, *La reproduction. Éléments pour une théorie du système d'enseignement* (París, Minuit) [*La reproducción: elementos para una teoría del sistema de enseñanza*. Madrid, Editorial Popular, 2001.], es característica de esta posición. Como se recordará, fue vivamente atacada por esta razón por el Colectivo «Révoltes logiques» en *L'empire du sociologue* (París, La Découverte, 1984).

cisamente la dominación del capital. Dado que la gran ambición de Marx era mostrar que la misma estructura elemental, la del proceso de explotación de la fuerza de trabajo asalariada, constituye a la vez el «germen» de una forma de «comunidad económica» (en este caso, el mercado, o la comunidad de productores-agentes de intercambio) y de una forma de Estado (o de soberanía-sujeción; luego, de una «comunidad política») y, por consiguiente, de la dependencia o correlación que, a lo largo de la historia, se perpetúa entre ellas.[14]

La práctica política tiene entonces como condición –y ese es el tercer teorema– que *las relaciones sociales (las condiciones) tengan una historia*, cuyo sentido se explica precisamente por la dinámica del proceso económico. Eso no quiere decir que los resultados de la práctica política estén determinados de antemano; al contrario: quiere decir que la práctica política se inserta desde el interior (a partir de sus propias fuerzas, descritas como «fuerzas productivas» y como «conciencia social») en el curso de un cambio que siempre ya ha comenzado. *La estructura capitalista de la sociedad no puede no cambiar*, en virtud de sus propias constricciones. La política no es, entonces, mero cambio de las condiciones, como si fuera posible aislarlas y abstraerse de su presencia para actuar sobre ellas, sino el cambio en el cambio, o la *diferenciación del cambio*, que hace que el sentido de la historia esté fijado únicamente al presente.[15]

Nada es, pues, más absurdo –por más difusión que tenga la idea– que creer que tal política habría de ser «sin sujeto»: la que carece de sujeto es la historia. Sostendré, por el contrario, que toda concepción de la política implica una concepción del sujeto, en cada caso específico. Pero es preciso ver en qué consisten las dificultades de un concepto de sujeto que está asociado a la heteronomía de la política. En el caso de Marx, quien, como se sabe, en este punto es heredero directo de Hegel, la concepción del sujeto político remite inmediatamente a la idea de *contradicción*. La subjetivación es la individualización colectiva que se produce en el punto en que el cambio cambia, donde «comienza un cambio diferente». Por tanto, donde quiera que la *tendencia* inmanente al sistema de las condiciones históricas se encuentre afectada desde el interior por la acción de una *contra-tendencia*, también ella inmanente.

Sería evidentemente irrisorio plantearse la cuestión de saber si en primer término está la formación de la contra-tendencia objetiva, o bien el

14. Cf. Marx, *Le Capital*, Libro III. París, Éd. Sociales, tomo 8, p. 172, y mi comentario en «L'idée d'une politique de classe», cit.

15. He presentado este aspecto del pensamiento de Marx –que el marxismo economicista y evolucionista ha olvidado rápidamente– en el capítulo IV, pp. 78 ss., de mi libro *La philosophie de Marx*. París, La Découverte, 1993. [*La Filosofía de Marx*. Buenos Aires, Nueva Visión, 2000.]

movimiento de la subjetivación, la actividad histórica conjunta de los sujetos, lo que forma al sujeto político, pues consiste en una sola y misma realidad. Por el contrario, lo pertinente es observar el efecto rebote de esta relación. Marx mostró cabalmente que la potencia del capital (su productividad siempre en aumento tanto como su destructividad aparentemente sin límites) no se nutre más que de la importante magnitud de las resistencias que suscita.[16] El movimiento de la contradicción, en el cual se combaten o se niegan entre sí tendencia y contra-tendencia, es por tanto una espiral sin fin; eso también quiere decir que, desde el punto de vista de la política, no deja de pasar por fases de subjetivación y de desubjetivación. En otras palabras, la lucha de clases es una formación de poderes y contrapoderes, o de investimiento de los poderes y contrapoderes existentes por parte de fuerzas antagónicas; finalmente, de conquista y de recuperación de las posiciones de poder ocupadas por la clase adversa.

Pero el fondo de la dialéctica de las tendencias contradictorias no es la conquista del poder. Sin ello, muy pronto nos veríamos llevados a un esquema de autonomización de la política, simplemente nutrido, de manera formal, por una referencia a la lucha de clases. El fondo es la *disociación de los modos de socialización* antagónicos implicados en la acumulación capitalista, donde esos modos se desarrollan uno *contra* otro: por un lado, lo que Marx llamaba subsunción real de los individuos y su fuerza de trabajo en la dominación de la relación capitalista (el «valor se pone a sí mismo en valor»); por otro lado, lo que llamaba libre asociación de los productores. El punto fundamental de esta relación es precisamente que se trata de una disociación, es decir, que los términos opuestos no son vistos como entidades exteriores entre sí, a las cuales los individuos deberían pertenecer de manera unívoca, sino como modos de existencia incompatibles que, en lo esencial, pueden afectar a esos mismos individuos o intimarlos a elegir contra sí mismos. Volvemos a encontrar, pues, el vínculo entre heteronomía de la política y autonomización del pueblo.

En la práctica, se encuentra entonces toda una fenomenología de la existencia social que es el campo, el desafío y la materia misma de la política. La forma general de la lucha de clases no basta verdaderamente para dar cuenta de ello, a menos que se incluyan todas las modalidades de existencia a las cuales remiten, además del término *clase*, los términos *individualidad* y *masa*. En el fondo, la política tal como la teorizó Marx es un tramo de subjetivación que une estas diferentes modalidades de la práctica, ilustrando la variabilidad de los efectos de un conjunto de condiciones estructurales. En esa vertiente habría que buscar la filiación de

16. Ese es todo el «secreto» de la *plusvalía relativa*, que inscribe en el núcleo íntimo del proceso de acumulación intensiva o de la «subsunción real» (*El Capital*, Libro I, sección IV).

las teorizaciones más interesantes de la política que se sitúan en la descendencia de Marx.

En procura de brevedad, paso por alto, como había anunciado, toda comparación entre la concepción marxista y otras concepciones de la política que remitan a la contradicción interna de una estructura de condiciones ya dada (*vorgefundenen*), y paso a bosquejar la confrontación más paradójica, pero también la más instructiva: la que puede instaurarse con ciertas teorizaciones de Foucault. En un texto de 1982, escrito para su público estadounidense, Foucault declara:

> No es cuestión de negar la importancia de las instituciones en la organización de las relaciones de poder, sino de sugerir que antes bien haría falta analizar las instituciones a partir de las relaciones de poder y no a la inversa; también que el punto de anclaje fundamental de estas últimas, aun cuando tomen cuerpo y cristalicen en una institución, debe buscarse más acá [...]. Lo propio de una relación de poder habría de consistir entonces en ser un modo de acción sobre acciones. Es decir, que las relaciones de poder arraigan profundamente en el nexo social, y no reconstituyen por encima de la «sociedad» una estructura suplementaria cuyo borramiento radical uno podría imaginar. Vivir en sociedad es, con todo, vivir de manera que sea posible accionar sobre la acción de los otros. Una sociedad «sin relaciones de poder» no puede ser sino una abstracción. Dicho sea de paso, eso vuelve políticamente más necesario el análisis de lo que esas relaciones son en una sociedad dada, de su formación histórica, de cuanto las vuelve sólidas o frágiles, de las condiciones requeridas para transformar algunas, abolir otras. Pues decir que no puede haber sociedad sin relaciones de poder no quiere decir ni que aquellas que están dadas sean necesarias, ni que de todos modos el poder constituya en el corazón de las sociedades una fatalidad inevitable, sino que el análisis, la elaboración, el cuestionamiento de las relaciones de poder y del «agonismo» entre relaciones de poder e intransitividad de la libertad son una tarea política incesante, y es incluso aquélla la tarea política inherente a toda existencia social.[17]

Como se habrá notado, este texto otorga un lugar central al léxico de «condiciones» y «transformación». Pero lo hace al obrar una suerte de inversión de la ontología marxiana, tanto en lo referido a la representación de las relaciones o vínculos como en lo referido a las relaciones entre práctica, necesidad y contingencia.

Lo particularmente interesante en esta teorización, tal como es aplicada, por otra parte, en análisis concretos que van de *Vigilar y castigar* a las lecciones en el Collège de France acerca del «biopoder» y la «biopolí-

17. Michel Foucault, «Le sujet et le pouvoir», en *Dits et écrits. 1954-1988*. París, Gallimard, 1994, vol. IV, p. 239.

tica»,[18] es que la distancia entre las condiciones y la transformación se reduce al mínimo: devienen contemporáneas unas de la otra: eso sucede en un *presente* a la vez ontológico, ético y político, cuyo análisis es el objeto mismo de ese pensamiento crítico que, paralelamente, Foucault intentó redefinir combinando la lección de Nietzsche con la de Kant. Pero que la distancia práctica desaparezca, es decir, que las condiciones de la existencia que se intenta transformar estén urdidas de la misma materia que la práctica de transformación, vale decir, que sean de una índole de «acción sobre la acción» y formen parte de una red infinita de «relaciones disimétricas» entre el poderío de unos y el de otros, las dominaciones y las resistencias, no significa que la diferencia conceptual carezca de objeto.

Precisamente por ello Foucault, más que nunca, sigue hablando de historia y de sociedad como horizontes de la política, aun –y sobre todo– cuando emprende la tarea de despojar las instituciones, las grandes entidades y las grandes máquinas (Estados, clases, partidos...) de su monopolio, para llevar la política, a cada instante, al alcance de los individuos o de las coaliciones de individuos. Entre el punto de vista de la sociedad y el de los individuos la reciprocidad es total. La sociedad es el complejo de acciones que se condicionan o se transforman entre sí. A decir verdad, ninguna acción ha podido jamás transformar otra –ya se trate de producción, de educación, de punición, de disciplina, de liberación o de restricción política– si no es creando condiciones nuevas para su ejercicio, al igual que ninguna acción puede condicionar a otra si no es transformándola, o transformando la libertad de su portador, como dice Foucault. Pero los individuos son todas las singularidades de ese complejo (o mejor aún: los *cuerpos* asociados a todas esas singularidades), como lo ha expresado Deleuze en su comentario acerca de la política foucaultiana.[19] Lo que se convierte en algo absolutamente sin objeto es, entonces, la idea de una dialéctica de las «mediaciones» por cuyo intermedio pensar, siguiendo el hilo conductor del tiempo histórico, la conjunción de las condiciones y la práctica transformadora, con sus encuentros «críticos» entre condiciones objetivas y subjetivas, conflictos de clases y movimientos de masas, fuerzas y conciencias, etc. El conflicto histórico es siempre ya inherente a las relaciones de poder, y siempre todavía activo en su institucionalización, o al menos debería serlo: idealmente.

Pese a ciertas apariencias que podría suscitar su individualismo metodológico, la manera en que Foucault constituye la política no tiene na-

18. De estos temas, puede verse una discusión notable en el libro de Ann Laura Stoler, *Race and the Education of Desire. Foucault's History of Sexuality and the Colonial Order of Things*. Durham, Duke University Press, 1995.

19. Gilles Deleuze, «Qu'est-ce qu'un dispositif?», en *Michel Foucault philosophe*. París, Seuil, 1989. [*Michel Foucault, filósofo*. Barcelona, Gedisa, 1990.]

da que ver, por ende, con una reconstitución de la autonomía de la política. La relación de poder es *constituyente*, mientras que las formas sociales más o menos estabilizadas, las normas de conducta, son *constituidas*. Pero la relación de poder nunca es pensada como una voluntad o como un conflicto entre voluntades, sean estas conscientes o inconscientes. Esto obedece en especial a la manera en que Foucault hace funcionar la referencia al cuerpo como referente último de la individualidad. Y, por consiguiente, proviene de que las relaciones de poder, la sujeción, no son interpretadas en términos de dominación y servidumbre (de imposición de una ley, justa o injusta), sino como *tecnologías* materiales y espirituales que «forman» los cuerpos y los disponen para ciertas acciones, que pueden intensificarse o neutralizarse entre sí.

La acción política, como se sabe, debe ser entonces pensada en términos de estrategias. ¿Qué significa esta palabra, que Foucault se abstiene constantemente de emplear en singular? Podría decirse que es un esquema general, o generalizable, de anticipación y de control de las reacciones de la individualidad adversa o, mejor aún, de transformación de esas disposiciones corporales de tal manera que sus reacciones se conviertan en previsibles y controlables. Un esquema de ese tipo puede ser aplicado por instituciones, por grupos y, en última instancia, por individuos. Puede también estar incorporado a una vasta estructura social de muy larga duración tanto como a una configuración local y transitoria. Sin embargo, el principio de su eficacia es siempre «micropolítico», pues reside en la manera en que las tecnologías del poder se aplican «hasta en la trama más tenue de la sociedad».[20]

Ante el resumen precedente uno podría tener la impresión de que según Foucault la política volvió a alojarse, si no del lado de los dominantes, al menos del lado de los fuertes (los «gobernantes»). Él mismo sintió la necesidad de defenderse de ello, lo cual en un sentido no era necesario, pues esa imputación sólo traducía una mala lectura; sin embargo, remite a una dificultad con la cual quisiera terminar este examen. La noción crucial es la de *resistencia*. Visto que todo poder presupone una resistencia, y se basa así sobre la incertidumbre acerca del punto donde se sitúan sus lí-

20. Foucault no cree que las estrategias de poder se apliquen de manera automática, lo que conduciría a transformar la teoría de la política en «análisis estratégico» formal. Al contrario, se interesa sistemáticamente por la distancia entre la anticipación estratégica y las conductas o los métodos de gobierno reales, que él llama el *uso*. Este punto es particularmente ejemplificado en su análisis de las prisiones (cf. especialmente «Qu'appelle-t-on punir?», entrevista, 1984, reproducida en *Dits et écrits*, IV, pp. 636 ss.). Del mismo modo, intenta hacer coexistir en su análisis, en particular el de las políticas de Estado en la época moderna, las estrategias de individualización y de masificación. Este punto está particularmente ejemplificado por su análisis del «biopoder» médico y de la «biopolítica» demográfica, higiénica y sexual.

mites, no resulta clara la forma que puede adoptar la «liberación de la libertad», cuando la relación de poder es también una relación de dominación. La cuestión que se plantea aquí no tiene únicamente una dimensión pragmática; en el fondo, es metafísica. Al igual que en Marx había una problemática del *devenir necesario de la libertad* (en la línea de Spinoza y de Hegel), también convendría pensar (a diferencia del «afuera» o el «plegado» de los análisis teóricos, de lo que habla Deleuze) una producción de contingencia, que me arriesgaría a llamar un *devenir contingente de las resistencias*. Pero ¿no se trata del punto sobre el cual Foucault ha vacilado, al tiempo que abría varias direcciones posibles, entre las cuales su política (si no su ética) se encuentra descuartizada?

Se puede pensar que la analítica de las relaciones de poder en Foucault tropieza con un límite, que está constituido por la problemática de su disimetría, más precisamente de una disimetría que no sería «invertible», y que podría considerarse absoluta. Ante todo, está el problema de las *situaciones extremas*, en las cuales las tecnologías del poder como individualización de los sujetos (tomados *omnes et singulatim* como blancos de una gobernabilidad) ceden su sitio no sólo a un antagonismo global, sino también a una fuerza desnuda, que se ejerce en el orden de la destrucción y de la muerte por la muerte. Sólo la vida puede ser «gobernada»; sólo un ser vivo puede ser disciplinado para volverse productivo. Se plantea entonces la cuestión de las prácticas de exterminio bajo sus diversas formas, algunas de ellas absolutamente contemporáneas. Pero existe también, en general, una problemática acerca de estructuras de dominación inveteradas:

> Los análisis que intento realizar atañen esencialmente a las relaciones de poder. Entiendo por ello algo diferente a los estados de dominación [...]. Cuando un individuo o un grupo social llegan a bloquear un campo de relaciones de poder, a volverlas inmóviles y fijas e impedirles toda reversibilidad de movimiento [...] se está ante lo que podría llamarse estado de dominación. Es cierto que en tal estado las prácticas de libertad no existen o no existen sino unilateralmente, o son extremadamente estrechas y limitadas. Por ende, estoy de acuerdo con ustedes en que la liberación es a veces la condición política o histórica para una práctica de libertad [...] La liberación abre un campo para nuevas relaciones de poder: todo consistirá en controlarlas mediante prácticas de libertad. (*DE*, IV, pp. 710-711)

> En las relaciones de poder hay forzosamente una posibilidad de resistencia, pues si no hubiera esa posibilidad –de resistencia violenta, de fuga, de astucia, de estrategias que inviertan la situación–, no habría en absoluto relaciones de poder [...]. Si hay relaciones de poder a través de todo campo social se debe a que hay libertad por todas partes. En este momento, hay efectivamente estados de dominación. En muchos casos, las relaciones de poder

> están fijadas de tal manera que son constantemente disimétricas y el margen de libertad es extremadamente limitado [...] En esos casos de dominación –económica, social, institucional, sexual–, el problema es, efectivamente, saber dónde se formará la resistencia (*ibid.*, pp. 720-721).

Como es notorio, Foucault está obligado a extender en este caso el tiempo del presente estratégico, en el cual la disimetría de las relaciones de poder remitía siempre a la posibilidad inmediata de una inversión o un desplazamiento: han aparecido estructuras (sea su índole restrictiva, legal o normativa), cuyos sujetos están de alguna manera apartados, y que «fijan» el poder hasta en la intimidad de los cuerpos, de modo que no esté a su alcance. Al problema que plantean, Foucault no llega a responder más que con el esporádico recurso clásico a los «movimientos sociales». La única originalidad que aporta es afirmar que la gama de los movimientos sociales es coextensiva a la de todas las relaciones de dominación que pueden formarse en la sociedad, y que no tienen forma alguna de organización preestablecida.

Pero si se señala que las prácticas de libertad no son tanto la condición previa de una liberación como una necesidad que surge a posteriori, nuestro itinerario se orienta en otra dirección. Al final, ésta monopoliza cada vez más la atención de Foucault: el análisis de las «tecnologías del yo» (*technologies of the Self*). También es el lugar de una dificultad, pues la idea de resistencia remite ahora a la cuestión de saber cómo evoluciona la «relación de yo a yo» de los individuos, cómo puede cambiar de signo, o de régimen; y corremos el riesgo de entrar en una regresión al infinito. De esa postrera dificultad, Foucault quiere obtener una fuerza, es decir, quiere analizar ya no el poder, sino el «sí mismo» del individuo y su modo de producción o de creación: «estética» del *self*. Hay un movimiento de inspiración estoica si se soslaya que no consiste tanto en trazar una línea demarcatoria entre lo que depende y lo que no depende de nosotros, sino de mostrar cómo, en cierto modo, la modalidad de cuanto no depende de nosotros (por ejemplo, la dominación) está determinada por aquello que depende de nosotros. En este sentido, el estudio de las tecnologías del yo no es una huida ante la cuestión de las estructuras masivas de dominación, sino más bien la búsqueda de un nivel más originario de determinación y, por consiguiente, de un punto de construcción o de destrucción para la política.

Sostendré que ese movimiento, en última instancia, no solamente es inconcluso y, por ende, abierto, sino también filosóficamente aporético. La aporía pesa justamente sobre las nociones de «yo» o de individualidad, que, como bien puede verse, Foucault no ha elaborado de manera crítica (Deleuze quiso hacerlo por él), sino que ha tomado tal como llegaban a su alcance, de manera a la vez empírica y ecléctica. Sin embargo, lo más interesante es poner en paralelo, nuevamente, la aporía de Foucault y la de Marx. Ambas pesan sobre términos opuestos, como era de esperar, pero ambas son inherentes a la idea central de *transformación*. Al concebir las «relaciones sociales de producción», especialmente del capital y su proceso de expansión indefinida, a la vez como las condiciones externas, *vorgefundenen*, de la práctica política, y como elemento en el cual se desarrolla su negatividad interna o su proceso de escisión revolucionaria, Marx dio como horizonte último a toda transformación efectiva (que englobe la *totalidad de las condiciones*) lo que él mismo llamó de entrada la *transformación del mundo* (*Veränderung der Welt*); esta supone el surgimiento (no en el imaginario) de una política-mundo y de un sujeto político (y de la política) «mundial». Ahora bien, esta noción es claramente dialéctica, no en el sentido del desarrollo histórico de sus contradicciones, sino en el sentido de la crítica kantiana de las antinomias de la razón: habría de ser la razón de la práctica. Esta dialéctica nos compromete tan sólo en una regresión al infinito, cuyas figuras se han vuelto perfectamente visibles desde que el mundo se encuentra efectivamente «mundializado», o bien: «globalizado».[21]

Inversamente, Foucault, si bien se ha precavido contra las formas clásicas del paralogismo de la personalidad, desplazando la cuestión del «yo» y su constitución del ámbito de la conciencia y la sustancia al de la corporeidad (gran fuerza de Foucault: explicar que la producción de la interioridad se sitúa enteramente en el «afuera»; la constitución del sujeto, en la objetividad) y por ende de la *ascesis*, acaso no haya escapado de una reedición de ese paralogismo, en la medida en que hace del «trabajo de uno sobre uno mismo» a la vez el lado pasivo (la historicidad de los modos de subjetivación) y el lado activo (la producción, por no decir el modelado, de su estilo de vida y de pensamiento): a la vez, entonces, la normalidad de una cultura y el riesgo deliberadamente experimentado de un devenir diferente de lo que se era. Esa situación de *double-bind* no es menos dialéctica (en el sentido kantiano) que la precedente. De ello deriva la oscilación latente entre un fatalismo (periódicamente denegado) y un voluntarismo de hecho, para el cual la referencia nietzscheana no sirve verdaderamente de elemento correctivo.

A partir de todo esto, se llegará a la conclusión errónea de que la idea de una política como transformación, finalmente, se desploma sobre sí misma. Así como las aporías de la emancipación no dejan de lanzar una y otra vez su formulación y su exigencia, que cierta formulación radical de la idea de transformación tropiece, ya sea con la aporía de la «transformación del mundo», ya sea con la de la «producción de sí misma»,

21. En el libro reciente de Jean Robelin, *La rationalité de la politique*, Annales Littéraires de l'Université de Besançon (París, Diffusion Les Belles Lettres), 1995, pp. 437 ss., puede hallarse una formulación notable de la *incompletud* de la política y de la aporía que instala en el corazón de la idea de «transformación de las relaciones sociales» como dominio de una totalidad.

que juntas delimitan el campo de los problemas que plantea (y que impone a la política), no la invalida. Al contrario, es motor de una invención permanente. Para que tal concepción sea verdaderamente confrontada con lo imposible es necesario pasar a otra escena.

Heteronomía de la heteronomía: el problema de la civilidad

En una entrevista de 1983 (*DE*, IV, 587), Foucault hablaba de «problemas que toman la política a contrapelo». Son en un sentido los más inmediatos. Los que quisiera recordar ahora se le presentan por obra de la violencia (y la crueldad), por obra de la identidad (y la *identity politics*), por obra de los «efectos perversos» de la racionalidad y la universalidad. Podemos partir de dos textos de inspiración muy diferente. El primero es del psicoanalista Fethi Benslama, quien intenta reflexionar acerca de «la superación de un nuevo límite en la destrucción humana», en la cual hacen pensar las empresas actuales de «depuración étnica»:

> El extranjero en cuestión no funda, no distingue, no se deja dialectizar ni superar, no permite entrever la santidad ni la curación, no es absoluto ni absolutiza [...]. Su extranjería no se debe a la circunstancia de ser *otro* o de provenir de otra parte. Antes bien, se trata de alguien (de un grupo, de un conjunto de individuos) que es muy próximo, muy familiar, muy mezclado con uno, como una parte inextricable de sí mismo. Todos los estragos del mal identitario proceden precisamente de esta condición en la que la extranjería ha surgido de la sustancia de la identidad comunitaria en la mayor mezcla de imágenes, afectos, lenguas, referencias. Igualmente, cuando se extiende la necesidad imperiosa de la reapropiación de lo propio –que es la consigna de todas las depuraciones–, la rabia purificadora y vindicatoria muestra particular encarnizamiento no en vencer o en expulsar al enemigo, sino en mutilar y en exterminar, como si fuera cuestión de extirpar un cuerpo extraño y a lo extraño del cuerpo pegado a la representación de su propio cuerpo [...]. Es una brecha en el interior del *Nosotros* que ya no puede ser colmada ni expulsada [...]. Es el problema de la desidentificación de un sí mismo irrepresentable a sí mismo, que vive en el temor a la aniquilación por una extranjería venida de su fondo. Los efectos de tal situación pueden ser contenidos políticamente, y sólo lo político es capaz de contenerlos. Pero si sobreviniera una falla o un derrumbe de la institución política [...] se asistiría entonces a un retorno de la angustia de la aniquilación y al desencadenamiento de las fuerzas purificadoras que proceden por mutilación y automutilación: tan estrechamente imbricados están el sí mismo (*soi*) y el otro.[22]

22. Féthi Benslama, «La dépropriation», *Lignes*, núm. 24, febrero de 1995, pp. 36, 39-40.

Por otra parte, leamos ahora un texto anterior, de Deleuze y Guattari:

> ¿Por qué hay tantos devenires del hombre, pero no devenir-hombre? Se debe ante todo a que el hombre es mayoritario por excelencia, mientras que los devenires son minoritarios; todo devenir es un devenir minoritario. Por mayoría no entendemos una cantidad relativa mayor, sino la determinación de un patrón con respecto al cual tanto las cantidades mayores como las menores serán consideradas minoritarias: hombre-blanco-adulto-masculino, etc. Mayoría supone un estado de dominación, no la inversa [...]. Es quizá la misma situación particular de la mujer con respecto al patrón-hombre lo que hace que todos los devenires, por ser minoritarios, pasen por un devenir-mujer. Sin embargo, no hay que confundir «minoritario», en tanto devenir o proceso, y «minoría», como conjunto o estado. Los judíos, los gitanos, etc., pueden formar minorías en determinadas condiciones; no es suficiente para hacer de ellos devenires. Uno se reterritorializa, o uno se deja reterritorializar en una minoría como estado; pero uno se desterritorializa en un devenir. Aun los negros, decían los Black Panthers, han de devenir-negro. Aun las mujeres tienen que devenir-mujeres. Aun los judíos, devenir-judío [...]. Pero si resulta así, el devenir judío afecta necesariamente al no judío tanto como al judío, etc. El devenir-mujer afecta necesariamente a los hombres tanto como a las mujeres. De algún modo, siempre es «hombre» el sujeto de un devenir; pero sólo es tal sujeto al entrar en un devenir-minoritario que lo arranca de su identidad mayor [...]. Es lo contrario a la macropolítica, y aun de la Historia, donde se trata más bien de saber cómo se va a conquistar o devenir una mayoría. Como decía Faulkner, no hay otra elección que devenir-negro, para no terminar por comprobarse fascista.[23]

En muchos sentidos, el desarrollo del tercer concepto que propongo debería presentarse como una discusión entre (y con) Benslama y Deleuze-Guattari, en la cual sopesar aquello que los acerca y los opone. Pero habrá que resumir. En una primera etapa, intentaré precisar los términos del enigma constituido por la fusión del problema de la violencia y del problema de la identidad, en la medida en que se prefiera no contentarse con un «es evidente», o un «se percibe sin dificultad». Esa unidad que no es necesaria (como si la conjunción de violencia e identidad perteneciera a su esencia) ni contingente (como si fuera producto del azar), nos remite a lo que llamaré abstractamente, en referencia a los momentos precedentes, una heteronomía de la heteronomía en la política. En una segunda etapa, pondré a prueba el concepto de *civilidad* para caracterizar la política que toma por «objeto» la violencia de las identidades.

23. Gilles Deleuze y Felix Guattari, *Mille Plateaux*. París, Minuit, 1980, pp. 356-357. [*Mil Mesetas: Capitalismo y esquizofrenia*. Valencia, Pre-Textos, 2004.]

Tomemos en consideración primero la violencia en sus extremos, lo que llamé en otros trabajos *crueldad*, con énfasis en la oscilación permanente que manifiesta entre formas ultranaturalistas, ultraobjetivas, y formas ultrasubjetivas, paroxismos de intencionalidad, incluso cuando esa intencionalidad está vuelta contra sí misma, es «suicida» al mismo tiempo que «asesina».[24] B. Ogilvie ha abordado recientemente esa problemática de las figuras *nuevas*, específicamente modernas, de la violencia, en las cuales la frontera entre lo natural y lo social parece tender a borrarse, y las reúne en una designación terrible, un préstamo tomado de las variedades de lengua hispanoamericanas: «producción del hombre desechable»: *población chatarra*.[25] Toma como ejemplos todas las formas de «exterminio indirecto y delegado» que consisten en «librar a su suerte» (hecha de catástrofes llamadas naturales: pandemias, genocidios recíprocos o, más usualmente, limpieza periódica en las fronteras inciertas entre la criminalidad y su represión, como los asesinatos de niños *favelados* en Brasil) a las poblaciones excedentes en el mercado mundial, no sin que proliferen en el margen algunas operaciones de cobertura humanitaria o, por el contrario, algunas empresas de explotación de material humano destinadas a rentabilizar la exclusión: comercio de órganos, tráfico de niños, etc. Con esa «presión fantástica de la a-subjetividad» estamos claramente en las antípodas de cualquier relación de poder, tal como Foucault proponía teorizarla. Estamos también en un lugar donde la reivindicación del derecho a la política se ha vuelto algo irrisorio: no porque no involucrara que la universalidad de la condición humana estuviera en juego, o sólo figurara la expresión de una racionalidad dominadora, sino porque prácticamente no existe ninguna posibilidad para las víctimas de pensarse y representarse *en nadie* como sujetos políticos, capaces de emancipar la humanidad emancipándose a sí mismos. ¿Se debe a que ciertas *condiciones* históricas no están realizadas, o no lo están todavía? ¿Y qué sucede, en general, con la relación entre tales prácticas de eliminación y la idea de violencia estructural?

Diré que en el fondo no es lo mismo o, más exactamente, que ambas hacen estallar la representación. En general, por violencia estructural entendemos una opresión inherente a las relaciones sociales que (por todos los medios, de los más ostentosos a los más invisibles, de los más económicos a los que implican mayores costos en vidas humanas, de los más cotidianos a los más excepcionales) quiebra las resistencias incompatibles

24. Étienne Balibar, «Violence: idealité et cruauté», actas del seminario sobre la violencia dirigido por F. Héritier-Augé, París, Odile Jacob (véase, en este volumen, el capítulo «Violencia: identidad y crueldad», pp. 101-120).

25. Bertrand Ogilvie: «Violence et représentation. La production de l'homme jetable», *Lignes*, núm. 26, octubre de 1995.

con la reproducción de un sistema. En ese sentido, forma un todo con la duración del sistema, a menos que la acompañe como su sombra. La funcionalidad que la caracteriza puede ser, en términos absolutos, totalmente irracional. Bien puede manifestarse sólo a posteriori, en tanto «mano invisible»; pero no por ello es menos necesaria para que puedan identificarse los intereses, las posiciones de poder, las formas de dominación sociales a las cuales corresponde (esclavitud, patriarcado o capital), y plantear el problema de su subversión. Pero con la eliminación totalmente no funcional y, sin embargo, exactamente inscrita en las planificaciones de la economía-mundo, de millones de hombres desechables (cuya eliminación traduciría, sin embargo, cierta incapacidad de explotación que «bloquea» el desarrollo actual del capital, es decir, una incapacidad para hacer frente a los costos financieros, de seguridad, ideológicos y, en última instancia, políticos de un proceso de acumulación verdaderamente mundializado), hemos precisamente dejado atrás ese límite; dicho de otro modo, hemos entrado en la cotidianidad de una crueldad objetiva que excede toda reproducción de estructura.[26]

Sin embargo, sin que podamos asignar a ese caso un vínculo de causalidad unívoca, sucede que tales formas ultraobjetivas de la violencia se acercan, o se superponen local o temporariamente, con otras de signo opuesto. No sólo la generalización de los hechos de «violencia sin blanco» (Ogilvie), habitualmente rotuladas como delincuencia, que no apuntan a ninguna transformación, que se proclaman a voz en cuello como la revuelta sin esperanza, como el odio de una sociedad integralmente naturalizada, sino sobre todo lo que debe designarse formas ultrasubjetivas de la violencia. En especial, esos virajes de la voluntad de poder en voluntad de «descorporación», de desafiliación forzada del otro y de sí mismo –no solamente con respecto a la pertenencia comunitaria, a la ciudad, sino con respecto a la condición humana–, que Benslama describe a propósito de la depuración étnica en Bosnia (masacre de los alumnos por sus propios maestros, violaciones colectivas destinadas a engendrar al propio enemigo en el vientre de las mujeres atacadas, etc.; al mismo tiempo que son arrasados todos los monumentos de la historia multicultural), y que lo llevan a plantearse como problema saber si no habría que teorizar no solamente «más allá del principio de placer», sino ¡«más allá de la pulsión de muerte»!

En ese caso ya no examinamos las formas ordinarias del fascismo (a cuyo respecto ya es tiempo de reconocer que jamás dejaron de acompa-

26. Si Foucault hubiera podido observar la manera en que la «demografía» africana se encuentra «regulada» por la epidemia de sida (y de algunas otras, todas ubicadas bajo la observación de una «organización mundial de la salud»), ¿se habría arriesgado a hablar de «biopolítica negativa»?

ñar las construcciones y destrucciones de Estados y el enfrentamiento de los «sistemas sociales» en el siglo XX), sino la multiplicación, posible en todo lugar, en el seno de toda «cultura», de esa *idealización del odio*[27] que, con cierto apuro después del nazismo, fue declarada única, escapando así a toda posibilidad de repetición. Hablo de violencia ultrasubjetiva porque, sin duda, acciones de ese tipo son queridas y tienen un objetivo determinado, tienen un rostro –el de los verdugos demasiado humanos, crueles y cobardes, taimados y estúpidos–; pero la voluntad de la que proceden no puede describirse, en última instancia, más que como la expresión de una «cosa» (según la fórmula de Freud retomada por Lacan), de la que el sujeto es apenas el instrumento: de esa *identidad*, precisamente, que está (que el sujeto «cree» que está) en él, totalmente excluyente respecto de cualquier otra, y que comanda imperiosamente su propia realización, mediante la eliminación de toda huella de alteridad en el «nosotros» y en el «yo». Dispuesta, por consiguiente, a «preferir» su propia muerte a aquello que se le presenta como riesgo mortal de una mezcla o de una despropiación.

En cada una de estas formas o figuras extremas, es necesario ver el indicio de un hecho irreductible que no es simplemente «el mal», sino la *no convertibilidad* (o la índole no dialéctica) de la violencia. Más precisamente, la prueba de que cierta violencia no puede ni debe ser reprimida, apartada (lo que, en gran parte, es el objetivo de las teorizaciones de *lo* político, como justicia, *logos*, vínculo social), ni *convertida* políticamente en un medio de «hacer la historia»: mediante la agrupación de las violencias individuales en violencias colectivas, y la utilización deliberada o no de estas últimas como recurso para tomar el poder, para consolidarlo institucionalmente asociándolo con hegemonías ideológicas, o como medio de emancipación y transformación. Tal violencia es, entonces, la materia a la vez de la política y de la historia; su tendencia es devenir (o volver a devenir) *condición* permanente del desenvolvimiento de ambas (en el sentido de que al menos ya no hay posibilidad de que éstas salgan de la violencia) y, sin embargo, marca el límite de las acciones recíprocas, del pasaje de la política al campo de la historicidad, y de las condiciones históricas al área abarcada por la política. Es por ello que propongo ver aquí, más allá de la heteronomía de la política, una *heteronomía de la heteronomía* que vuelve a hacer presente para cuestionar la constitución de la política como transformación y como emancipación. Y no obstante ello, es preciso (de una necesidad lógica o ética) que una política esté *tam-*

27. La expresión pertenece al psicoanalista André Green, *La folie privée. Psychanalyse des cas-limites*. París, Gallimard, 1990, pp. 287 ss. [*De locuras privadas*. Buenos Aires, Amorrortu, 2000.]

bién implicada en la condición de sujetos que están colectivamente enfrentados a los límites de su propio poder. Al menos, es necesario plantearse la cuestión.

Para ello, sin duda conviene volver a poner en discusión dos términos que acabamos de emplear: formas «extremas» y «límite». ¿De qué extremos se trata?, y ¿dónde hay que localizar esos límites? Habrá que volver a la idea de que esos extremos y esos límites son inasignables o, en todo caso, no son fijos, porque la ultraobjetividad de la violencia está siempre inscrita, al menos de manera latente, en la naturalización de las relaciones de dominación (o aun en lo que, combinando el léxico de Marx con el de Foucault, podríamos llamar naturalización de las relaciones de poder disimétricas), y su ultrasubjetividad, en el horizonte de toda sujeción de individuos al imperio de una autoridad espiritual suficientemente feroz e incomprensible para exigir «más que la muerte». Esos límites son, en realidad, umbrales sucesivos, que pertenecen tanto a la esfera privada como a la pública y que son franqueados institucionalmente o durante las existencias individuales, y a veces están articulados de modo que se superponen. Sin que el enigma sea evacuado por completo, puede verse que su historia nunca es separable de la manera en que las identidades son fijadas o transformadas. Más que comenzar aquí una larga discusión, propondré tres tesis, y remitiré a otro sitio en que su justificación es más completa.[28]

La primera tesis es que toda identidad es fundamentalmente *transindividual*, lo que quiere decir que no es (puramente) individual ni (puramente) colectiva. Lo que se llama «yo» o «sí mismo» puede (en el mejor de los casos) ser vivido como absolutamente singular, un fondo de existencia propio que no se reduce a modelo alguno, a ningún rol elegido o impuesto. Sin embargo, no deja de estar construido (desde antes del nacimiento) por un sistema de relaciones sociales, reales o simbólicas. Recíprocamente, una identidad colectiva, es decir, la constitución de una relación de pertenencia o de un «nosotros», en el doble sentido del término («nosotros» pertenecemos a la comunidad: por ejemplo, la patria, que puede disponer de nosotros, o la familia, que puede requerir nuestro apoyo, y ellas «nos» pertenecen, lo que hace que no se deba privarnos de ellas), nunca es otra cosa que la constitución de un vínculo entre imaginarios individuales que se hace valer en la realidad. Pero el imaginario es tan indispensable para la vida de los individuos como el aire que respiran. Por ello, si «la naturaleza no hace naciones» (Spinoza), ningún individuo

28. En parte, estas tesis son el resumen de análisis de ensayos anteriores. Cf. Étienne Balibar e Immanuel Wallerstein, *Race, nation, classe. Les identités ambiguës*. París, La Découverte, 1988; así como «Internationalisme ou barbarie», *Lignes*, núm. 16, 1992 (véase, en este volumen, «Las identidades ambiguas», pp. 61-76).

puede instalarse (a no ser precisamente mediante la imaginación) en la «situación original» que precede a las naciones, o a su equivalente.

Eso nos lleva a una segunda tesis: más que de identidades, hay que hablar de identificaciones y de procesos de identificación, pues ninguna identidad es dada ni adquirida de una vez y para siempre (puede ser *fijada*, lo cual no es lo mismo), sino que es el resultado de un proceso siempre desigual e inconcluso, de construcciones riesgosas, que exigen garantías simbólicas más o menos fuertes. Ahora bien, la identificación se recibe de los otros y siempre sigue dependiendo de ellos. En el establecimiento de los múltiples circuitos identitarios que se superponen, para reforzarse o combatirse, las condiciones materiales gravitan naturalmente sobre ellos con todo su peso, traduciéndose en posibilidades e imposibilidades de comunicación, de acceso a los «bienes comunes» de toda índole. Pero la condición de las condiciones está constituida por la existencia de instituciones, de las que dependen la posibilidad de simbolizar los roles de uno mismo y del otro, los vínculos y las rupturas, en caso de que esas instituciones sean muy antiguas o muy recientes, oficiales, dominantes (como lo que Althusser llamaba aparatos ideológicos de Estado), o bien contestatarias, «antisistémicas».

De allí surge nuestra tercera tesis: toda identidad es *ambigua*. Puede comprenderse desde el punto de vista del sujeto: ningún individuo (excepto en situación-*límite*; ya volveré a ello más adelante), diga lo que diga o crea lo que crea, posee una identidad única; esto último también significaría una pertenencia única. Todo individuo combina varias identidades, desigualmente pregnantes, desigualmente conflictivas. Sin embargo, es más interesante aún comprenderlo desde el punto de vista de la identidad, que no podría ser unívoca. Una identidad, cualquiera sea (sexual, profesional, religiosa, nacional, lingüística, estética...), está siempre sobredeterminada, y cumple varias funciones a la vez (no se es «profesor» *sólo* para impartir lecciones a los alumnos, y menos aún «alumno» *sólo* para estudiar); siempre está en tránsito entre varias *referencias* simbólicas. Así, los acontecimientos corrientes hacen que uno vuelva a preguntarse, sin resolución posible, si el islamismo es hoy una identidad religiosa, nacional-cultural, antiimperialista, etc. En ese sentido, siempre está *al lado*, expuesta a equivocarse acerca de sí misma y a ser tomada por otra. A traducirse sucesivamente en compromisos diferentes.

Estas tesis permiten, en mi opinión, plantear al menos la problemática de la conjunción entre violencia e identidades: ¿qué sucede cuando los conflictos de identidad se vuelven destructivos o autodestructivos?; ¿qué sucede cuando la violencia corriente, de origen estructural o momentáneo, cristaliza en torno a reivindicaciones e imposiciones de identidades? Cuando se reflexiona a partir de la identidad se puede sugerir que *dos situaciones extremas son igualmente imposibles*, en el sentido de invivibles, pues corresponden a un grado cero de autonomía, de modo que una existencia, una comunicación «normales» son en ella destruidas; pero no en el sentido de que jamás serían requeridas, engendradas o impuestas por instituciones y condiciones históricas: quizá por eso hay violencia no convertible. Una de esas situaciones es la que reduciría la individualidad a una *identidad única y unívoca*, «masiva» y «exclusiva» (ser sólo una mujer, un hombre, o un niño, es decir, una cosa sexual; ser sólo un profesor, un proletario, un gerente de empresa, un presidente, un militante, un buen alumno o un feligrés, completamente identificado con su rol, es decir, *absorbiendo* inmediatamente todo otro rol, todo encuentro, en su función o su vocación, su *Beruf*; ser sólo un francés, un judío, un bretón o un serbio...). La otra es aquella que –conforme a cierta utopía «posmoderna», pero también con cierta exigencia de elasticidad presente en el mercado generalizado– permitiría a la identidad *flotar libremente* entre todos los roles, entre las identificaciones fortuitas, de placer (o de beneficio). Ser absolutamente uno, o no ser nadie. Y quizá podríamos hipotetizar que algunas de las situaciones de violencia a las cuales nos vemos confrontados se producen no simplemente cuando los individuos o los grupos se ven confinados a alguno de esos extremos, sino cuando sus imposibilidades respectivas se tocan, cuando buscan una escapatoria en una brutal oscilación de un polo al otro.

Es ineludible entonces suponer que el rol de las instituciones es precisamente reducir, sin suprimirla, la multiplicidad, complejidad y conflictualidad de las identificaciones y las pertenencias, según el caso, mediante la aplicación de una violencia preventiva, o de una contraviolencia organizada, «simbólica» y material, corporal. Por ello no hay sociedad (o sociedad viable y soportable), sin instituciones y contra-instituciones; con las opresiones que legitiman y las revueltas que inducen. Pero algunas instituciones no son una política. A lo sumo pueden constituir sus instrumentos, o su resultado.

Llamaré *civilidad* a la política, en tanto aquélla resuelve el conflicto de las identificaciones, entre los límites imposibles (y, sin embargo, en un sentido, muy reales) de una identificación total y de una identificación fluctuante. La civilidad, en ese sentido, no es ciertamente una política que suprima toda violencia, pero sí rechaza sus extremos con el objeto de *dar espacio* (público, privado) a la política (la emancipación, la transformación) y permitir la historización de la violencia misma. No me interesa codificarla, sino intentar señalar, para concluir, algunos de sus problemas.[29]

29. Una palabra se justifica únicamente por su uso, del que forman parte las palabras relacionadas. Elijo *civilidad* por su doble relación con la ciudadanía (*civitas* en latín fue la traducción de *politeia*, y la palabra francesa fue primero introducida por Oresme con el sentido de «institución, gobierno de una comunidad», por ende, como sinónimo de lo que llamamos «po-

El primer gran problema consiste en saber si en tanto civilidad toda política se hace necesariamente «desde arriba», es decir, por acción y autoridad de un «amo» (sería un amo interno),[30] o bien si puede *también* hacerse «desde abajo», merced al esfuerzo y las fuerzas propias de los individuos y los colectivos. Uno podría tener la sensación de que ese asunto está resuelto de antemano, porque la filosofía política (pero también la gran tradición religiosa, la tradición sociológica) no ha dejado de enseñar que la multitud es intrínsecamente violenta, y de poner en relación la necesidad de la educación con la instauración de una justicia, de un orden social que, aunque no comportara otra jerarquía, supusiera que hay poder y poderes. Digamos, hegemonía. Un poder puede parecer legítimo también como factor de civilidad: en primer término, el poder del *derecho*. Pero para aparecer como el único factor de civilidad concebible el poder elabora una teoría de las pasiones de la multitud como reservorio inagotable y amenazante de incivilidad.

Sin embargo, la forma más interesante para discutir ese asunto es la que, a la inversa, intenta conciliar la idea de civilidad con la de una autonomía de la multitud. Es decir, con las formas democráticas. Incluso me vería tentado a considerar que la civilidad *deviene una política*, en el sentido fuerte del término, distinta de una disciplina, de una educación cívica, o aun de una socialización, cada vez que, en la historia, se presenta como el desarrollo o el complemento del principio democrático. Y desde ese punto de vista, la elaboración filosófica más compleja es la propuesta por Hegel (ante todo, en su *Filosofía del Derecho*). Tomaré prestados de él algunos temas generales para dar el siguiente paso.

La idea que Hegel tiene de la civilidad es la contraparte de su convicción dialéctica, según la cual, en la historia, la violencia es convertible («lo real es racional»), siempre y cuando sea preventivamente tratada por un Estado que por su propia parte sea un Estado de derecho, es decir, se constituya con el propósito de liberar a los individuos. Y el núcleo es la exposición de un proceso de mediación recíproca de lo específico y lo universal que permite al individuo *pertenecer* a múltiples «comunidades» (familia-

---

lítica», al igual que *civility* en inglés) y con los hábitos, tanto públicos como privados (por ende, en el sentido de la *Sittlichkeit* hegeliana). La prefiero a «gobierno», «políticas» o «cortesía», pero también a «civilización» (pese al uso activo que hace de ella Norbert Elias –en *Über den Prozess der Zivilisation*, 1936, y en otras de sus obras–, indiscutiblemente emparentado con lo que aquí nos ocupa, aunque Elias se interese más por la socialización que por la política, y lleve las cosas en el sentido de la educación en la disciplina interior y exterior). Por otra parte, «civilización» es difícilmente disociable de la idea de que hay bárbaros y salvajes que hay que «civilizar» (es decir, en la práctica, someter a la peor de las violencias).

30. Kant, siguiendo una vez más a San Pablo (y a Lutero): «El hombre es un animal que, desde el momento en que vive entre otros individuos de su especie, *tiene necesidad de un amo*» (*Idea de una historia universal en el sentido cosmopolita*, VI).

res, regionales, religiosas, profesionales, políticas, etc.) y por ende preservar identidades *concretas* y también el «honor» de esas identidades, al tiempo que adquiere (por el derecho, la educación, las funciones públicas, la ciudadanía social) una identidad *abstracta*, universal o, mejor dicho, universalizante, que se superpone a las precedentes y deviene su condición de posibilidad. Más precisamente, Hegel sostiene que es necesario que las identidades y las pertenencias primarias sean virtualmente destruidas para ser, no pura y simplemente eliminadas, sino reconstruidas en tanto expresiones particulares y mediaciones de la identidad política colectiva, o de la pertenencia al Estado. Ello evidentemente supone un tratamiento diferencial de las identidades primarias, una selección entre ellas, una jerarquización de su importancia respecto de los intereses del Estado y por tanto de su reconocimiento, y supone, en todos los casos, una desnaturalización. Nos valdremos de otro léxico y diremos que hay un doble movimiento simultáneo de *desidentificación* y de *identificación*, pero controlado de antemano por el Estado o la comunidad «superior»; su resultado está *garantizado*, pues ha sido preparado largo tiempo por las formaciones éticas de la sociedad civil. Ese movimiento tiene, evidentemente, una significación universalista, y hasta produce un efecto de universalización *intensiva*, porque libera a la individualidad de su encierro «natural» en una comunidad única (cuyo modelo es la familia), abriéndole el campo de un juego donde asumirá, ora simultáneamente, ora sucesivamente, varios roles o personalidades. Permite, en suma, que cada sujeto pase de la adherencia a la adhesión, que supone siempre la posibilidad relativa de una elección, si bien dentro de un marco social preexistente.

Podemos seguir a Hegel y dar por sentado que el movimiento de desidentificación-identificación es de por sí el núcleo íntimo del concepto de civilidad. Se diría también apropiación-despropiación. Lo que nos disuade de declararnos hegelianos es una triple contradicción no dialectizable, inscrita en el nodo central de la construcción hegeliana. En primer lugar, Hegel ignora, o finge ignorar, que la deconstrucción de las identidades primarias, aun y sobre todo como premio de una liberación, es un proceso en sí mismo extremadamente *violento*, una «desincorporación» o un «desmembramiento» del individuo y de la pertenencia que funcionaba para él como una adherencia. No se plantea el problema del precio y de los efectos *post ex facto* de esa libertad, en términos de agresividad interior o exterior.[31] En segundo lugar, ignora, o finge ignorar, que la comunidad *universalista* (el Estado), por republicana y laica que sea, debe ser también una *comuni-*

31. Pierre Bourdieu cita certeramente al respecto páginas implacables de *Maestros antiguos*, de Thomas Bernhard. Cf. Étienne Balibar, «La violence des intellectuels», en *Violence et politique* (Coloquio de Cerissy, 1994), *Lignes*, núm. 25, mayo de 1995.

dad. En la práctica, en la época moderna, es una comunidad nacional o cuasi-nacional, cuyos sujetos deben *también* imaginar su pertenencia común y, más profundamente, constituir en el imaginario la «sustancia», apropiada en común, de su identidad política: en otros trabajos propuse para lo anterior la designación *etnicidad ficticia*, cuasi-genealógica, entretejida con lazos familiares, lingüísticos o religiosos, depositada en los lugares y los mitos de la memoria histórica, etc. Esta vez consiste en una identificación de la desidentificación. Constituye la mediación indispensable para la transferencia de la barbarie fuera de las fronteras, en dirección a los «otros», correlativa del goce de la paz y de la civilización adentro. Y cuando sobreviene la mundialización (o, más bien, cuando ésta franquea una nueva etapa), prepara (en conjunto con otras identificaciones totalizantes, tradicionales o reactivas) la reproducción a escala ampliada del conflicto de las incorporaciones. Ahora bien, en el espacio mundializado, donde las fronteras son a la vez histerizadas y vacilantes, donde los aparatos transnacionales de comunicación, vigilancia y crédito acuden a buscar a los individuos a domicilio, no hay equivalente del Estado y su *Sittlichkeit*, no hay «altura civilizadora». La única altura, aparentemente, es la de los satélites de sondeo y de televisión. Eso nos lleva a la tercera contradicción. Esta vez, no puede decirse que Hegel lo haya negado; pero ¿acaso no desdeñó su desarrollo? Al denominar «sociedad civil» (*bürgerliche Gesellschaft*) el sistema de relaciones mercantiles dominadas por el imperativo de la valoración del valor, y al asignarle la función esencial de preparar la *individualización de los sujetos* por la disolución de los vínculos tradicionales y la generalización de las relaciones contractuales, Hegel supo que el Estado (o lo político) construye su propia universalidad incorporando el poderío destructor (la negatividad) inherente a su otro, el proceso económico. Pero, ¿comprendió que este último, lejos de acantonarse en una función subalterna, al servicio del universal ético y la institución política, estaba, por el contrario, a término, en condiciones de desagregar toda potencia que no fuera la del «trabajo abstracto»? Estamos aquí en el punto más ambiguo de la teorización hegeliana, pues por un lado Hegel explica claramente que el movimiento autónomo de la propiedad privada produce inexorablemente una polarización que consiste en una riqueza que excede toda necesidad y en una pobreza que cae más acá de toda subsistencia; pero, por otro lado, presenta esa polarización de las *Klassen*, destructora de las condiciones mismas de la civilidad, como un fenómeno *marginal*. Corresponderá a Marx explicar que cuanto Hegel había visto en los márgenes estaba en realidad en el centro.[32]

32. Cf. en Bertrand Ogilvie, «Violence et représentation», art. cit., una lectura un poco diferente de los mismos análisis hegelianos.

La perspectiva, entonces, puede invertirse, y así no debemos preguntarnos si el Estado cumple en algún momento algún rol en la constitución de una civilidad, sino en qué condiciones y dentro de qué límites puede hacerlo. ¿No habría que dudar seriamente de que el Estado sea un agente de civilidad *por sí mismo*? Marx lo había sugerido cuando (en la *Crítica del Programa de Gotha*) objetó a los proyectos de educación nacional popular de los socialistas la necesidad de que el pueblo se tornara primero, «y rudamente», el educador democrático del Estado. Al examinar la historia del siglo XX, puede pensarse que así sucedió, aunque de manera muy local y provisoria. Es decir, que las multitudes –ciudadanos «ordinarios», clases, partidos «de masas»– se coaligaron para obligar al Estado a *reconocer* su dignidad, y a introducir normas de civilidad en la administración o el espacio público. Lo hicieron en la medida exacta en que se valían del Estado y sus instituciones (escuela, justicia, sistema político) para civilizarse ellas mismas, es decir, en primer lugar, para representarse el mundo como un espacio común donde estaba su lugar. ¿Nuevamente, entonces, la «moral de esclavos»? Pero puede pensarse, por el contrario, que una iniciativa de esa índole no tendría lugar jamás sin un grado suficiente de autonomía de la multitud, sin «prácticas del yo» autónomas inventadas sin cesar por quienes la componen.

Por ello hay que volver a plantear la pregunta que, al comienzo de esta última parte, motivaba la referencia al texto de Deleuze y Guattari. ¿Qué es «el abajo» en la perspectiva de una civilidad? O, si se prefiere, ¿qué es la multitud? En la perspectiva de Deleuze, la multitud son las minorías, o más bien (pues él explica con mucha exactitud que las minorías son funciones estaduales, «territoriales»), son los procesos del «devenir-minoritario» que hacen prevalecer de manera radical la des-identificación sobre toda identificación, sobre todo reconocimiento colectivo de sí en la figura de un modelo normativo (o de un «patrón»). No debatiremos aquí la cuestión de saber si los ejemplos tomados por Deleuze (el negro, la mujer, el judío) son sostenibles, si *algún ejemplo cualquiera* es sostenible (él probablemente respondería que es un círculo: se trata no de la identidad negra, judía, etc., *dada*, sino del signo de un posible, en cierta coyuntura). Nos preguntaremos más bien si la misma dialectización no debería aplicarse, simétricamente –claro está que sí–, a la noción de *mayoría*.

Deleuze y Guattari encuadran toda su reflexión en la perspectiva del antifascismo; por ende, aun cuando no empleen la palabra, en la perspectiva de una política de la civilidad. Es cuestión de saber en qué nivel debe arraigar la transmutación de la individualidad para que se torne imposible el devenir-fascista de las masas, la irrupción de un deseo que «desea su propia represión».[33] Pero ¿no puede también en este caso sugerirse que

33. *Mille plateaux*, cit., pp. 261-262. [*Mil Mesetas: Capitalismo y esquizofrenia*. Valencia, Pre-Textos, 2004.]

entre el antifascismo de las multitudes mayoritarias y el de las multitudes minoritarias reina una especie de antinomia de la razón práctica? Cada punto de vista se nutre, en efecto, de la refutación de su contrario. Para una micropolítica del deseo, la organización de los movimientos de masas que aspiran a controlar el Estado, y para ello a investirlo desde dentro, a ganar su reconocimiento o transformarlo de manera revolucionaria, es solidaria de un proyecto de hegemonía, con la constitución de una ideología «total», cuando no totalitaria, y la representación de la sociedad como un todo dividido en partes antagónicas, que siempre corre el riesgo de desembocar en la «idealización del odio». Para una macropolítica de la ciudadanía social, los «agenciamientos maquínicos del deseo», que apuntan a desterritorializar todas las formaciones y deformaciones de grupos, siempre corren el riesgo de entrar en resonancia, involuntaria pero no contingente, con corrientes de naturalización del «nexo social» y de desindividualización radical, los cuales no son más que reverso de la megamáquina de comunicación, consumo y control. La desincorporación es un arma de doble filo. La hipótesis política de una civilidad «desde abajo» no podría entonces *optar* entre la estrategia (o el lenguaje) del devenir mayoritario y aquél del devenir minoritario de las resistencias, pues se define a la vez como alternativa a la violencia propia del Estado y como remedio a su impotencia, ante las dos caras de la crueldad. Si no se trata de una opción teórica, es porque se trata de coyuntura, o de arte política. Quizá también de arte a secas, pues los medios de la civilidad son siempre enunciados, signos y roles.

Dos palabras para concluir. Mencioné constantemente la aporía, a propósito de cada concepto de la política, e intenté a la vez no confundirla con un callejón sin salida. Pueden reformularse los términos: ningún concepto de la política es completo. Por ende, cada uno presupone los restantes, en el tiempo histórico y el espacio de la «vida»: no hay emancipación sin transformación ni civilidad; no hay civilidad sin emancipación ni transformación, etc. Pero de esas presuposiciones complejas es vano pretender hacer un sistema, un orden invariante. Se obtendría apenas una filosofía política más, un esquema de transformación de los problemas de la política en representación de lo político. En la medida en que los conceptos de los que hemos hablado conciernen a la política, sólo pueden articularse en caminos individuales; o mejor, en el cruce de los caminos individuales. Dichos caminos, como la verdad, son necesariamente singulares y, por tanto, carecen de modelo.

[Traducción de Patricia Wilson]

2. ¿EXISTE UN RACISMO EUROPEO?[1]

Las reflexiones que propongo para el debate tienen lugar en determinado espacio (la gran metrópolis financiera e intelectual de Alemania Federal), y en determinado momento: el día siguiente a los atroces atentados que golpearon a la comunidad de trabajadores inmigrantes turcos, pero también el día siguiente a las primeras grandes manifestaciones de rechazo contra la violencia fascista y xenófoba en las ciudades alemanas. Sin apartar de mi memoria esas circunstancias, me situaré en un ámbito más general: no sólo porque no deseo abordar de manera superficial una situación que otros ponentes mejor informados habrán presentado con un enfoque desde el interior, sino porque estoy convencido de que, pese a su especificidad histórica, la situación alemana actual representa en realidad un componente de la coyuntura europea. Según me parece, dentro de ese marco puede ser comprendida y, en última instancia, indagada.

Propondré estas tesis:

– en primer término, el racismo cuya intensificación y expansión observamos en todo el continente europeo –tanto en el Este como en el Oeste– indudablemente tiene profundas raíces en nuestra historia, aunque sea conveniente nunca presentar la incidencia de esta última como un determinismo lineal. Las conexiones que se establecen entre las formas populares de ese neoracismo y las actividades de minorías ultranacionalistas organizadas legitiman el temor a la conformación de un neofascismo en Europa. Al respecto, especialmente grave es la hegemonía virtual de esos movimientos en una porción de la juventud dejada al margen de los lazos sociales por el desempleo;

– en segundo lugar, se plantea el problema de saber si esa dinámica procede de una fuerza autónoma, o representa una reacción a una situación de bloqueo social e impotencia política. Considero que esta segunda hipótesis es la correcta. El racismo y el neofascismo en Europa hoy son efectos coyunturales de las contradicciones insolubles en que, pese a su

1. Ponencia en el Congreso *Fremd ist der Fremde nur in der Fremde*, Fráncfort, 11-13 de diciembre de 1992, organizado por Friedrich Balke, Rebekka Habermas, Patrizia Nanz, Peter Sillem, y el editor Fischer (publicado con el título *Schwierige Fremdheit. Über Integration und Ausgrenzung in Einwanderungs-ländern*. Fráncfort, Fischer Taschenbuch Verlag, 1993).

aparente triunfo, se hallan inmersas la economía neoliberal y sobre todo el sistema político llamado representativo. (A decir verdad, este último «representa» cada vez menos a sus mandantes.) Es cierto que, cuanto más se agravan esas contradicciones, más se activa una espiral autodestructiva cuyos efectos son imprevisibles;

– en tercer lugar, no creo que esa evolución, inclusive muy avanzada, sea incontrolable por las fuerzas democráticas, a condición de que evalúen plenamente qué iniciativas deben elaborarse sin demora a escala local y trasnacional. Me parece realista considerar que obstáculos internos, provisoriamente insuperables, impiden hoy reproducir a escala europea un proceso análogo al que, hacia principios de siglo, había acarreado la victoria política del fascismo y del nazismo. Existe, pues, una «ventana abierta» para la acción colectiva, en la que podemos y debemos cifrar nuestros esfuerzos.

Examinemos el primer punto. Las circunstancias en que nos hallamos, tres años después de aquello que algunos llamaron «revolución de 1989»,[2] reclaman un diagnóstico político que no sea complaciente: ni con la sociedad en que vivimos ni con nosotros mismos; que a veces nos ufanamos de ser su conciencia crítica. Me refiero a un diagnóstico político; pero en este caso entraña también un diagnóstico moral: ya no en el sentido de que debería trasladarse a la realidad de los juicios morales, sino en el sentido de que implica igualmente apreciar las capacidades morales, y de que una crisis moral forma parte del contexto histórico. En el centro de esa crisis figuran los sentimientos de complacencia, pero también de sobresalto e impotencia y hasta de fascinación ante el racismo europeo. Ahora bien, cuanto más apremiantes sean las circunstancias, mayor será la necesidad de pensarlas tras indagar con calma acerca de su realidad.

En especial, es importante preguntarse qué hay de nuevo, y qué en realidad prolonga o reproduce una situación que se remonta a tiempos muy lejanos. Lo indiscutiblemente nuevo es la intensificación de las manifestaciones violentas y *colectivas* del racismo, es el «pasaje a la acción», el cual sobrepasa colectiva y públicamente el carácter prohibido del asesinato y así se genera, aun en formas que nos resultan vulgares y primitivas, la terrible buena conciencia de un derecho histórico. Ese umbral, o más bien una serie de umbrales sucesivos en esa dirección, se vio superado en un país europeo tras otro, sin que se dejara de tener en la mira en ningún momento a «población laboral inmigrante» y «refugiados», ma-

2. Ralf Dahrendorf, *Betrachtungen über die Revolution in Europa*, Bastei-Lübbe, 1992. [*Reflexiones sobre la Revolución en Europa*. Barcelona, Emecé, 1991.]

yormente a los provenientes del Sur, pero también –volveré sobre ello– a parte de la población extranjera europea, e inclusive de poblaciones nacionales que comparten las mismas características sociales, fundamentalmente el estatuto de personas *desplazadas*, *desterritorializadas*. Todo sucedió como si desde hace una década cada país tomara la posta de otro en una suerte de emulación negativa. De modo tal que hoy ningún país europeo puede pretenderse indemne: de Este a Oeste, de Inglaterra y Francia a Italia, a Alemania, Hungría y Polonia; y no me atrevo a hablar aquí del «caso» yugoslavo. Cada vez ese recrudecimiento se vio acompañado, con vínculos más o menos estrechos y corroborados, por un avance de grupos ultranacionalistas organizados y por un resurgimiento del antisemitismo; un antisemitismo eminentemente simbólico, como destaca Dan Diner:[3] ello no implica disminuir su gravedad, pues lo anterior prueba que ese es el modelo al que se refieren las representaciones xenófobas, asediadas por su sueño con una «solución final para la problemática de la inmigración».[4] En cada caso los estudios de opinión revelaron, a quienes se engañaban con la ilusión inversa, que los temas que legitiman el racismo como una suerte de reacción defensiva de una identidad nacional y de una seguridad social «amenazadas» son ampliamente admitidos por numerosos estratos en todas las clases sociales, aun si sus formas extremas generalmente no son aprobadas (¿o *todavía* no lo son?): en especial, la idea de que la presencia de gran cantidad de extranjeros o inmigrantes supondría un riesgo para el nivel de vida, el empleo, la paz pública, y la idea de que ciertas diferencias culturales –a veces, demasiado modestas– constituirían obstáculos insuperables para la convivencia, e inclusive amenazarían con «desnaturalizar» nuestras identidades tradicionales.

Ese panorama es lo que provoca inquietud, y hasta miedo (sobre todo –no lo olvidemos–, el miedo a aquellos que se ve en persona), y sugiere analogías con la coyuntura de ascenso de los fascismos en Europa en las décadas de 1920 y 1930. Sin duda, ese desafío entraña una gravedad comparable, pero no necesariamente de los mismos procesos históricos. En mi opinión, para saber exactamente qué nos ocupa es conveniente no relativizar, sino *calificar* con mayor precisión ese panorama, y hacerlo de dos modos.

Por una parte, hace falta destacar que, como el racismo tiene en la mira *especialmente* a grupos poblacionales de trabajadores (inclusive de trabajadores virtuales, de los que forman parte los refugiados) provenientes del mundo «subdesarrollado», generalmente ex colonial o semi colo-

3. Dan Diner, «Nationalstaat und Migration. Zu Begriff und Geschichte», en *Schwirige Fremdheit...*, cit., p. 21 ss.

4. En la actitud reciente de ciertos grupos autores de pogroms, pero también del gobierno alemán hacia los gitanos, esa regresión se vuelve evidente.

nial, es un fenómeno de larga data en Europa, aun en sus formas violentas. No tuvimos, *ganz unten*, a los «cabezas de turco»[5] de ayer para hoy. Simplemente, ese fenómeno se tornó más visible, en especial porque surgió del principal ámbito donde se hallaba relegado: el lugar de trabajo, es decir, el lugar de *explotación*, y su entorno inmediato constituido en mayor o menor medida como gueto. Pero hay que decirlo sin dilaciones: la visibilidad o la expansión es en sí misma un elemento que agrava la situación, preminentemente cuando contribuye a hacer perdurar una inseguridad de masas y a banalizar los actos criminales, con la ayuda más o menos pasiva de los grandes medios de comunicación.

Por otra parte (segunda calificación) hace falta destacar que de ello no se sigue que ese racismo, altamente ideologizado, llegue a ser, desde la perspectiva histórica, menos complejo, y hasta contradictorio. Se dirige a la vez a grupos de origen «externo» («no europeo», «extracomunitario», si bien algunos pertenecen desde hace mucho tiempo al espacio social europeo, y en ese sentido están completamente «integrados» a él *con* sus diferencias culturales) y a grupos de origen «interno» (a veces nacional, como el caso de los *terroni* del Sur de Italia, víctimas del racismo en el Norte) que son típicamente amalgamados en la categoría confusa y confusionaria de inmigrantes o de migrantes. Y se proyecta simultáneamente en relatos míticos incompatibles entre sí, en especial el propio del antisemitismo (que sería mejor volver a llamar «antijudaísmo») y los propios de antiislamistas, antiafricanistas o antitercermundistas. Esto demuestra que *la identidad europea* es en gran medida una de las metas imaginarias de esa intolerancia de masas, pero que no constituye su presupuesto. Evidentemente, en el horizonte ideológico del «racismo europeo» actual, todo consiste tanto en *un rechazo de Europa*, dentro de toda una serie de componentes históricos suyos (y entonces, por una parte, en una modalidad de rechazarse recíprocamente de los europeos), como en una *reivindicación o una defensa de la «identidad europea»*. O bien, para llevar al extremo esa hipótesis, consiste tanto en un «rechazo por el otro», estigmatizado racial y culturalmente, como en una exacerbación de la percepción de las diferencias intraeuropeas y, de alguna forma, en una «autorracialización» de Europa en un nuevo sentido: dirige ese vector *contra sí misma*.

Ese punto me parece de especial importancia, en cuanto nuestros análisis deben moverse por una senda estrecha, entre, por un lado, la impugnación de ciertas pesadas herencias eurocéntricas, de ciertas improntas persistentes de la dominación europea, en primer término la de la es-

5. Es el equivalente al título original del volumen de Günther Wallraff *Cabeza de turco: abajo del todo* (Barcelona, Anagrama, 1987).

clavitud, la conquista, la colonización y el imperialismo, y por otro la adopción de esquemas tercermundistas simplistas. El objeto (el blanco) del racismo europeo actual no es sólo, ni mucho menos, el *Black*, el *Árabe* o el *Musulmán*, aunque ellos deban soportar la principal parte de la carga. Idéntica importancia reviste este punto al obligarnos una vez más a pasar por sobre las interpretaciones abstractas en términos de *conflictos de identidad*, o de *rechazo por el Otro* y por la «alteridad» en cuanto tal –como si la alteridad fuera algo constituido *a priori*–. Esas explicaciones no hacen más que reproducir una parte del discurso racista.

De todas formas, una vez bosquejadas esas calificaciones o complicaciones, es preciso volver a los elementos de dicha visión de conjunto que justifican el temor al desarrollo de un neofascismo, y nos hacen pensar que deberemos enfrentar en espacios de tiempo prolongados una crisis tanto moral como social. Sin volver a los elementos estructurales relacionados con la economía y la intervención del Estado, sin negar –tampoco– la importancia de aquello que en un artículo reciente Uli Bielefeld denominó «extremismo popular de centro»,[6] querría mencionar aquí dos de los que requerirían análisis detallados. Por lo demás, acaso se hallen indirectamente ligados entre sí.

El primero reside en la extensión, que podríamos calificar de potencialmente hegemónica (entendida como la capacidad de dar lugar a un *movimiento social*), de la gama de actitudes colectivas y formaciones ideológicas concentradas en torno al tema (y en ocasiones al blasón) del rechazo por el extranjero. En una indagación aun más profunda, y con mayor precisión, son los temas del rechazo por *lo extranjero*, de la negación pasional, histérica de su función cultural e histórica, esta vez, en el sentido de *Bildung* y de *Zivilisation*. Eso se traduce, dentro de discursos tanto populares como eruditos, sobre todo en la obsesión verdaderamente proyectiva de un aluvión de extranjeros y de lo extranjero, oleada que «nos» asediaría bajo la apariencia de «sociedad multicultural» y de «mestizaje». Sería fundamental comprender concretamente, a partir de investigaciones empíricas, cómo esa presencia fantasmática puede volverse un fenómeno de masas y proveer un discurso, y por tanto una conciencia, a cualquier clase de conflictos sociales desplazados.

El otro elemento que deseo señalar aquí concierne a la implicación creciente de la juventud (principalmente «marginal»; pero involucra a una marginalidad de masas, que tiende a devenir constitutiva de la «condición de joven» para grupos sociales completos) en las manifestaciones del racismo. Habremos de plantearnos una vez más la pregunta acerca de

6. Uli Bielefeld, «Populärer Extremismus der Matte. Die neuen Legitimationsprobleme in Deutschland», en *Frankfurter Rundschau*, 5-XII-1992.

qué es la juventud –nosotros ya no somos jóvenes–; y la primera cosa por hacer es, sin duda, confesar que no sabemos nada al respecto, pese a innumerables estadísticas.[7] Sería temerario creer que en ese caso se trata de un grupo *aislado* (una vez más, sería creer a pies juntillas en la conciencia de marginalidad, de exclusión, que se expresa en los movimientos de jóvenes, habida cuenta del fenómeno capital, pero complejo, de las bandas locales, no todas inspiradas por el mimetismo nazi, aunque todas están en búsqueda de símbolos de exclusión social y de la infamia en el cajón de sastre de la historia europea). Sin embargo, sería igualmente temerario negar que, quiérase o no, las acciones racistas que se ligan de forma indirecta con la reivindicación identitaria son quizá *las únicas* que hoy logran «agrupamientos» políticos de la juventud *en cuanto tal*. En Europa nunca hubo juventudes liberales organizadas, ya no hay juventudes comunistas o socialistas, o pacifistas, no hay –salvo algunas excepciones– más que muy pocas juventudes ecologistas o cristianas. En cambio, hay virtualmente juventudes neofascistas. Ello es muy inquietante desde la perspectiva política. La historia no es hecha por personas de edad madura.

Con esa constatación, nos vemos llevados a mi segundo centro de interés, del que me ocuparé de forma mucho más sucinta: ¿cuáles son las tendencias históricas que se revelan en esos fenómenos sociales, de los que forman parte, desde luego integralmente, los fenómenos ideológicos de contagio colectivo? Para expresarlo de manera inequívoca, ya que creí necesario hablar de una hegemonía potencial, ¿se trata de un movimiento o una convergencia de movimientos que poseen una «base» propia, o bien «solamente» (circunstancia que no precisamente facilita las cosas) de un movimiento *de reacción*, del contragolpe de ciertas contradicciones aparentemente insolubles? Como ya dije, me quedo con esta segunda orientación, o esa es la que deseo someter a debate. No lo hago para obtener a toda costa un esquema marxista; antes bien, por dos precisos motivos.

En primer lugar, en el síndrome racista actual el fenómeno de la *exclusión* (y la conciencia de ser «excluido», el temor de llegar a serlo, o meramente la negativa a convivir con aquellos que son excluidos) ocupa un sitio ostensiblemente central. Ello remite directamente, *uelis nolis*, a una base económica sólida, que incluye al *Estado*, pues no está hecha tanto de «estructuras» durables como de una política económica determinada. ¿*Quién* es excluido, y de qué son excluidos aquellos que son «excluidos»?

7. En este caso, la presencia de François Dubet es para mí al menos una garantía de que algunos se plantean de manera apropiada la pregunta; cf. su libro *La Galère, jeunes en survie*. París, Fayard, 1987 [reeditado por Seuil en 1995].

Dar respuesta a esas preguntas es a la vez desplegar las condiciones concretas de todas las confusiones y ambivalencias que hemos notado en los blancos del neorracismo (incluido en tanto proceso de «autoracialización») y designar en última instancia la principal contradicción de la coyuntura actual: aquello que yo llamaría *expansión regresiva del mercado* en nuestra sociedad. Con ello entendamos que el lema y el proyecto de universalización de las relaciones mercantiles y de las normas sociales correspondientes (en algunos casos, puede llegar a hablarse paradójicamente de un *plan* de eliminación sistemática de las barreras interpuestas al mercado) culmina ya no en un *crecimiento* real de la economía capitalista, sino en la desindustrialización y el desempleo estructural *crecientes*. Hagamos constar que ése no es un fenómeno que caracterice únicamente a la *Abwicklung* de los países de ex bloque soviético.

¿Acaso el desarrollo de la productividad representaría, como suele decirse, su causa fundamental? ¿No debe buscarse más bien en la vertiente de la contradicción económica que consiste en intentar edificar una fortaleza monetaria y financiera en un espacio europeo aislado, que algunos querrían transformar en mercado protegido y en reserva de capitales altamente rentables (una suerte de Suiza ampliada)? ¿Y, además –quizás ante todo–, en la actual imposibilidad, para la producción capitalista y del consumo de mercancías, de plasmarse en un *retorno* más acá de las formas de representación social y de participación colectiva que el movimiento obrero había conquistado durante el transcurso de algo más de un siglo? El crecimiento (con prescindencia de cuáles sean sus modalidades *cualitativas*, y cualitativamente *nuevas*) supondría por el contrario su *ampliación*: eso equivale en la práctica a un acuerdo social más equilibrado, un aumento de poderío colectivo y de iniciativa individual de los trabajadores, en el sentido lato del término. Pero las «élites en el poder» actuales precisamente se niegan a siquiera encarar ese tema, por motivos *políticos* aun más que técnicos. A la vez, las organizaciones de vieja data en el mundo del trabajo fueron incapaces de pensarlo, reivindicarlo y organizarlo.[8] Dejémoslo en claro: la exclusión no tiene sentido más que en relación con el bloqueo y la regresión del Estado nacional-social (utilizo esa designación como un equivalente realista de la noción mítica de Estado de Bienestar o de Estado-Providencia).

Pero esto último me lleva a un segundo motivo; en realidad, no es más que la contrapartida del anterior. Si bien el Estado nacional-social se halla descuartizado entre el mercado financiero mundial y la administración regresiva del conflicto social doméstico, su propia crisis política se

8. Cf. las reflexiones, hace ya diez años, de Jean-Louis Moynot, entonces secretario general de la CGT francesa: *Au milieu du gué. CGT, syndicalisme et démocratie*. París, PUF, 1982.

desarrolla de manera relativamente autónoma. La paradoja de esa crisis es que ella se presenta a la vez como una crisis de los Estados existentes (crisis de eficacia, crisis de legitimidad) y como una crisis de ese *Estado inexistente* que la construcción de Europa tiene idealmente en vista.[9] En dirección a ese Estado inexistente (o más bien de la burocracia que tiene lugar en él, simultáneamente sujeta a las fluctuaciones de los intereses políticos locales y sustraída a cualquier control público verdadero) se desplazó una cantidad cada vez mayor de decisiones institucionales y económicas. Con todo, ese Estado que en realidad es un no Estado evidentemente es incapaz de definir por sí solo (y tan siquiera de encarar) una base social fundada sobre una representación y una mediación de los conflictos colectivos análogas a las que paulatinamente habían otorgado a los Estados nacionales su legitimidad.

En mi opinión, si no se analizara esa paradoja, que sin cesar da cabida al espectáculo grotesco de un Estado social antisocial, de Estados nacionales antinacionales (pese a periódicas manifestaciones simbólicas de soberanía, que se vuelven contra sí mismas, como la participación francesa en la Guerra del Golfo), y por último al espectáculo de un Estado «supranacional» absolutamente refractario al desarrollo de cualquier forma de internacionalismo popular o colectivo, no se comprendería cómo se combinan hoy en día los temas de la exclusión, de la corrupción, pero también de la impotencia política para percibir la crisis del Estado.

En otro sitio intenté señalar los efectos psicológicos paradojales del fenómeno de impotencia política y social de un Estado que no cesa de ramificarse en el aspecto administrativo, y está munido en exceso de aparatos de seguridad, efectos omnipresentes en la forma en que los problemas de la inseguridad colectiva, de la integración de los migrantes o de la acogida a los refugiados alimentan el racismo popular.[10] Pero de todas formas deseo enfatizar los límites de la analogía con la constitución del fascismo. El fascismo europeo, y especialmente el nazismo, se constituyó como reacción ante el *derrumbe del Estado*, bajo el efecto de la derrota y de la guerra civil, y no ante la conciencia generalizada de su impotencia. Por el contrario, constituyó a su manera un componente de una etapa de *apoteosis del Estado*, a la que en ese entonces hacían su aporte todos los regímenes y todas las ideologías políticas, y a la que sometió brutalmente su propio «movimiento de masas totalitario». El colapso del Estado existente acaso esté a la orden del día en parte de Europa (en el Este); pero lo que predomina de modo más general es la manifestación de su im-

9. Étienne Balibar, *Es gibt keinen Staat in Europa*, reeditado (en francés) en *Les frontières de la démocratie*. París, La Découverte, 1992.

10. «Racisme, nationalisme, État», en *Les frontières de la démocratie*, cit.

potencia: para empezar, la de su incapacidad de transformarse, de reformarse y regenerarse por sí solo. La diferencia con el fascismo histórico, aunque hoy haya tendencias y movimientos fascistas, es que ninguna fuerza puede construir un discurso político con pretensiones hegemónicas en torno a un programa de *refuerzo del Estado*, o de centralización reforzada del Estado. De igual modo, creo estar facultado para sugerir que ninguna fuerza puede federar alrededor de un nacionalismo *unívoco* las reivindicaciones identitarias existentes en Europa.

Resta decir que nacionalismo(s), racismo(s) y fascismo(s) constituyen una gama de formaciones ideológicas que en cierto modo se presuponen unas a las otras. Pero eso sólo da como resultado el fantasma de un nacionalismo integral e integrador. Tal como la crisis social se cristaliza alrededor de un Estado inexistente –yo sugeriría: alrededor de la ausencia de un Estado o de *la idea* de un Estado–, el racismo europeo se constituye con múltiples reacciones identitarias que ocupan el lugar de un *nacionalismo imposible* (y que, así, imitan obsesivamente los símbolos de ese imposible en diferentes niveles).

Llegaré ahora a una conclusión sobre la base de una hipótesis de interpretación y de intervención. Desde luego, no será un programa, sino una propuesta de orientación. Si los elementos de descripción recién expuestos están justificados, al menos de manera parcial, eso significa que, por más inquietante que sea, la coyuntura europea actual no traduce una tendencia unívoca, menos aún un determinismo catastrófico. Simplemente, traduce –y ya es mucho– la necesidad de una renovación y una refundación radical de las prácticas democráticas, necesariamente colectivas, susceptibles de desbloquear *por debajo* el círculo vicioso de la construcción de Europa. Según ese proceder, también pueden procurar a la institución política una eventual *nueva etapa*: forzosamente en el sentido de su democratización, o si se prefiere en el sentido de un retroceso de los privilegios y de una ampliación de los derechos que constituyen la ciudadanía.

La coyuntura europea está, por algún tiempo todavía, en suspenso, incluso si es cada vez más tensa. Me incita a proponer esta hipótesis –relativamente optimisma, pero *condicionada*– mi convicción de que puede detectarse una considerable brecha entre el agravamiento de los fenómenos de exclusión y de desmoralización política que nutren la expansión por Europa del racismo, y las capacidades, de cualquier movimiento político, para globalizar las reivindicaciones sociales y las reivindicaciones identitarias en torno al rechazo por el extranjero. Se condena a este último, pues, a permanecer dividido interiormente, y en ese sentido a neutralizarse a sí mismo, en el interior de cada país y a escala europea, dimensión que cada vez más es el horizonte de nuestra práctica política. En nada mengua, por desgracia, sus capacidades para destruir –y por nuestra parte, sabemos o deberíamos saberlo: lo *vemos* ante nuestras puertas, a menos que nos vendemos los ojos– que la «barbarie» en todo momento también sea una alternativa posible. Pero en esa brecha, o esa ventana abierta en la política, la posibilidad de una alternativa intelectual y moral fundada sobre el antirracismo, es decir, sobre *el rechazo del rechazo por el otro*, es sin duda posible todavía.

Después de las muy interesantes ponencias que hemos escuchado, pese a sus divergencias (o gracias a esas mismas divergencias), querría hacer precisiones acerca de lo anterior y vincularlo con los temas de la sociedad multicultural y de la ciudadanía.

Dije antes que en mi opinión lo más inquietante dentro de la situación actual, en tanto situación *europea* que tiende a generalizarse (cada país llegó a esa instancia por distintas sendas), es la hegemonía potencial de una ideología neofascista en una juventud objetivamente víctima de exclusión, ya implique exclusión respecto del trabajo y del consumo –por ende de pauperización o, fenómeno que siempre va a la par, de exclusión en lo atinente a estatuto y de reconocimiento–, o bien meramente recorte. Para una juventud de ese tipo «ciudadanía» es un término vacío, y en consecuencia «democracia» corre el riesgo de serlo, por no referirme a «derechos del hombre». Se me perdonará que utilice aquí un léxico algo fechado, léxico militante antes que militar: tengo el convencimiento de que ése es el principal campo en que hay que librar combate. Ciertos jóvenes sin perspectivas buscan la solidaridad, la comunidad sin duda: buscan una *identidad*. O más bien buscan los recursos y las formas de una *identificación*.

Pero eso quiere decir que ellos no buscan preservar, reconstruir o recuperar una cultura, en el sentido cuasi etnográfico del término, en el sentido de un *modo de vida*, de un conjunto de ritos y de hábitos constitutivos de un *Lebenswelt*. En realidad ellos odian su *Lebenswelt*, y con ello su cultura. O entonces acaso se deba tomar «cultura» (*Kultur*) en el sentido en que Freud habla de «*das Unbehagen in der Kultur*», en el sentido de «civilización». La juventud excluida hoy en día de la ciudad, objeto de manipulación potencial por obra de un neofascismo, o más bien objeto potencial de su propia manipulación, hasta en las formas exacerbadas de su «nacionalismo» inglés, escocés, alemán (o más bien «alemán occidental» y «alemán oriental»), italiano septentrional o meridional, y así sucesivamente, no busca, en esencia, culturas sino *ideales*, y por supuesto las busca en símbolos, que pueden reducirse a fetiches. El viejo marxista, el viejo materialista que soy está convencido: el principal modo de ser materialista, o realista, hoy en política es ser «idealista» o, para mayor exactitud, plantear la cuestión de los ideales, las opciones por tomar entre ideales. Esos ideales serán necesariamente expresiones renovadas de ideas de muy larga data de las que se proclama partidaria la democracia, pero cuyas plasmaciones actuales dan un espectáculo muy penoso. Ideas traducibles a un tiempo en el ámbito de la economía y en el ámbito del reconocimiento simbólico: para empezar, tomo en consideración la idea de *igualdad* entre los ciudadanos; en segundo lugar, la idea de *veracidad* del discurso político, y en tercer lugar la idea de *seguridad*, concebida como reducción de la violencia y del «rol de la violencia» en la política, lo que evidentemente no es represión: la contra-violencia.[11] Acaso ésos sean los tres factores cuya ausencia mayor y más grave perjuicio acarrea a nuestros Estados de derecho.

Pero entonces podemos hacer el intento de desplazar un poco el debate hacia la multiculturalidad. Ese debate me parece encerrado en una alternativa absurda. Me expresaré con mayor modestia: temo que se halle encerrado en una alternativa absurda. Nuevamente, eso es resultado del equívoco intrínseco a la propia idea de cultura. Comprendo bien la utilidad que puede haber en referirse a sociedad multicultural o multiétnica (como hacen Daniel Cohn-Bendit y Claus Leggewie)[12] en un país como Alemania, donde la idea de homogeneidad cultural, aquella de la *Kulturnation*, fue oficializada e incorporada a las instituciones, al derecho de la *Staatnation*: por ejemplo, a las condiciones de la naturalización (*Einbürgerung*). Además, contrariamente a cuanto repite una persistente leyenda a ambas orillas del Rin, no hay certeza de que en ese aspecto Francia represente un caso absolutamente opuesto. De todas formas, eso debería llevarnos a deconstruir esa noción, a demostrar que en Europa no existe *ninguna* cultura nacional que sea «homogénea», sobre todo en el caso de la pretendida «cultura alemana». El objetivo no puede ser, entonces, llevar de manera más o menos pacífica tal o tal otra «cultura nacional» a considerarse a sí misma –en su propio territorio, imaginariamente cerrado– *una cultura entre otras*, a una suerte de pasaje del monismo al pluralismo culturales.

Una vez más, lo que está en juego aquí no son costumbres o tradiciones, sino líneas de demarcación simbólicas; y esas líneas de demarcación están inscriptas en instituciones, en la arquitectura y la práctica de sólidos aparatos de Estado, tal como están sobredeterminadas por algunas facetas de condiciones sociales y económicas. En mi opinión, la actualidad

11. Cf. ahora Étienne Balibar, «La seguridad y la resistencia contra la opresión». «Sûreté, sécurité, sécuritaire», en *Cahiers Marxistes*, núm. 200. Bruselas, noviembre-diciembre de 1995.

12. Claus Leggewie, *Multi Kulti. Spielregen für die Vielvölkerrepublik*, Berlín, reedición de Rotbuch Verlag, 1993. Véase también su intervención en el coloquio de Fráncfort: «Vom Deutschen Reich zur Bundesrepublik – und nicht zurück. Zur politischen Gestalt einer multikulturellen Gesellschaft», en *Schwierige Fremdheit...*, cit.

nos demuestra entonces que será cuestión de *desarticular el debate* entre «sociedad civil» y «Estado», el cual desde hace algún tiempo se volvió, al menos en el ámbito de la conciencia y del discurso público, un debate entre las *comunidades culturales* y el Estado en que se anula la política; y de *volver a introducir un tercer término: el propio del movimiento político.* Se habrá notado que no dije «partido» ni «organización».

Por consiguiente, hay que apuntar a que las instituciones, el Estado en sus distintos niveles, reconozcan la «diferencia cultural» *existente*, ya sea individual, comunitaria. Además, el Estado comienza en las dimensiones de una comuna, un servicio de vivienda, o de una escuela, para llegar a las administraciones supranacionales. Por ejemplo, en Francia debe exigirse que la religión islámica deje de ser instrumentalmente discriminada incluso en nombre del laicismo oficial, que Edgar Morin tuvo plena razón en rebautizar «catolaicismo». Sin embargo, *al mismo tiempo* se debe obtener ésa que según creo es la condición insoslayable: reconstituir un *demos* para la democracia. Será *das Volk*, y no «*ein Volk*», como habían proclamado inicialmente los manifestantes de Leipzig hace cinco años. En una formulación más clara, eso equivale a demandar movimientos democráticos, cívicos pero no estáticos, y en especial movimientos *transculturales*, e incluso «movimientos culturales transculturales». A la vez, movimientos que *atraviesen las fronteras* culturales, y movimientos que *superen* la perspectiva de las identidades culturales; esto es, que posibiliten y encarnen otras identificaciones.

Me planteamiento entonces el problema de saber si ese doble objetivo: inscribir en las instituciones del Estado el reconocimiento del «derecho a la diferencia», y desarrollar frente al Estado (lo cual no quiere decir en contra de él: *den Staat gegenüber, nicht den Staat entgegen*) movimientos políticos, movimientos cívicos, por ende si ese doble objetivo puede alcanzarse hoy *dentro del contexto nacional*, o puramente nacional. No tengo tiempo ahora para justificar por completo mi posición, pero considero que de hecho es imposible, y que el único nivel en que hay una oportunidad de obtenerlo (no me refiero a una certeza) es el nivel europeo: el de una ciudadanía europea trans-nacional abierta, que se ha de discutir y definir al mismo tiempo que ella elabora sus bases sociales, su ideología. En efecto, la cuestión de una cultura europea ni siquiera se plantea (si exceptuamos los sueños nostálgicos de Juan Pablo II); la de una nación o de una supernación europea se encuentra desprovista de sentido, incluso –y sobre todo– conforme al modelo estadounidense. Como contrapartida, las circunstancias presentes se distinguen por la construcción de un espacio público, de una *Öffentlichkeit* europea. Y por nuestra parte, aquí no hacemos otra cosa que trabajar con nuestras herramientas de intelectuales.

Esta construcción de un espacio público o de un espacio de ciudadanía europea tiene plena vigencia hoy porque *en 1789 no hubo revolución en Europa*, sin pretender disgustar con esto a Dahrendorf; porque el proyecto de Europa de los bancos centrales y de las burocracias está muerto desde una perspectiva política; pero también porque es imposible e intolerable dejarse encerrar en la alternativa de ese cadáver y del regreso a los nacionalismos del siglo XIX. ¿Dije del siglo XIX? De la Edad Media, si es cierto que de aquí a algunos años acaso no haya más Estado nacional británico o italiano...

En esta larga marcha hacia el espacio público europeo, que también es una carrera por tiempo, notamos cabalmente que la intervención de los miembros de las comunidades o pseudocomunidades turcas de Alemania, indias o pakistaníes de Inglaterra, árabes o africanas de Francia, y demás –hoy botín codiciado por planteamientos demagógicos, y objetos de fijación obsesiva, mañana actores de la política–, es un momento fundamental. A condición de que no se queden «entre sí», y nosotros no nos quedemos «entre nos». El día en que llegue a surgir algo similar a una marcha, un congreso, una manifestación o una red de iniciativas de la juventud de Europa a favor de los derechos democráticos y de la igualdad sabremos que habrá una puerta abierta.

3. LAS IDENTIDADES AMBIGUAS[1]

Internacionalismo o Barbarie

Con el paso de algunos años, de algunos meses, la problemática del nacionalismo, que parecía objeto de interés meramente histórico o –a fin de cuentas es casi lo mismo– no tener en la mayor parte de las regiones del mundo otra función que la de una supervivencia, se volvió la problemática central de la política y de las ciencias sociales. En torno a ella se multiplican los debates, las publicaciones, los diagnósticos y las genealogías. Cuando en opinión de algunos el final del gran conflicto Este-Oeste que había enfrentado a los sistemas mundiales virtualmente transnacionales debía marcar el «fin de las ideologías», en apariencia se acerca el momento en que cada país asistirá a la adopción de posturas y discursos en pro o en contra del nacionalismo o, mejor dicho, en pro o en contra de tal o de tal otra forma de nacionalismo. Un momento en que se vuelva a analizar minuciosamente, como antaño, los textos de Marx; aunque hoy ese espacio está ocupado por los teóricos del nacionalismo cultural –Herder, Fichte, Mazzini, Renan...–, cuyas obras se estudian en búsqueda de claves para interpretar la historia.

Al mismo tiempo –sin que resulte fácil determinar qué es causa y qué es efecto–, los discursos económicos y sociales (incluido el discurso de tendencia marxista cifrado en clases y lucha de clases), pero también los discursos político-jurídicos acerca de la democracia, del Estado de derecho, etc., se ven relegados a un segundo plano o compelidos a dar cuenta del «hecho» nacional y nacionalista.

Con ese desplazamiento de la escena ideológica una palabra lo invadió todo: *identidad*. Según parece, el prototipo de identidad es la identidad nacional, cuando no «étnica». Toda sociología se vuelve –o vuelve a ser– sociología de las identidades; es decir, se vuelve psico-sociología, o vuelve a serlo: identidades lingüísticas, identidades religiosas, identidades de clase... y uno se esfuerza por medir los obstáculos que constituyen para la identidad nacional o las dimensiones que le suman.

1. Ponencia leída durante la *IX Semana Galega de Filosofia*. Pontevedra, 20-24 de abril de 1992.

En consecuencia, también intentaré proponer los lineamientos de un análisis de las identidades, o más bien del concepto de identidad colectiva, cuya tesis fundamental paradójicamente será que *no hay* identidad «idéntica a sí misma», que *toda identidad es fundamentalmente ambigua*. Pero, para ser cabalmente comprendidos, esos lineamientos requieren algunos factores previos (con ello no quiero decir «precauciones») referidos a la posibilidad misma de sostener hoy, en algún lugar del mundo, un discurso audible acerca del nacionalismo. La búsqueda de una lógica de las ambigüedades de la identidad me llevará, por lo demás, a formular algunas tesis respecto de la forma nación, al igual que respecto de las variaciones coyunturales del racismo. Como conclusión intentaré dar mi opinión acerca de la problemática que implícitamente asedia a gran cantidad de debates actuales: ¿la disyuntiva entre *nación* y *clase*, entre nacionalismo e ideología de clase (una de cuyas formas es el socialismo) ha perdido por completo su función explicativa y su valor históricamente discriminante?

I

Para empezar recordemos una evidencia, por desgracia olvidada algunas veces: sin importar en qué lugar ni de qué forma se hable de nacionalismo, uno se halla en un equilibrio inestable, al ser necesariamente portador de determinado nacionalismo, virtualmente opuesto a otro. Al respecto, en medida aun mayor que en otros campos de la ideología, no hay posición o discurso neutro, *au dessus de la mélée*. Cualquier posición es parcial e implica una toma de partido: no sólo en tanto se opta *a favor o en contra* de cierto nacionalismo, el nacionalismo de cierta nación y entonces, a fin de cuentas, a favor o en contra de esa nación (ya que, como veremos, cada nación forma un todo con su propio nacionalismo); sino como intento por *definir* el nacionalismo. Llegados a ese punto, ya nos encontramos en plena ambigüedad, pues por una parte entre todos los nacionalismos hay una similitud formal absoluta, un mimetismo competitivo uniformador y por la otra cada nación, esto es, cada nacionalismo, tiene un modo absolutamente distintivo de definir el nacionalismo y en especial de proyectarlo en el otro: el nacionalismo es una ideología fundamentalmente *proyectiva*. En esas condiciones, hay grandes probabilidades de que los destinatarios de cualquier definición del nacionalismo no estén en condiciones de soportar su carga, pues dicha definición los remite a su propio desconocimiento de sí mismos.

¿Esto último significa que no se puede analizar el nacionalismo de modo *objetivo*? Indudablemente no, no más que fenómeno social alguno: objetividad no quiere decir en este caso *reducción a priori* del nacionalismo a cierta «base material» o a cierto «mecanismo psicológico», sino estudio histórico de su constitución, de sus distintas formas específicas, de su interacción con otros fenómenos sociales. De todos modos, no puede confundirse objetividad con mera presuposición de una perspectiva universalista. El *particularismo* (o carácter excepcional) exhibido por cada nacionalismo lleva fácilmente a creer que la «perspectiva» necesaria para analizarlo debe ser una perspectiva universalista: sin embargo, inmediatamente se revela que *per se* todo nacionalismo conlleva un elemento de universalismo, una pretensión más o menos mesiánica de universalidad, aunque todo universalismo teórico (ya sea religioso, científico o social) siempre incluye un particularismo oculto.

En este caso, la situación resulta especialmente interesante por lo agudo de la contradicción que revela. Da la sensación de que, al fundarse sobre una perspectiva histórica, y más específicamente sobre la perspectiva de la lucha de clases, el marxismo podría encontrar el «punto de Arquímedes», aquel ángulo de visión no supra- sino extra-nacional, la «mirada distante» –y, con todo, interior al movimiento histórico– que permita superar los juegos de espejo con el nacionalismo. En efecto, esa preocupación es esencial para él. Sin embargo, sabemos que el análisis y la consideración del tema del nacionalismo fueron la auténtica mancha ciega del marxismo histórico, teórico y práctico. Eso obedece a una conjunción de causas opuestas. Por un lado el economicismo, que el marxismo comparte con su hermano enemigo el liberalismo, y que le hace tomar por «superestructura» cualquier ideología, cualquier construcción subjetiva, a excepción de su propia «conciencia de clase» (en un sentido, la ceguera del marxismo acerca de los orígenes y los desarrollos del nacionalismo es estrictamente correlativa a su ceguera acerca de los mecanismos de la conciencia de clase, lo cual brinda una evidencia de la necesidad de estudiarlos de forma conjunta). Por otro lado, a la penetración de nacionalismo (incluido ese nacionalismo ampliado que es el etnocentrismo occidental, o su antítesis, el tercermundismo) que hubo en todos los marxismos históricos, de partido o de Estado, en las formas mismas de su internacionalismo.

Haré ahora un breve comentario coyuntural, ya que hoy, con el «final de la Guerra Fría», salimos de la confrontación entre los dos grandes bandos y los dos grandes sistemas rivales (las dos «concepciones del mundo») que habrán dominado los análisis políticos durante dos y hasta tres generaciones. Cada uno se presentaba como supranacional, como un internacionalismo, pues al igual que hubo un internacionalismo socialista hubo un internacionalismo liberal. Sin embargo, cabe dudar de que esos «campos», precisamente en tanto se excluían uno al otro y se organizaban alrededor de construcciones de tipo estatal, hayan encontrado otra amalgama que no fuera una forma ampliada, más relajada, de nacionalismo. En muchos aspectos el internacionalismo liberal fue un nacionalismo occidental, tal como el internacionalismo socialista fue un nacionalismo soviético, cada uno con sus disidencias.

Así, notamos algo muy importante: por más que el nacionalismo esté histórica, institucional e incluso «orgánicamente» ligado a cierto tipo de formación social e histórica, a la que puede denominarse Estado-nación (ya sea como reflejo de su existencia, o como necesidad de su constitución), también puede funcionar a otras escalas; no sólo lo hará a escalas inferiores, «locales», referidas a entidades administrativas o bien culturales, sino también escalas superiores, «mundiales», determinadas a la vez por la tradición y por la coyuntura. Hay, al menos en la época contemporánea, nacionalismos infranacionales y nacionalismos supranacionales, si son pasibles de una designación como esa. Ello equivale a sugerir que el nacionalismo es a la vez la expresión de ciertas estructuras sociales y, de manera relativamente autónoma, un *esquema* específico de constitución ideológica, de construcción comunitaria, de producción y de reconocimiento conflictivo de identidades colectivas. Pero ese mismo ejemplo, impuesto por la situación actual (aunque idénticas constataciones se harían a propósito de nacionalismos más específicos) deja ver que es muy infrecuente –y acaso nunca exista– un nacionalismo «puro», un funcionamiento del esquema ideológico característico del «agrupamiento».[2]

Cada uno de esos dos grandes supranacionalismos se vio a su modo impregnado de mesianismo religioso *y de* ideología de clase o de «conciencia de clase», no necesariamente conforme al reparto comúnmente admitido. Así, una de las dificultades que más usualmente sale al paso del reconocimiento del nacionalismo estadounidense, del interior y del exterior, es justamente que consiste en un muy poderoso nacionalismo de clase burgués (el *American Way of Life*, es decir, el primado absoluto del individualismo competitivo y el dogma de su superioridad humana) y a la vez en una concreción privilegiada de la idea de «pueblo elegido»: elegido para salvar el mundo y luchar contra el «Mal». De idéntico modo se percibe que los componentes *universalistas* del nacionalismo acaso sean indisociables de las relaciones que, en cuanto esquema ideológico, entablan históricamente con otros, que parecen contradecirlos: el universalismo religioso, el universalismo social o de clase… Y para agotar este ejemplo podría señalarse aquí que, paradójicamente, el internacionalismo más puramente «nacional», pero también menos efectivo, habrá sido durante ese mismo período el correspondiente al *tercer* conjunto supranacional virtual, que intenta abrirse camino entre los dos anteriores, esto es, el ter-

2. Cf. Jean-Claude Milner, *Les Noms Indistincts*. París, Seuil, 1983.

cermundismo de Nehru, Tito, Nasser y Nkrumah, como alianza de todas las «liberaciones nacionales» políticas, económicas y culturales...

Desarrollé *in extenso* estas consideraciones para dar una noción preliminar de otro planteamiento. Una de las grandes dificultades a las que se expone cualquier análisis acerca del nacionalismo estriba en lo que llamaré mecánica de nacionalismos *invisibles* y nacionalismos *(demasiado) visibles*, inextricablemente mezclado en la faceta de los nacionalismos dominantes y dominados o, mejor formulado: de los nacionalismos que sirven de expresión y de amalgama para una dominación y de los nacionalismos que sirven de expresión y de amalgama para una resistencia. Entre estos últimos evidentemente hay –desde el punto de vista político y ético, desde el correspondiente a su rol histórico– una disimetría fundamental. También hay necesariamente un mimetismo. Veamos un ejemplo: no puede ser casual que el clímax del intento de los negros estadounidenses por pensarse a sí mismos como movimiento «nacional», según el ejemplo de otros movimientos de liberación, haya coincidido con la Guerra de Vietnam y, en términos generales, con el punto máximo de consolidación imperial del nacionalismo estadounidense «blanco».

Excepto cuando entran en conflicto unos con otros, los nacionalismos dominantes u opresores por regla general son «invisibles» en tanto nacionalismos, en cualquiera de los casos para sí mismos; pero se presentan antes bien como universalismos políticos y culturales, en cuyo seno pueden coexistir componentes religiosos y económicos. De modo recíproco, uno se ve tentado de decir que al menos en cierta época los nacionalismos de resistencia política y cultural contra una dominación central, imperial, colonial o extranjera resultan «demasiado visibles», en el sentido de que, por una parte, para sí mismos y para el exterior suelen ser ciegos a aquellas causas y determinaciones suyas que no tienen origen en el problema de la nación; y por otra parte son proclives a reabsorber en sí mismos –sobre todo mediante la categoría de cultura, o de «identidad cultural», metáfora de la identidad nacional– los restantes esquemas ideológicos, sociales y religiosos. Es cierto que eso puede cambiar. Que en la coyuntura actual gran cantidad de movimientos nacionales de todo el mundo sustituyan con un discurso laico un discurso religioso es sin duda síntoma de un gran cambio coyuntural, de una crisis de las representaciones dominantes de la política (en la cual *todos* los movimientos identitarios habrán de redefinirse, incluidos los más antiguos), y a la vez prueba de que el *vínculo* entre los componentes social y comunitario, y entre los diferentes esquemas comunitarios, nunca está –contrariamente a lo que se había podido creer en nombre de cierta ideología de la «Modernidad», estrechamente ligada a los nacionalismos dominantes– fijado de manera definitiva.

II

¿Qué demuestran esas observaciones? Que la primera tarea que debemos afrontar no es juzgar los nacionalismos y el nacionalismo en general, sino ante todo comprenderlo, vale decir, analizar racionalmente su especificidad. Y esa tarea, si bien es indisociable de la búsqueda de las causas del nacionalismo a lo largo de la historia y en dicha coyuntura, no se reduce, sin embargo, a esa búsqueda; implica también una dimensión filosófica o antropológica que concierne al esquema comunitario específicamente nacional o el modo de identificación subjetiva que enlaza la constitución de la personalidad individual con la nación, con las instituciones nacionales y con la idea de nación.

La problemática del *juicio* que se ha de emitir con respecto al nacionalismo en dicha coyuntura es evidentemente ineludible. Lo recordé al citar, un poco más arriba, la diferencia entre nacionalismos dominantes y dominados. Podríamos ofrecer nuevamente algún elemento esclarecedor si hiciéramos referencia a la constitución actual de un nacionalismo «europeo». El nacionalismo en general, o en cuanto tal, no es bueno ni malo: es una forma histórica para intereses y luchas *opuestas*: pero la coyuntura nos obliga a optar. Y las opciones suelen ser complicadas, porque los nacionalismos dominantes, «hegemónicos», pueden incluir un beneficio no desdeñable de universalismo (que ellos mismos llaman civilización), mientras que los nacionalismos dominados, ya sean de tonalidad étnica o religiosa, forzosamente incluyen una tendencia al exclusivismo, si no a una exclusión cuyo ímpetu está en relación directa con la resistencia que aquellos oponen a la uniformización. A eso se debe la fundamental importancia de contar con herramientas de análisis que no sean neutras sino comparativas.

En cuanto a la problemática de las causas –para dar un ejemplo: por qué en dicha coyuntura se multiplican en Europa movimientos nacionales en todos los ámbitos, y de Oeste a Este–, nos remite después de todo a la problemática de la *historicidad del Estado-nación* y de la forma nación en sí. En este caso, es imposible desarrollar un esquema argumentativo completo –intenté bosquejarlo en otra ocasión–[3] pero hace falta tomar partido respecto de algunas alternativas cardinales. La cuestión de saber qué vínculo existe entre *Estado* y *Nación* asume una renovada actualidad, después de los debates del siglo XIX, y en un contexto completamente inédito, marcado por una internacionalización o «mundializa-

3. En mis volúmenes *Race, nation, classe. Les identités ambigues* (escrito en colaboración con Immanuel Wallerstein). París, La Découverte, 1988 [*Raza, nación y clase*. Madrid, IEPALA, 1991]; y *Les frontières de la democratie*. París, La Découverte, 1992.

ción» que tiene especial incidencia sobre la vida económica y los sistemas de comunicación, el tránsito de mercancías, hombres e información, pero que se extiende inevitablemente a los aparatos militares, a los sistemas judiciales, etcétera.

¿Qué observamos, sin embargo, al respecto? Una renovada tendencia a considerar que construir la nación es (o puede ser) relativamente independiente de construir el Estado, pero en sentidos opuestos. Por una parte, se hace presente la propuesta de disociar más o menos abarcativamente «ciudadanía» de «nacionalidad». En otras palabras: habrá que discernir entre derecho a la política y pertenencia exclusiva a un Estado-nación. Por la otra, se halla la propuesta de efectivamente «separar nación de Estado»: *mutatis mutandis*, sería comparable a la «separación entre Iglesia y Estado» de tiempos pasados. Como ya se habrá notado, llevadas al extremo, son perspectivas contrarias; la segunda es formalmente conservadora (a fin de cuentas, la mundialización posibilita que se autonomicen las naciones, como entidades culturales, con respecto a los Estados); la primera, formalmente progresista: la mundialización relativizará definitivamente el criterio exclusivo de nacionalidad, no sólo en materia económica y cultural, sino en materia política.

En realidad, no hay seguridad de que la noción de construcción nacional se tome aquí en un sentido unívoco. Según lo veo, ello hace tanto más necesario reafirmar la conexión histórica entre la forma de la nación (por ende de la «comunidad» y de la ideología nacionales, o del nacionalismo) y cierta forma de Estado, que puede llamarse *burguesa*, a condición de no identificar ese concepto con el de un puro Estado *capitalista*; más adelante volveré a este tema. De ello deriva que transformar la forma nación y relativizar el Estado-nación no puedan consistir en una simple separación: implican necesariamente redefinir, recomponer, tanto el Estado mismo (en consecuencia, la historia del Estado no ha terminado, pese a lo que habían pensado muy grandes espíritus, como Hegel y Marx, y repiten algunos absolutamente pequeños, como Fukuyama) como la sociedad. O bien, si se prefiere, la comunidad y la colectividad, en su condición de formas y ámbitos de lo «político».

Decir que el nacionalismo es, genéricamente, la ideología orgánica del Estado-nación o –mejor expresado– de *la época* del Estado-nación como forma dominante no es decir, que todos los nacionalismos sean estatales, ni que todas las ideologías y todos los movimientos religiosos lo fueran en una época anterior. Tampoco que el Estado burgués funciona únicamente sobre la base del nacionalismo. Antes bien, equivaldrá a decir que todos los nacionalismos están *vinculados* con el Estado-nación, esto es, aquellos que le sirven, lo impugnan o lo reproducen. Eso hace del nacionalismo el agente fundamental de la difusión de esa forma, la cual, como se sabe, no se impone al mismo tiempo y del mismo modo por obra de la *economía* capitalista. Eso también nos permite comprender por qué *el nacionalismo cambia de escala*, por qué los «infranacionalismos» y los «supranacionalismos», viables o no, todavía son nacionalismos.

¿Qué queremos decir, cuando hablamos de *la historicidad de la forma nación*, o de la forma del Estado-nación? Sustancialmente dos cosas, que van a la par.

En primer término, a lo largo de la historia hubo *otras formas* de Estado, e incluso virtualmente otras formas de Estado «burguesas» (como la ciudad, el imperio). Ahora bien, el problema de esas alternativas no está en medida alguna perimido: las mismas formas, transfiguradas en mayor o menor medida, reaparecen hoy como formas «metanacionales». Y más aún: hubo en la historia *varios* cauces de constitución de la nación que llevaban a la «nacionalización de la sociedad» por obra del Estado. Y subsiste una gran brecha entre las «naciones» del centro y las «naciones» de la periferia mundial. Pero esa franja (la cual torna problemática la univocidad del término «nación» en su carácter de designación para una formación social) tan sólo resalta aún más la hegemonía de la forma «central».[4] Es la paradoja, precisamente, de los movimientos históricos de «liberación» y «desarrollo», que quisieron abolir esa división haciendo de la periferia (o, para hablar como Wallerstein, de la «semiperiferia») el nuevo campo de expansión y de regeneración de esa misma forma central.

Luego, no hay ni naturalidad ni estabilidad (por no hablar de inamovibilidad) para esa forma, sino un proceso de reproducción, de *restablecimiento* permanente de la nación. La nacionalización antes mencionada de la sociedad (al respecto, podríamos describir los elementos de centralización/descentralización administrativa, los elementos económicos y culturales, en especial escolares, etc.) se presenta históricamente como una tarea infinita. Si se lleva este planteamiento al límite, la nación es una entidad *imposible*, que no estaría en condiciones de realizar por completo su ideal, y en cuanto tal –vale decir, como problema– es *real*. Consistirá en una tarea imposible desde un abordaje *cultural*, pues el «plurietnismo», el «multiculturalismo» son originarios y no dejan de reconstituirse.[5]

4. Los debates actuales acerca de la sociología de la nación, en parte guiados por las vicisitudes de la «construcción europea» y las tensiones a las que ella somete la equiparación de ciudadanía y nacionalidad, privilegian el examen de las diferencias entre «modelo francés» y «modelo alemán» (a veces «británico») de nacionalidad (por ejemplo, cf. el notable volumen *La France de l'integration. Sociologie de la nation en 1990* –París, Gallimard, 1991–, de S. Schnapper), elevándolas en ocasiones al rango de polaridad ideal-típica. Eso es, entre otras, una modalidad muy «eurocéntrica» de borrar la determinación –de otro modo, más decisiva– obrada por la estructura centro-periferia: ello sucede, desde luego, en la misma Europa.

5. Como se sabe, es difícil fundar *en verdad* una sociedad nacional sobre el «mestizaje» (pese al caso de México) o sobre el «multilingüismo» (pese al caso de Suiza o de India); no está confirmado que sea más fácil fundarla sobre la multiconfesionalidad. Cuanto menos, siempre será a expensas de algo, como demuestra el ejemplo de Alemania.

Es una tarea imposible desde un abordaje económico, pues el «reparto integral» de hombres y recursos entre unidades nacionales no es una tendencia del capitalismo: a lo sumo, es un medio para su «reproducción» política, o para su «hegemonía». Dicho factor vuelve a poner de relieve la distancia entre los conceptos teóricos de *capitalismo* y de sociedad o dominación *burguesas*.

En ese contexto, la nacionalización de la sociedad es un proceso de estatización específica. Pero es también un *acuerdo*: no sólo un acuerdo en mayor o menor medida estable entre clases, sino entre los dos «principios» en sí, el de la nacionalidad y el de la lucha de clases. Será entonces el primer factor de ambigüedad de las identidades nacionales y de las identidades de clase; a la vez, la contrapartida de su determinación recíproca.

En ninguna parte como en la crisis conjunta de esas identidades a la que asistimos hoy es más ostensible dicha ambigüedad. De momento, no nos apartemos del centro del sistema: los efectos de la modernización se hacen sentir en todas partes; pero en el centro (donde los efectos de la polarización social, de la pauperización están más bien interrumpidos, donde «no sólo de pan vive el hombre», o no sólo de petróleo...) se hace manifiesta sobre todo su dimensión ideológica. La crisis política (a la que el final del conflicto Este-Oeste dejará libertad de acción, proceso que va a desplegarse en la «construcción europea» en torno a la pregunta crucial: *¿qué es el pueblo? ¿Hay un pueblo* europeo, y no sólo una banca o fronteras europeas?) no es solamente una crisis del Estado en general, ni siquiera del «Estado burgués» al que acabamos de referirnos. En compensación, es una crisis de la forma postrera adoptada por ese «Estado burgués», al que se denominó *Welfare State* o *État-Providence* (una vez más, religión y economía...), y que sería conveniente definir con más rigor como *Estado nacional social*: en otros términos, es una crisis de la relativa integración entre lucha de clases y esas mismas clases en la forma nación, y gracias a ella. Por ello consiste, sin más, en una crisis *de hegemonía*, según la entendía Gramsci, en la que se producen fenómenos de «des-composición» de las clases (a la vez por arriba y por debajo) *y* de vacilación de la identidad nacional, que lleva a impetuosas reacciones nacionalistas. Por cierto, preferiría decir: impetuosas reacciones del nacionalismo, caracterizadas por la postura defensiva, y por ende agresiva en su interior, que llegan a adoptar los nacionalismos «dominantes».

III

Podemos entonces volver al problema de la identidad y de su esquema nacional. ¿Hay, en rigor, un modo específicamente nacional de constituir la identidad individual y colectiva?

Considero que hace falta estudiar esa cuestión en la dimensión más profunda: no aquélla de los simples discursos (grandes relatos míticos, históricos y literarios) de la comunidad, ni siquiera aquélla de las representaciones o de los símbolos colectivos,[6] sino en aquélla de la *producción de la individualidad*. ¿En qué se liga la forma nación a la producción de cierto tipo de «hombre» (y de ser hombre en el mundo) que podríamos llamar *homo nationalis* (tal como existen *homo religiosus*, *homo oeconomicus*, y otros)? O bien, en lenguaje más filosófico, ¿cuál es la relación de individuo a individuo, consciente e inconsciente, que a un tiempo supone la personalidad de cada cual y la comunidad, relación que en este caso produce sentimiento de *pertenencia* en los tres sentidos del término: pertenencia del individuo a la comunidad, pero también –factor no menos fundamental, y hasta tema de la «preferencia por lo nacional»– pertenencia de la comunidad a los individuos y a los grupos «nacionales», por ende pertenencia mutua de los individuos?

Llegados a este punto repetiremos, en contra de los mitos «holistas» u «organicistas», que toda identidad es *individual*. Pero toda individualidad es más que individual, y algo diferente: es inmediatamente *trans-individual*, hecha de representaciones del «nosotros», o de la relación entre uno mismo y lo ajeno, que se urden en vínculos sociales, en actividades cotidianas, públicas y privadas. Para convencerse de ello bastaría con retomar aquí la descripción de la familia, de la escuela: los grandes «aparatos ideológicos de Estado» de Althusser.

Al respecto, presentaré tres ideas fundamentales:

1. – No hay identidad *dada*; sólo hay *identificación*, es decir, un proceso siempre desigual, construcciones riesgosas que hacen un llamamiento a garantías simbólicas más o menos fuertes.

En efecto, la identificación se recibe de los otros y siempre depende, una vez más, de los otros: ¿quiénes son?; ¿cómo dan una «respuesta»?; y prevalentemente: ¿están siquiera en condiciones de dar esa respuesta? Llegadas a esta instancia las circunstancias materiales, por ejemplo, la inequidad y la exclusión sociales, no atenúan su propia incidencia. Pero, para configurarse, ese nudo identitario tiene como condición y como materia *instituciones* históricas: no sólo instituciones oficiales, dominantes, sino también instituciones revolucionarias. Por eso los «movimientos anti sistema» se proveen de instituciones para cons-

6. Que fue objeto de notables análisis de Benedict Anderson, *Imagined Communities. Reflections on the Origin and Spread of Nationalism*. Nueva York, Verso, 1973 [*Comunidades imaginadas*. Buenos Aires, Fondo de Cultura Económica, 2000].

truir su «identidad», condición para su perduración, para su autonomía relativa.[7]

Las instituciones *reducen* la multiplicidad o complejidad de las identificaciones. ¿Pero la suprimen, para poder configurar tan sólo una identidad? En mi opinión, eso es «normalmente» *imposible*, aunque sea –con idéntica cuota de «normalidad»– *requerido*. Es una situación de *double-bind*. El meollo del problema de la sociedad «multicultural» (multinacional, multireligiosa, etc.) reside en ello: no meramente en el pluralismo del Estado, sino en la oscilación, para cada individuo, entre ambos extremos igualmente imposibles –identidad absolutamente simple y dispersión infinita de las identidades conforme a relaciones sociales múltiples–; en la dificultad de administrarse a sí mismo como distinto a sí mismo, en vínculo virtual con varios «nosotros». De allí en adelante, hace falta que al menos una cuota de identidad de cada cual parezca *dada*.

2. – La identificación así compelida oscila constantemente entre dos grandes modalidades de comportamiento, dos polos inseparables uno del otro pero en equilibrio inestable. Encontramos la conjunción de ambos en aquello que la filosofía de la historia y las ciencias sociales de la época burguesa llamaron *cultura*.[8] Ahora bien, toda definición de cultura siempre combina, en el fondo, las mismas dos categorías de rasgos distintivos:

– los rasgos de hábito, o incluso de *rito*: en ello reside el elemento de «similitud» imaginaria, que exhibe la pertenencia del individuo a la comunidad como una «naturaleza» o una «sustancia» común, física o espiritual que se manifestaría en el parecido de las apariencias, de los comportamientos y de los gestos;

– los rasgos de creencia o de *fe*: en ello reside el elemento de «fraternidad» simbólica, manifiesto ante todo en la respuesta común (no sólo la misma para todos; sino emitida, simbólicamente, en común) a un llamamiento trascendente. Llamamiento de Dios, llamamiento de la Patria, llamamiento de la Revolución... generalmente alternados (transmitidos, repetidos e interpretados) por voces inspiradas y autorizadas que enuncian el deber; a fin de cuentas, para cada cual, su propia voz, en tanto voz interna de la «conciencia».

7. No hay «clase» sin «partido», con prescindencia de cuál sea su estructura. ¿Acaso la dificultad del feminismo no es determinar cuál habría de ser la institución antifamilia (o antipatriarcal)?

8. Es impactante ver que la noción de «cultura» (en su doble aspecto de *Kultur* y de *Bildung*), después de haber sido proyectada sobre los «pueblos» no nacionales a los cuales permitió darse una representación como «etnias» no históricas, cerradas sobre sí mismas, haya sido de inmediato retroproyectada sobre las sociedades «nacionales», que hoy se hallan en plena auto-etnología.

En el caso de la identidad nacional (o del nacionalismo, en sentido genérico) dos temas ideológicos fundamentales (que dan lugar a una constante elaboración de discursos, de relatos propios de cada «pueblo» o cada «nación») corresponden a cada uno de estos polos:

– por un lado (en el ámbito del imaginario o de lo ritual), aquello que llamé *etnicidad ficticia*: ninguna nación reposa, según una perspectiva histórica, sobre una base étnica «pura»; pero toda nación construye por medio de sus instituciones una etnicidad ficticia que la diferencia de las otras gracias a marcas perceptibles (visibles, audibles, etc.), rasgos de comportamiento «típicos» o «emblemáticos» pasibles de ser exasperados si se los eleva a criterios de exclusión;

– y por otro lado, el *patriotismo*, la nación en cuanto comunidad trascendente, que implica un «destino» en común, y al menos implícitamente ligado a la idea de una misión transhistórica, aquélla de la salvaguarda y salvación (*salut*) de sus individuos, susceptible de sublimarse en misión de salvar a la humanidad completa y, llegado el caso, «contra sí misma»; que tiene como contrapartida el deber por parte de cada individuo de «transmitir» de generación en generación un símbolo propio. Este es por excelencia el de la lengua; pero también del «sueño» nacional, etc.[9]

Esos dos polos, aunque sean de índole completamente distinta, no pueden ser en realidad separados, porque cada uno «garantiza» al otro. Sin embargo, pueden ser unilateralmente acentuados y exasperados. En un caso, hallamos ese suplemento de nacionalismo que es el racismo, ya consista en racismo pseudobiológico o en racismo cultural, «diferencialista». En el otro hallamos el nacionalismo religioso o cuasi religioso,[10] ya sea la alianza del nacionalismo con una religión –«religión de Estado»–, o bien la producción de un símil de religión: cuanto es, en muchos aspectos, el «laicismo» francés. Es bastante evidente que ambos «excesos» pueden ser igualmente peligrosos según las coyunturas, por no hablar de su combinación, que paradójicamente caracterizará al nazismo.

3. – Sin embargo, y ésa es nuestra tercera idea, incluso como correlato de la pluralidad constantemente reactivada de procesos de identificación, en último análisis no hay identidad (sobre todo, no como identidad universal) sin que se establezca una *jerarquía* en las referencias comunita-

9. Como se habrá notado, hago una *separación* entre dos elementos que son pensados en conjunto por Benedict Anderson en su descripción de las «comunidades imaginarias»: pero lo hago para intentar pensar mejor su articulación necesaria.

10. Se leerá en Ernst Kantorowicz (especialmente en *Mourir pour la patrie et autres textes*, trad. fr. París, PUF, 1984, con prefacio de Pierre Legendre) la historia de la transferencia simbólica de la noción de «patriotismo» del campo religioso al del Estado nacional.

rias y además, por su intermedio, «pertenencias»: Arlequín no puede ser el servidor de dos patrones iguales entre sí, tan sólo puede procurar desempeñarse dentro de ambos marcos.

Establecer una jerarquía de referencias comunitarias no es absorber su diversidad en la uniformidad de una sola pertenencia «totalitaria»; por el contrario, es constituir aquello que, gracias a un nuevo préstamo tomado del léxico de Gramsci, podemos denominar *hegemonía* en el seno mismo de la ideología. Desde un abordaje histórico, se nota que en época moderna (la cual echa sus raíces en el núcleo íntimo de la «edad media»), hay evidencias palpables de que dos esquemas ideológicos –de «comunidad total» o, como dice Ernest Gellner, de *Terminal Court of Appeal*–[11] y sólo dos pudieron en competencia y en alternancia tornarse, así, hegemónicos: el esquema de la religión (en este caso pienso ante todo en las dos grandes religiones de Occidente: cristianismo e islamismo) y el esquema del nacionalismo.

Cada uno de ellos permite una construcción a la vez espiritual y temporal (dando en especial a las «reglas» la forma de un sistema de derecho), susceptible de incorporar ritos y creencias, por tanto de crear una «cultura». Cada uno concilia a su manera particularismo y universalismo, y jerarquiza las pertenencias –y en consecuencia las identidades comunitarias–, obligándolas brutalmente en caso de necesidad a transformarse, pero *sin destruirlas*. Justo ello los diferencia de una dominación totalitaria, si acaso esta última llegó a tener existencia plena: y justo porque toda dominación durable ejercida por una ideología sobre grupos sociales diferenciados, y *a fortiori* antagonistas, tiene necesidad de *mediaciones*. Cada una de ellas, rival histórica de la otra, compromete su honra en pro de algún factor político propio: así, en el sector de la religión será pacificar las naciones y las relaciones entre ellas; en el sector del nacionalismo, obligar a las religiones a ser tolerantes.

Si este planteamiento es fundado, habría que rectificar entonces el error (sugerido por una filosofía de la historia muy estrechamente ligada al nacionalismo moderno) que ve una evolución *lineal* en el destino de las ideologías: en el caso que nos ocupa, una «secularización» o un paulatino «desencantamiento» de las sociedades y de la política que en la práctica engloba el declive de la religión en pro del nacionalismo. La historia es, por cierto, irreversible, pero no es lineal: la prueba de ello reside en que, ante nuestros ojos, la crisis de hegemonía del nacionalismo se ha activado en fecha reciente, mientras que la crisis de la religión (o del univer-

11. Ernest Gellner, «Tractatus Sociologico-Philosophicus», en *Culture, Identity and Politics*. Cambridge University Press, 1987, pp. 166 ss. [*Cultura, identidad y política: El nacionalismo y los nuevos cambios sociales*. Barcelona, Gedisa, 1988.]

salismo de tipo religioso) permanece en todo momento inconclusa, y quizás en la imposibilidad de concluirse.

IV

Expongamos nuestro resumen, y las conclusiones.

Resulta difícil hallar un punto de apoyo exterior para definir el nacionalismo, analizar la transformación de sus funciones y de su lugar en el mundo: de ello deriva la necesidad de una compulsa de su interior y de una crítica inmanente. Ésa era nuestra primera clave.

La forma nación es *in toto* histórica: ésa era nuestra segunda aseveración. Pero *esa historicidad tiene por sí sola una historia*: la que hoy nos hace pasar de una configuración clásica, marcada por la oposición entre nacionalismos «dominantes» y «dominados», también entonces por los combates políticos contra la nacionalización de la sociedad (que adoptan la forma de resistencias de clase o de resistencias en sí mismas nacionales, raras veces completamente independientes), a una nueva configuración marcada, cuando existe, por la crisis del Estado nacional social, y cuando en verdad nunca existió (las veces que nos referimos a la periferia) por la crisis, indudablemente aun más grave, que la *perspectiva* misma de su construcción enfrenta.[12]

En último término, nuestro tercer punto: ambivalencia y ambigüedad intrínseca de las identidades. No hay naturalidad en ese dominio, sino un proceso de identificación, o de producción de las formas de la individualidad humana en la historia, en relación con la «comunidad» transindividual ya dada en todo momento, según las vertientes complementarias de la similitud y de la vocación simbólica. Ello lleva a constatar la irreductible pluralidad de los grandes esquemas ideológicos de construcción de la identidad comunitaria, o bien ideologías «totales».

De allí en más, podría hacerse el intento de situar históricamente un fenómeno como el racismo o neorracismo actual, con especial referencia a Occidente y más aún a Europa. Irrefutablemente, si bien el nacionalismo no es idéntico al racismo, el racismo y el neorracismo son fenómenos generales en el *interior* de la historia actual de los nacionalismos; no sucedió de otro modo en épocas pasadas con el racismo colonial y el antisemitismo, cuyas *improntas* no dejamos de hallar activas en eso que se co-

12. En cuanto a un intento de interpretación de la historia del «socialismo real» como construcción abortada del Estado nacional social en la «semiperiferia», véase mi ensayo «L'Europe après le Communisme», ahora incluido en *Les frontières de la démocratie*. París, La Découverte, 1992.

noce como neorracismo. Irrefutablemente también el racismo es uno de los efectos de la crisis del Estado nacional social, y su síntoma más inquietante: está ligado a la exclusión de los «nuevos pobres», amalgamados a quienes, entre ellos, llevan consigo los estigmas de la exterioridad nacional o cultural; en idéntica medida que –factor secundario– con el resentimiento contra esos «extranjeros», quienes pese a la «preferencia por lo nacional» gestionada por las instituciones se integran a la sociedad burguesa. Finalmente, es un medio a la vez real y fantasmático de *excluirlos preventivamente*.

Para terminar, el racismo se corresponde claramente con un desplazamiento del sistema identitario del nacionalismo (representaciones y discursos que le permiten producir y jerarquizar las identidades) hacia el polo de la etnicidad (ficticia). Pero se corresponde también con una transnacionalización del nacionalismo. De ello deriva la exacerbación de las reivindicaciones de la diferencia «étnica» a la vez hacia arriba y hacia abajo: en Francia, el antiamericanismo se combina con el antiarabismo...[13] Pero según una extraña combinación de particularismo –habría que purificar el «nosotros»– y de universalismo nostálgico: rememora el paraíso perdido de Occidente, de la «civilización europea».

Precisamente al llegar a ese punto se volvería a plantear el problema del vínculo ambiguo entre identidad nacional e identidad de clase. Ya dije que ambas eran sacudidas *juntas*, si no destruidas, por la mundialización. Siempre hay que volver a ubicarse dentro de ese marco. La crisis del Estado-nación y los fenómenos de exclusión se producen como un aspecto de una mutación de la historia mundial extraordinariamente contradictoria: por primera vez una humanidad efectivamente unificada (en los asuntos económicos y tecnológicos), *en comunicación inmediata consigo misma*, de un confín del mundo al otro (incluidos los factores militares), comenzó a existir. Pero también por primera vez la polarización social se presenta como una división a escala mundial entre ricos y pobres, en una sola formación social: ya no hay más exclusiones *exteriores*, como tendencia, no hay más que exclusiones *interiores*. Con todo, hay exclusiones dramáticas, tan violentas como para reavivar y generalizar las representaciones naturales del superhombre y del subhombre... sin hablar de cuantos están *en la incertidumbre acerca de su sitio* (actual y sobre todo futuro): masas manipuladas por todos los «populismos».

La conciencia de clase nunca fue independiente del nacionalismo: deseaba plantearse ante este último como alternativa, mientras él la impreg-

13. O se reparte según las posiciones sociales: aquellos que no tienen recursos para ser antiestadounidenses son antiárabes, mientras que muchos escritores y universitarios que sentirían vergüenza de ser antiárabes emprenden cruzadas contra la «invasión cultural» estadounidense.

naba; al respecto, un ejemplo dramático lo brinda la historia de la Unión Soviética y del «socialismo real» en general. Incluso con el racismo la conciencia de clase entabla una relación ambivalente. Por un lado (aspecto histórico demasiado a menudo menospreciado), la conciencia de clase «proletaria» fue una reacción de lucha contra el auténtico racismo de clase que tenían en la mira a los obreros europeos durante el siglo XIX; hoy no ha desaparecido. El *internacionalismo* encontró algunas de sus bases (y de los móviles de su humanismo práctico) en la lucha contra las formas «excesivas», esto es, racistas, del nacionalismo en sí. Pero por el otro lado, la conciencia de clase misma es impregnada por un sentimiento identitario formalmente cercano al racismo: el fetichismo y los ritos del *origen de clase*. De ello deriva su vulnerabilidad a la xenofobia, al tema de la amenaza extranjera, el cual es explotado por las clases dirigentes.

Sin duda, la época del internacionalismo *obrero* quedó en el pasado, ya sea internacionalismo de Estado o incluso de partido aunque subsista en importantes aspectos corporativos, o éstos puedan reconstituirse en la convergencia internacional de los intereses sindicales. Sin embargo, la necesidad de una reacción internacionalista frente al estallido de los «nacionalismos de crisis», defensivo-agresivos, es manifiesta. Por lo demás, parte esencial de la crisis del Estado nacional social proviene de la completa inadaptación de esa estructura histórica cuando es cuestión de «ajustar» un antagonismo social a escala mundial, de construir mediaciones políticas en el terreno de una proletarización mundial, contemporánea de la mundialización efectiva del capitalismo. Las sendas del internacionalismo o universalismo político *posnacional* se buscan aparentemente de modo esporádico desde hace algunos años en el pacifismo, el antirracismo, y hasta la ecología, una ecología que no se preocuparía sólo por la naturaleza sino por la economía y ciertas relaciones de poder. No obstante ello, un internacionalismo como ése ya no se fundaría sobre una «base de clase», procurando expresar mítica y mesiánicamente la identidad de aquélla. Incluso si conservara un contenido de clase y de luchas de clases, su forma debería autonomizarse y de ese modo encontrar una identidad política para la cual todavía debe inventarse un nombre.

4. ¿QUÉ ES UNA FRONTERA?[1]

Uno puede ser ciudadano o apátrida; pero es difícil imaginar que uno *es* una frontera.

André Green, *La folie privée. Psychanalyse des cas-limites*. París, Gallimard, 1990, p. 107.

A la pregunta «¿qué es una frontera?», que sin duda es uno de los elementos primarios de nuestras discusiones, no es posible dar una respuesta simple. ¿Por qué? Fundamentalmente, porque no puede atribuirse a la frontera una esencia válida para todo tiempo y lugar, para todas las escalas de espacio local y temporal, y en condiciones de incluirse de igual manera en todas las experiencias individuales y colectivas. Sin remontarse al *limes* latino, la «frontera» de una monarquía europea en el siglo XVIII, cuando se inventa la noción de cosmopolitismo, tiene poco que ver con aquellas que, hoy en día, se afanan en reforzar la Convención de Schengen. Y todos sabemos que no se cruza del mismo modo la frontera franco-suiza, o ítalo-suiza, con un «pasaporte europeo» o un pasaporte ex yugoeslavo. Pese a todo, estamos aquí para hablar al respecto.

Como contrapartida, esa imposibilidad que teóricamente nos complica las cosas es también nuestra oportunidad. Para comprender el mundo inestable en que vivimos necesitamos nociones complejas, esto es, dialécticas. E incluso nos hace falta, por añadidura, complicar las cosas. Y para contribuir a cambiar este mundo, en todo cuanto tiene de inaceptable e insoportable –o, lo que acaso desemboque en lo mismo, para resistirse a los cambios que se producen en él y que de buena gana se nos presenta como ineluctables– debemos invertir la falsa simplicidad de ciertas nociones evidentes.

Permítanme coquetear por un instante con los juegos de lenguaje de mis colegas filósofos. La idea de una definición simple de qué es una frontera es absurda por definición, habida cuenta de que trazar una frontera es precisamente definir un territorio, delimitarlo y, así, registrar su identidad u otorgársela. Pero de modo recíproco definir o identificar en general no es otra cosa que trazar una frontera, fijar lindes (en griego, 'οροζ; en latín, *finis* o *terminus*, en alemán, *Grenze*; en inglés, *border* o *boundary*; etc.). El teórico que desea definir qué es una frontera entra en un

1. Ponencia leída en el Coloquio *Violence et droit d'asile en Europe: Des frontières das États-Nations à la responsabilité partagée dans un seul monde*, bajo la dirección de Marie-Claire Caloz-Tschopp y Axel Clévenot. Universidad de Ginebra, 23-25 de septiembre de 1993.

círculo vicioso, pues ya la representación de la frontera es la condición de toda definición.

Pero ese aspecto, que puede parecer especulativo e incluso ocioso, también tiene un perfil muy concreto. Toda discusión acerca de las fronteras involucra necesariamente la institución de identidades definidas: nacionales y otras. Ahora bien, es cierto que *hay* identidades, o más precisamente identificaciones –activas y pasivas, deseadas y padecidas, individuales y colectivas– en distintos grados. Su multiplicidad, su carácter de construcciones o de ficciones no las tornan menos efectivas. Con todo, es evidente que esas identidades no están *bien* definidas. Y en consecuencia, desde un punto de vista lógico, o jurídico, o nacional, no están definidas. O más bien no lo estarían si, pese a la imposibilidad que las afecta en su sustancia, no sirvieran de objeto a una definición forzada. En otros términos, su definición práctica requiere una «reducción de complejidad», al aplicar una fuerza simplificadora, lo que podría llamarse paradójicamente suplemento de simplicidad; desde luego, eso también complica muchas cosas. Entre otros, el Estado, en tanto Estado-nación y en tanto Estado de derecho, es un terrible reductor de complejidad, aunque su existencia misma sea un factor permanente de complejidad (también podría decirse: de desorden) que está encargado, luego, de reducir.

Como ya sabemos, todo lo anterior no es puramente teórico. Día a día se tiene la vivencia de sus consecuencias violentas: son constitutivas de esa *condición de violencia* a la que se refiere el texto de nuestro llamamiento.[2] Frente a ella buscamos ideas e iniciativas que no sean esa reducción «hobbesiana» de la complejidad que representa una simple autoridad central sacralizada por el derecho y munida, como de un arma, del monopolio de la violencia legítima. Por lo demás, sería una solución inoperante a escala global, mundial, donde a lo sumo podría inutilizar en tal o tal otro sitio a cierto perturbador de turno, y no más. El desprecio por ciertas fronteras, a no ser que se halle bajo su amparo, propicia el surgimiento, en distintos lugares, de identidades indefinibles e imposibles, que en consecuencia son consideradas no-identidades. No obstante ello, su existencia tampoco es cuestión de vida o muerte para grandes cantidades de seres humanos. La tendencia señala que ese problema se halla por doquier; y cuanto se postula en el horror de «ex Yu-

2. «La violencia es una *condición de existencia* en las sociedades de exilio y en las sociedades del Norte». Texto de la convocatoria al encuentro *Violence et droit d'asile en Europe...*, en Marie-Claire Caloz-Tshopp, Axel Clévenot, Maria-Pia Tschopp (comps.), *Asile – Violence – Exclusion en Europe. Histoire, analyse, prospective.* Coeditado por los Cahiers de la Section des Sciences de l'Éducation de l'Université de Genève y el grupo «Violence et droit d'Asile en Europe» de Ginebra, 1994.

goslavia» (la expresión es en sí muy elocuente) en realidad nos concierne desde el interior a todos, también desde nuestra propia historia.

Las fronteras tienen, por cierto, una historia; la propia noción de frontera tiene una historia, que no es la misma en todas partes y en cada nivel: volveré a referirme a ello.[3] Desde nuestro punto de vista, en cuanto hombres y mujeres europeos del último tramo del siglo XX, esa historia parece dirigirse hacia un ideal de apropiación recíproca de los individuos por el Estado y del Estado por los individuos por intermedio del «territorio». O antes bien, como admirablemente había anunciado Hannah Arendt –hay buenos motivos para recordarla al referirnos a este tema– se dirige hacia un punto de *inflexión* donde se hace manifiesta la imposibilidad de alcanzar ese ideal en el momento exacto en que su concreción parece más cercana. En ese punto nos hallamos.

Desde la más temprana antigüedad, época en que se hallan los «orígenes» del Estado, de las ciudades, de los imperios, hasta el presente hubo «fronteras» y «marcas», es decir, líneas o zonas, franjas de separación y de contacto o de confrontación, de bloqueo y de paso (o de «peaje»). Fijas o móviles, continuas o discontinuas. Pero esas fronteras nunca tuvieron la misma función. No sucedió lo mismo siquiera en los dos o tres últimos siglos, pese a la codificación de que se encargó continuamente el Estado-nación. En sí, la *tiranía de lo nacional*, para utilizar la expresión de Gérard Noiriel,[4] cambia incesantemente de formas, incluidas las formas policiales. Ahora está cambiando nuevamente de funciones ante nuestra mirada. Uno de los puntos más significativos de la Convención de Schengen –que por cierto actualmente es el único aspecto de la «Convención Europea» en avanzar de manera sostenida, no en la faceta de la ciudadanía, sino de la *anti-ciudadanía*, por la vertiente de las concertaciones policiales y por la vertiente de las enmiendas legislativas y constitucionales más o menos simultáneas en lo referido al derecho de asilo y las modalidades de inmigración, formas de configurar el grupo familiar, acceso a la nacionalidad, etc.– es que a partir de su entrada en vigencia, sobre «su» frontera o más bien sobre ciertos *puntos-frontera* privilegiados de «su» territorio, cada Estado miembro deviene representante de los demás. Con ello, se instaura un nuevo modo de discriminación entre lo nacional y lo extranjero. Algo

3. Esa historia empieza a escribirse, acompañada por una antropología y una semántica. Cf. D. Nordmann, «Des limites d'État aux frontières nationales», en Pierre Nora (comp.), *Les lieux de mémoire*, vol. II. París, Gallimard, 1986, pp. 35 ss.; Peter Sahlins, *Boundaries: The Making of France and Spain in the Pyrénées*. Berkeley, University of California Press, 1989; Michel Foucher, *Fronts et frontières*. París, Fayard, 1991; revista *Quaderni*, otoño de 1995: *Penser la frontière*, bajo la dirección de Yves Winkin.

4. *La tyrannie du national*. París, Calmann-Lévy, 1991.

que también está en pleno cambio, según la misma tendencia, son las condiciones de *pertenencia* de los individuos a un Estado, en las distintas acepciones del término, ligados de manera indisociable. Basta ver la repugnancia de los Estados, prácticamente sin excepción, al tomar en consideración los estatutos de doble o múltiple nacionalidad para comprender hasta qué punto es esencial para el Estado-nación comportarse como propietario de quienes se hallan bajo su jurisdicción; también lo es, al menos teóricamente, proceder a un reparto exhaustivo, sin resto ni reingresos, de los individuos en los diversos territorios. Eso no es más que la contrapartida, al menos relativa y simbólica, del principio de exclusión aplicado sobre los extranjeros. Sin embargo, no cabe duda: dado un estado de normalidad en la nación, la normalidad del ciudadano-sujeto nacional, una apropiación de esa índole también es *interiorizada* por los individuos, pues se torna una condición, un punto de referencia esencial para su sentimiento colectivo, comunitario y por ende, una vez más, de su identidad, o bien del orden, de la jerarquía que establecen en sus identidades múltiples. Así, las fronteras dejan de ser realidades puramente exteriores, se tornan también, y acaso ante todo, aquello que Fichte en sus *Reden an die deutsche Nation* [*Discursos a la nación alemana*] espléndidamente había llamado «fronteras internas»: *innere Grenzen*, esto es, según él mismo afirma, *invisibles*, situadas «en todas partes y en ninguna».

Para intentar comprender sus modalidades, recordaré brevemente tres aspectos destacados del carácter equívoco de las fronteras desde un abordaje histórico. En primer lugar, lo que denominaré su *insubordinación*. En segundo término, su *polisemia*, es decir, la circunstancia de que las fronteras nunca existen del mismo modo para individuos pertenecientes a grupos sociales distintos. Por último, su *heterogeneidad*. Siempre hay varias funciones de demarcación, de territorialización cumplidas simultáneamente por las fronteras, entre materias o flujos sociales diferenciados, entre distintos derechos.

1. – En primer lugar se halla aquello que designo a título indicativo *sobredeterminación*. Como ya se sabe –es casi un lugar común de los manuales de historia–, *cada frontera* tiene su propia historia, en la cual se combinan la reivindicación del derecho de los pueblos y el poderío o la impotencia de los Estados, las demarcaciones culturales (a las que suele calificarse de «naturales») y los intereses económicos, entre otros factores. Menos se enfatiza que ninguna frontera política es jamás el mero límite entre dos Estados, sino que siempre está *sobre*determinada, y en ese sentido a la vez certificada, intensificada y relativizada por otras divisiones geopolíticas. Ese rasgo no es accesorio, o contingente, sino intrínseco.

Sin la función de *configurar el mundo* que ellas cumplen, no habría fronteras, o éstas no serían durables.

Sin remontarnos más allá de la época moderna, demos dos ejemplos cuyos efectos todavía se hacen sentir. Los imperios coloniales europeos –a grandes rasgos, desde el Tratado de Tordesillas hasta la década de 1960– fueron, dentro del marco de sucesivas economías-mundo, la condición de surgimiento, intensificación y subsistencia de los Estados-nación de Europa occidental e incluso oriental. En consecuencia, las fronteras de esos Estados *entre ellos* eran a un tiempo, indisociablemente, fronteras nacionales y fronteras imperiales, con sus prolongaciones y réplicas hasta el «corazón de las tinieblas», en algún lugar de África y de Asia. Y en consecuencia sirvieron para separar distintas categorías de «subordinados» a su jurisdicción. Los Estados nacionales-imperiales no sólo tenían «ciudadanos» sino también «súbditos» («*sujets*»).[5] Y bajo la mirada de la administración nacional esos súbditos eran a la vez *menos extranjeros que ciertos extranjeros* y sin embargo *más diferentes (o más «extraños») que aquellos*: en ciertos aspectos o bajo ciertas circunstancias (como en tiempos de guerra) para ellos cruzar las fronteras era más fácil o, si no, mucho más difícil que para extranjeros *stricto sensu*.

Segundo ejemplo: el de los «frentes» o los «bloques» de la guerra fría, de 1945 a 1990. En momentos en que el «reparto del mundo» entre imperios coloniales *reforzaba* ciertas soberanías nacionales (pero a condición de establecer una auténtica prohibición de ciertas otras), la división en bloques (cuya contrapartida fueron, no lo olvidemos, la creación y el funcionamiento de la ONU) urdió, al parecer, una generalización en todo el mundo de la forma nación (y también, en consecuencia, de la *identidad nacional* al menos teórica como identidad «de base» para todos los individuos), una jerarquización de hecho entre esas naciones en el interior de cada bloque y, luego, una soberanía más o menos acotada para la mayor parte de ellas. También trajo aparejado que nuevamente hubiera varios tipos de extranjeros y de lo extraño, y varias modalidades de cruzar las fronteras. Cuando la frontera o el sentido en que se cruzaba esa frontera coincidió con la super-frontera de los frentes, por regla general fue más difícil de traspasar: el extranjero era un enemigo, y hasta un potencial espía. *Excepto* precisamente para los refugiados, porque el derecho de asilo era utilizado como arma en la lucha ideológica. ¿Acaso las disposiciones oficializadas en las décadas de 1950 y 1960 para recibir a quienes pidieran asilo, mediante convenciones internacionales o constituciones nacionales (el derecho alemán que acaba de modificarse es un caso reve-

5. Cf. mi ensayo «Sujets ou citoyens – Pour l'égalité», en *Les frontières de la démocratie*. París, La Découverte, 1992.

lador, pero extremo) no deben gran parte de su formulación y de su liberalismo teórico a esa situación?

Creo que si no se la tuviera presente en la memoria no se comprendería en qué términos se presenta hoy la problemática de los refugiados del Este, ese Este que repentinamente no es más el Este, sino más bien una suerte de Sur a medias. Tampoco se comprenderían las dificultades que padece la «comunidad europea» para concebirse precisamente como una *comunidad* a la que subyace un interés propio, mientras que en parte sustancial fue el subproducto y uno de los eslabones de la Guerra Fría, hasta en el propósito de fungir de contrapeso, en el seno del «bloque occidental», al poderío hegemónico estadounidense.

Los imperios coloniales de anteayer y los bloques de ayer dejaron profundas marcas en las instituciones, el derecho y las mentalidades, pero ya no existen. De todas formas, sería ingenuo creer que hoy ceden su sitio a una simple yuxtaposición de naciones similares. Eso que se da en llamar crisis del Estado-nación es la incertidumbre objetiva en cuanto a la índole y al trazado de las demarcaciones geopolíticas que pueden llegar a sobredeterminar las fronteras, y en cuanto a cómo saber con qué tipo o qué grado de autonomía nacional serían compatibles esas superfronteras hipotéticas, habida cuenta de su función militar, económica, ideológica o simbólica. Junto con la problemática de las brechas internas (étnicas, sociales, religiosas...) de cada Estado-nación, incluso muy «antiguo», hay grandes posibilidades de que esa cuestión angustiante pero por lo general inconfesable, preñada de conflictos potenciales, resulte decisiva para determinar *cuáles de las fronteras nacionales* en la misma Europa lograrían resistir al cambio de época. La de Alemania ya ha cambiado; también las de Yugoslavia y de Checoslovaquia, conforme a modalidades muy diferenciadas; quizá llegue el turno de otras, más hacia el Oeste.

2. – En segundo lugar, percibimos lo que pretenciosamente denominé *polisemia* de las fronteras, esto es, que aquellas no tienen el mismo sentido para todo el mundo. Las circunstancias son perfectamente habituales, y forman el núcleo íntimo de nuestra discusión, aun en este caso. Nada se parece menos a la materialidad de una frontera, que es oficialmente «la misma» (idéntica a sí misma y por ende bien definida), según se la cruce en un sentido o en el otro, como *businessman* o universitario en viaje a un coloquio, o como joven desempleado. En el límite hay dos fronteras diferenciadas que únicamente tienen en común el *nombre*; y las fronteras hoy (pero en realidad desde hace tiempo) están hechas en parte con esa finalidad. No sólo para procurar a los individuos provenientes de distintas clases sociales experiencias distintas acerca de la ley, de la administración, de la policía, de los derechos elementales como el

libre tránsito y el libre ejercicio de un oficio, sino para *diferenciar* de manera activa a los individuos por clases sociales.

El Estado, asentado sobre sus propias fronteras y constituido por ellas, cumple en ello un rol ambivalente a lo largo de la historia: por un lado enmascara y, hasta cierto punto, limita formalmente la diferenciación, de modo que hace prevalecer la noción de ciudadano nacional y, a través de ella, cierto primado del poderío público sobre los antagonismos sociales. Pero por otro lado, cuando intensifica la circulación transnacional, ya se trate de hombres o de capitales, aumentará en relación directa el despliegue con que se constituye un espacio transnacional político-económico. Lo mismo sucederá con la tendencia de los Estados –incluidos, ante todo, los más «poderosos»– a funcionar al servicio de una diferenciación de clase internacional, y a utilizar para ello sus fronteras y sus aparatos de control fronterizo como instrumentos de discriminación y de selección. Simplemente, intentan hacerlo y preservar al máximo durante su tarea las fuentes simbólicas de su legitimidad popular. Por eso son presa de la contradicción de deber, *a la vez*, relativizar *y* recalcar la noción de identidad o de pertenencia nacional, la equipolencia entre ciudadanía y nacionalidad.

Ya un *double-bind* del mismo tipo reside en la noción de circulación de las personas. Lo problemático no es tanto la diferencia de tratamiento entre circulación de mercaderías o de capitales y circulación de individuos, ya que en esos casos el término «circulación» no se toma en la misma acepción. Pese a la informática y a las telecomunicaciones, los capitales no siempre circulan sin un abundante desplazamiento de hombres, unos hacia «lo alto», los otros hacia «lo bajo». Con todo, la instauración de un *apartheid* mundial, o de un doble régimen de circulación de los individuos, genera ominosos problemas políticos de aceptabilidad e institución. La *colour bar* que de ahora en más no separa solo «centro» respecto de «periferia», o Norte y Sur, sino que atraviesa *todas* las sociedades, no es por ese motivo otra cosa que un sucedáneo bastante engorroso, cuya maniobra tiene, en los hechos, una fuerte extensión, pero de doble filo, pues intensifica un racismo incontrolable y propicia la inseguridad, que llama a un aumento adicional de disposiciones en materia de seguridad. Sin tener en cuenta, por lo demás, que entre ambos extremos –los hombres *que hacen circular los capitales* y aquellos *a quienes hace circular el capital* conforme a la voluntad de «cambios de sede» y «flexibilidad»– hay una enorme masa intermedia no clasificable.

Acaso haya que reflexionar desde esa perspectiva también acerca de uno de los factores más odiosos de la problemática de las migraciones y de los refugiados, al cual M.-C. Caloz-Tschopp y sus amigos recientemente dedicaron un estudio detallado: las «zonas internacionales» o «zonas de tránsito» en puertos y aeropuertos.[6] Ese caso no sólo brinda un recurso para esclarecer la condición de violencia generalizada sobre cuyo trasfondo se recortan actualmente tanto las migraciones conocidas como económicas cuanto los flujos de refugiados reconocidos o no en dicha condición. En él presenciamos, además, la materialización del funcionamiento diferencial y del desdoblamiento de la noción de frontera, que ya se bosquejaba en las formalidades diferentes para su cruce.

Llegados a este punto, es esencial llevar adelante no sólo una discusión jurídica sino también una descripción fenomenológica. Para un rico de un país rico, con tendencia al cosmopolitismo (cuyo pasaporte tiene cada vez más la *significación* no meramente de una pertenencia nacional, una protección y un derecho de ciudadanía, sino un *sobreañadido* de derechos, en especial un derecho mundial de circulación sin barreras), la frontera se ha vuelto una formalidad de embarque, un punto de reconocimiento simbólico de su estatuto social por el que se pasa en una zancada. Para un pobre de un país pobre, la frontera tiende a ser algo completamente distinto: no sólo es un obstáculo muy difícil de superar, sino que es un lugar contra el que se vuelve a chocar una y otra vez, que se pasa y se vuelve a pasar según lo disponen expulsiones y reagrupamientos de familias, en el que por último uno *mora*. Es una *zona* espacio-temporal extraordinariamente viscosa, casi un lugar donde se vive una vida que es una detención del vivir, una no-vida. Como he citado, el psicoanalista André Green en uno de sus escritos dijo que ya es difícil vivir *sobre* una frontera, pero que eso ni siquiera es comparable a *ser* uno mismo una frontera. Él lo concebía en el sentido del desgarro de las identidades múltiples; pero hay que prestar atención a las bases materiales del asunto.

3. – Si contara con el tiempo necesario, lo anterior habría de llevarme a discutir el tercer punto anunciado: la heterogeneidad y la ubicuidad de las fronteras, es decir, la circunstancia de que ya se percibe una merma en la tendencia a la *confusión* entre fronteras políticas, culturales, socioeconómicas, en el pasado plasmada con mayor o menor fortuna por los Estados-nación, o más bien por algunos de ellos. Así, *bajo ningún concepto ciertas fronteras se hallan ya situadas en las fronteras*, en el sentido geográfico-político-administrativo del término, sino que residen en otro sitio, dondequiera que se ejerzan controles selectivos, por ejemplo controles *sanitarios* (dependientes de lo que Michel Foucault llamaba biopoder), o *de seguridad pública*. Que todas esas funciones (por ejem-

6. Marie-Claire Caloz-Tschopp (comp.), *Frontières du droit, frontières des droits. L'introuvable statut de la «zone internationale»*, con prefacio de François-Julien Laferrière. París, L'Harmattan, 1993.

plo, el control sobre las mercaderías y sobre los hombres –y en especial de los microbios y los virus–, la segregación administrativa y cultural, etc.) se hayan concentrado en un mismo punto, a lo largo de una línea a la vez depurada y densificada a la que se confirió opacidad, es una tendencia dominante en cierto período constitutivo del Estado-nación (en los sitios donde tuvo existencia empírica, bastante cercana a su tipo ideal), pero no una necesidad histórica irreversible. Ante nuestros ojos, y desde hace ya largo tiempo, está en plena tarea de dar cabida a una nueva ubicuidad de la frontera.

En definitiva –y acaso esto sea un truismo–, tan sólo he querido resaltar que en la complejidad histórica del concepto de frontera, que vuelve a presentarse ante nosotros y al mismo tiempo evoluciona y reviste nuevas formas, anida la problemática de la *institución*. Esto se aplica a la institución y las modalidades de institución de la frontera, pero también a la frontera como condición de posibilidad para una multiplicidad de instituciones. Si la frontera fue definida ficcionalmente de un modo simple y simplificador; si, como sugería al comienzo, su simplicidad fue *forzada*, es decir, fue objeto de un forzamiento obrado por el Estado, se debe precisamente a ese motivo. Pero *ipso facto* eso trajo como consecuencia que las fronteras, bajo cuyo resguardo se conquistaron en algunos casos las condiciones para una relativa democracia, siempre fueran instituciones completamente antidemocráticas: rehuían cualquier cerco y cualquier práctica política. Los «ciudadanos» sólo ocuparon ese emplazamiento para exterminarse...

Las fronteras fueron las condiciones antidemocráticas de esa democracia parcial, acotada, que conocieron ciertos Estados-nación durante cierto período, al administrar sus propios conflictos internos. A veces también sucedió mientras los *exportaban*; pero para ello hace falta precisamente el trazado de una frontera. Por ese motivo considero que ustedes tienen razón, en su *Convocatoria*, al hablar de una necesidad de «radical democracia». Habida cuenta de que nuevamente las fronteras se diferencian y se desmultiplican –y eso equivale a decir que tienden a *cuadricular* el nuevo espacio social, ya no sólo a marcar sus lindes desde el exterior– la alternativa se plantea, ciertamente, entre un endurecimiento autoritario y violento de todas las segregaciones, y una radicalidad democrática que se proponga desarticular la institución frontera.

De todas formas, dudaría al identificar semejante democracia radical, necesariamente internacionalista (o mejor aún: transnacional), con la persecución de un «mundo sin fronteras» en el sentido jurídico-político del término. Un «mundo» de esa índole correría el riesgo de no ser más que la arena de una dominación salvaje de las potencias privadas que monopolizan el capital, las comunicaciones, acaso el armamento... El problema que se plantea es antes bien cómo munirlo de un control democrático que se ejerza sobre los contralores de las fronteras: los Estados y las instituciones supranacionales. Ello depende de que se sepa si quienes están de uno o del otro lado finalmente hallarán intereses y un lenguaje compartidos, y por ende ideales en común. Pero también depende de saber a *quién* se encontrará en las distintas fronteras, esos lugares invivibles. Ahora bien, para reunirse hacen falta intérpretes, mediadores. Creo que, por más desesperante que sea hoy su experiencia, los defensores del derecho de asilo forman justamente parte de esos mediadores.

5. LAS FRONTERAS DE EUROPA[1]

«Fronteras de Europa»: ¿genitivo objetivo?; ¿genitivo subjetivo? Como veremos, es asunto que involucra por necesidad a ambos, pues lo que se halla en entredicho es justamente el europeísmo de las fronteras de Europa. ¿Reflexionar al respecto no es acaso la manera menos abstracta con que contamos para salir de ese filosofema constantemente rumiado al que la proliferación de debates acerca del porvenir, el sentido, la cultura y el carácter excepcional de Europa habrá conferido una renovada juventud, o sea la antítesis entre lo específico y lo universal? ¿Pero no es también, más especulativamente, una manera de comprender aquello que impuso entre quienes se proclaman o se creen «europeos» cierta concepción de lo universal y de lo específico como *contrarios*, aunque admita que se asigne a la filosofía, como la más alta misión, restablecer la abstracción de éstos en una síntesis superior? La figura de la unión de los contrarios (a la que de por sí subyacen, en muchos aspectos, el esquema o la metáfora de la frontera) nunca abolió dicha concepción. Al contrario: confirmó que lo *delimitable*, lo *definible*, lo *determinable* entablan una relación constitutiva con la idea misma de lo *pensable*. Poner en tela de juicio la noción de frontera –que presenta de manera indisociable concepto e imagen, o más bien es anterior a la diferenciación entre el concepto y la imagen (¿habrá que llamarla «europea»?)– siempre es, entonces, afirmar de cierta manera lo imposible, el límite de una determinación por sí misma, de una *Selbstbestimmung* del pensamiento. Es intentar pensar la línea *que seguimos al pensar*, la condición de posibilidad o el «arte oculto» de recortes y esquematismos.

¿En qué esa tarea sería hoy más fácil que ayer? Más fácil acaso no, pero más ineludible, sí, en cuanto vivimos una coyuntura de *vacilación* de las fronteras, de su trazado y de su función, que a un tiempo es la vacilación de la noción de frontera, la cual se ha vuelto especialmente equívoca. Esa vacilación afecta incluso a nuestra conciencia de una identidad

1. Ponencia leída en el Coloquio *L'idée d'Europe et la philosophie*, organizado por la Association des Professeurs de Philosophie de l'Académie de Poitiers. Poitiers, 2-4 de diciembre de 1993; las Actas del Coloquio fueron publicadas por el CRDP de Poitou-Charentes, Poitiers, 1995.

europea, pues Europa es el punto del orbe desde el que partieron, desde el que fueron trazados dondequiera en el mundo las líneas de frontera. Es la tierra natal de la representación de frontera, como esa «cosa» sensible y suprasensible que debe *ser o no ser*, estar *aquí o allá*, un poco más allá (*jenseits*) o un poco más acá (*diesseits*) de su posición ideal, pero siempre *en alguna parte*. También en este caso tal factor daría pie para iniciar una reflexión del pensamiento sobre sí mismo, y para preguntarse acerca de la íntima relación entre la representación de la frontera, lugar donde muy a menudo se ponen en juego vida y muerte, y la idea de un «pasaje» unívoco entre la vida y la muerte, «*otra* respecto de la vida» y «otra vida», que ofició de *motor* en toda la teología y la moral «europeas»... sin tener en cuenta que antes fue pensada con la forma que heredamos de los «egipcios».[2]

Desde luego, esa constatación de una incertidumbre en la representación de las fronteras no se halla en contradicción con la insistencia (violenta o pacífica) en el carácter infranqueable o sacro de las fronteras; acaso incluso lo explique.[3] La coyuntura que vivimos en Europa –del Atlántico a los Urales, a no ser que uno esté en la ribera del río Amour, o en la franja que va del Cabo Norte al Bósforo; a menos que uno esté en el Golfo Pérsico, dondequiera que impere la representación de la frontera como particularización y partición de lo universal– opera un brutal cortocircuito en las dimensiones empíricas y las dimensiones trascendentales de la noción de frontera. Hace de asuntos administrativos y diplomáticos, políticos y policíacos, asuntos inmediatamente filosóficos; confiere un alcance práctico a decisiones especulativas respecto de qué significa definir un «interior» y un «exterior», un «aquí» y un «otro-sitio» (*ailleurs*), y en términos generales acerca de todo aquello que el viejo Kant habría llamado anfibologías de la reflexión.

En semejante coyuntura hace falta un intento de pensar aquello difícil de imaginar. Pero también puede ser fructífero trabajar la imaginación en sí, sondear sus posibilidades de variación. El psicoanalista André Green, en un logrado libro reciente,[4] escribió: «Uno puede ser ciudadano o apátrida; pero es difícil imaginar que uno *es* una frontera». ¿Pero deben acaso a nuestro alrededor intentar imaginar otra cosa gran cantidad de individuos, de grupos, de territorios, si experimentan precisamente eso, y

2. Cf. el artículo de Yvette Conry: «Frontières de vie, frontières de mort», *Raison Présente*, núm. 85. París, Nouvelles Éditions Rationalistes.

3. «La rehabilitación de la frontera es hoy la condición para toda política, tal como es condición para todo auténtico intercambio» (Philippe Seguin, «La république et l'exception française», *Philosophie politique*, núm. 4, 1993).

4. André Green, *La folie privée. Psychanalyse des cas-limites*. París, Gallimard, 1990, p. 107. [*De locuras privadas*. Buenos Aires, Amorrortu, 2000.]

eso afecta poco más o menos su «ser» en la medida en que no es *ni esto ni aquello*? Probablemente toda Europa, y no sólo sus «márgenes», sus «lindes» o sus «extramuros», debe imaginarlo, pues día a día tiene esa vivencia. Entre tanto, la mayoría de las partes, de las naciones, de las regiones que la constituyen había adquirido el hábito de considerar que *tenía* fronteras, las cuales cuentan con distintos grados de «seguridad y reconocimiento»; pero por supuesto no que *era* una frontera.

Para bosquejar esa variación me valdré de tres ejes, tres aspectos del problema –en cierto modo, lo «real», lo «simbólico» y lo «imaginario» de la frontera–: 1. la vacilación actual de las fronteras; 2. el carácter interior e ideal de las fronteras; por último, 3. el conflicto o la recuperación de las «culturas», en torno a lo que, retomando un viejo arquetipo, yo propondría llamar *punto triple* europeo.

1. – Que las fronteras fluctúan es hecho comprobado por la experiencia: para empezar, aquéllas ya no están *en las fronteras*, en ese lugar institucional, materializable en el territorio, graficable en mapas, donde *cesa* una soberanía y *comienza* otra, donde en tiempos de paz se realizan los controles aduaneros, las certificaciones de identidad, se abonan tasas y peajes; donde en tiempos de guerra convergen los grupos armados que acuden en defensa de la *patria* combatiendo el *expansionismo* de los adversarios. No discutamos la cuestión de saber si esa forma de institución de la frontera es antigua o reciente, universal o idiosincrásica. O más bien recordemos que es resultado de una prolongada gestación, de una sucesión de *opciones*: ninguna de ellas forzosa; sin embargo, las unas guiaron a las otras. Dichas opciones coinciden con la universalización de esa forma muy particular de Estado, oriunda de Europa, que es el Estado *nacional*. Y contentémonos con ratificar aquí que esa institución hoy se disgrega irreversiblemente.

En cuanto a la problemática que nos ocupa, esa situación no comenzó con la entrada en vigor del Tratado de Maastricht o la anunciada aplicación de la Convención de Schengen. El mal echó raíces mucho antes.

Ese mal proviene de una mutación en los medios de comunicación internacionales, que relativizó las funciones del *puerto* y del *puesto fronterizo*, revalorizando por contraste los controles internos, creando en el centro de cada territorio *zonas de tránsito* y de transición, sectores poblacionales «en trámite» de entrada o de salida (a veces durante el transcurso de varios años, a veces de modo periódicamente repetido), involucrados como individuos o colectivamente en un proceso de *negociación* de su presencia y de su modo de presencia (esto es, de sus derechos políticos, económicos, culturales, religiosos, etc.) con uno o varios Estados.

Proviene de que la velocidad de las órdenes de venta o de compra, de conversión monetaria, que se ejecutan «en tiempo real» (incluso integrando al imaginario de los ordenadores personales las «anticipaciones racionales» del comportamiento de los agentes públicos y privados) superó las posibilidades de control por parte de las administraciones públicas, sin que nos refiramos al control ejercido por los ciudadanos.

Proviene de que la apropiación de los factores «naturales» (o naturales-culturales) «comunes al género humano» por parte de individuos o grupos controlados o apropiados por algunos Estados, encontró sus límites: no se detiene en las fronteras la nube de Chernobyl; ni hace trámites aduaneros el virus del sida, pese al redoblado control que puede soñarse con instaurar sobre sus portadores, es decir, virtualmente sobre todos nosotros. Tampoco se detiene en las imágenes de la CNN, incluso si se reglamenta la venta de antenas parabólicas: a lo sumo se puede intentar superponerles otras, instaurar el «zapping» mundial.

Proviene de que, en sentido estricto, los recursos para la guerra moderna no *pasan* las fronteras (recordemos aquellas fórmulas y aquellas imágenes arqueológicas: la «violación de la neutralidad belga», el «derribamiento de los mojones linderos»), sino que virtualmente (y efectivamente, como demostró la Guerra del Golfo) las rebasan, es decir, las anulan.

Proviene de que la lucha de clases, como se decía antaño, o la administración de los fenómenos de inequidad y de exclusión, como se dice en la actualidad, la encargada de los flujos de poblaciones activa a inactiva escapó definitivamente de la principal jurisdicción de los Estados nacionales, sin que, no obstante ello, la engloben aparatos que podrían denominarse mundiales.

Proviene de que la jerarquía de los idiomas en que se imparte instrucción a los individuos y se brinda reconocimiento cultural a los grupos, y en consecuencia se plasma la evolución de las lenguas, jerarquía que *siempre* combinó tres niveles –lo nacional; lo dialectal, o «vernáculo», determinado social o regionalmente; y lo trans-nacional, bautizado, con facilismo, «universal»–[5] por lo general ha invertido la dirección de sus relaciones de fuerzas.

Proviene de que la posibilidad de *concentrar* en un mismo lugar («capital», «metrópolis») el ejercicio del poder político, la toma de decisiones económicas, la producción de modelos estéticos, desapareció definitivamente.

Y para terminar (pero la cosa no termina aquí) proviene de que parte de las naciones europeas o más bien de sus clases dirigentes intentó

5. Puede leerse en Ferdinand Brunot, *Histoire de la langue française*, tomo VIII. París, Armand Colin, 1935, la historia completa de ese acontecimiento decisivo para las representaciones del universalismo y del particularismo en la materialidad de la lengua: la proclamación de la Academia de Berlín en 1784 acerca del «carácter universal (*universalité*) de la lengua francesa».

contrarrestar los distintos procesos de «mundialización del mundo» (aquello que los anglosajones denominan *globalization*), implementando el traspaso de instituciones al nivel supranacional: proceso cuya significación (el estatuto jurídico-político, el valor que asigna a la idea de comunidad) sigue y probablemente seguirá *dividiéndolas en la unión*, durante un lapso de tiempo imposible de prever.

Así, vacilan las fronteras. Eso quiere decir que ya no son situables de manera unívoca. Eso quiere decir también que no permiten superponer el conjunto de funciones de soberanía, administrativas, de control cultural, impositivas, etc., y de ese modo asignar al territorio o, mejor dicho, al par territorio-población una significación a la vez abarcativa y unívoca de presupuesto de las restantes relaciones sociales.[6] Eso aún quiere decir que no funcionan del mismo modo para las «cosas» y las «personas» –no hablemos de lo que no es *ni cosa ni persona*: los virus, la información, las ideas–, y por consiguiente vuelven a plantear de modo en ocasiones violento el problema de saber si, cuando pasan al otro lado, son las personas las que transportan y hacen viajar las cosas, o las cosas las que transportan y hacen viajar a las personas: problemática que de modo general podría llamarse empírico trascendental de los *equipajes* (*bagages*). Por último, eso quiere decir que no funcionan *del mismo modo*, «igualmente», para todas las «personas», en especial para aquellas que son originarias de distintas partes del mundo, que (en gran medida ambas afirmaciones son equivalentes) no tienen el mismo estatuto social, el mismo vínculo con la apropiación y el intercambio de idiomas.[7] Es una diferenciación estrictamente *social* que desde el día de la fecha desagrega de manera impetuosa el contrabalanceo recíproco, eminentemente «fronterizo» (aduanero, identitario),[8] entre *ciudadanía* y *nacionalidad* modernas. Transforma

6. Tiempo atrás, en *Mil mesetas* [*Mil Mesetas: Capitalismo y esquizofrenia*. Valencia, Pre-Textos, 2004] Deleuze y Guattari lo habían descrito, en un planteamiento a medias realista y a medias fantasmagórico, como la entrada en la era de los «flujos desterritorializados», en una nueva era de «nomadización», que puede ser una nomadización *in situ*.

7. ¿Se me permite citar un recuerdo personal? Tomé conciencia de este tema el día en que, después de compartir conmigo cerveza y chocolate, un viejo pescador indio de orillas del lago de Patcuaroi (Estado de Michoacán, México) me explicó en perfecto castellano (llamo así al que comprendo sin dificultad alguna) que él había descubierto a posteriori por qué todos sus intentos de emigrar a los Estados Unidos habían fracasado: es que, me dijo, en la lengua tarasca *está faltando una letra, ¿entiendes, amigo...?* Y jamás se recupera esa letra perdida desde siempre. Ahora bien, justamente con esa letra habría que contar para pasar la frontera del Norte. Pero esa situación no es recíproca: nunca en su vida el *gringo* hallará la letra que falta en inglés, o en francés, o bien en alemán; sin embargo, pasará la frontera todas las veces que desee, por todo el tiempo que desee, tanto que esta última perderá llamativamente parte de su materialidad.

8. Cf. el libro de Gérard Noiriel: *La Tyrannie du national. Le droit d'asile en Europe 1793-1993*. París, Calmann-Lévy, 1991.

irreversiblemente la noción de *peuple*, *Volk*, *narod*, *umran* y *açabiyya*, etc. Esa ecuación supone que puede mantenerse al menos como ficción *de jure* –si bien cualquier derecho es ficticio, o ficcional– la igualdad entre las ciudadanías en tanto igualdad entre las nacionalidades.[9]

Las fronteras vacilan: eso no quiere decir que desaparezcan. El mundo actual es menos que nunca un «mundo sin fronteras». Éstas se multiplican y desmultiplican en su ubicación y en su función, que se distienden o se desdoblan, y llegan a ser *zonas*, *regiones*, *países* frontera, en los que se permanece y se vive. Lo que se invierte es el vínculo entre «frontera» y «territorio». Eso equivale a decir que son objeto de una reivindicación y de una protesta, de un refuerzo encarnecido, en especial de su función de seguridad. Pero también significa –irreversiblemente– que las fronteras han dejado de *marcar los límites* donde se detiene la política porque termina la comunidad (ya se la piense en términos de contrato o de origen; a decir verdad, en este caso sólo tiene una importancia relativa: el resultado práctico es el mismo), donde la política no puede proseguir su curso si no es «por otros medios» que (como decía Clausewitz) no sean los propios. Las fronteras ya no son el *contorno* de lo político. Devinieron –siquiera con un sesgo policial: hoy en día cualquier policía de las fronteras es un organismo de seguridad interior– *objetos*. Digámoslo con mayor exactitud: se tornaron *cosas* en el propio espacio de lo político.

2. – Esa situación nos brinda ahora los recursos para volvernos hacia el pasado de la frontera, y para corregir una representación que parece natural, pero que es no en menor medida ostensiblemente falsa o, en todo caso, demasiado simple: una representación que hacía de la frontera el mero límite entre dos entidades territoriales, similares pero independientes una de la otra. La mundialización culmina, por cierto, en lo que podría llamarse *sub*determinación de la frontera, un debilitamiento de su identidad. Tampoco es menor la incidencia sobre ella del pregnante recuerdo cercano, la obstinada permanencia de la figura inversa: la *sobre*determinación de las fronteras. Con ello pretendo indicar que, *al menos en Europa* (pero ese modelo es el que «nosotros» hemos propuesto e impuesto al mundo entero, mediante la conquista y la colonización, y más tarde la descolonización y el establecimiento de la «sociedad de las naciones»), las fronteras de Estado concebidas igualmente como fronteras de cultura y de identidad al menos *ficticia*, siempre han sido inmediatamente provistas de una significación *mundial*. Nunca sirvieron sólo para se-

9. Acerca de la ciudadanía como estatuto en el ámbito «internacional» actual, cf. mi ensayo «L'Europe des citoyens», en *Les étrangers dans la cité. Experiences européennes*, volumen publicado bajo la dirección de Olivier Le Cour Grandmaison y Catherine Wihtol de Wenden. París, La Découverte, 1993.

parar particularidades, sino que siempre sirvieron a la vez, *en aras de* poder cumplir esa función «local», para «repartir el mundo», para *configurarlo*, para proveerle una figura representable en la modalidad de la partición, del reparto y de la atribución de las regiones del espacio. Del reparto *histórico* de las regiones del espacio, para que sea una suerte de proyección instantánea de los avances y de los procesos de su historia. En ese sentido, cualquier *mapa* siempre es un mapa del mundo, pues representa una «parte del mundo», proyecta en el ámbito local la *universitas* que es *omnitudo compartium absoluta.*[10]

Haría falta contar aquí con el tiempo para echar luz sobre esa tesis por intermedio de sucesivos ejemplos, para detenerse en las sucesivas figuras de la sobredeterminación simbólica de las fronteras, que en este caso se presenta como el alcance inmediatamente mundial del menor atisbo de frontera. Al respecto, habría que enumerar los nombres teológico-políticos, desde el primer reparto del mundo efectuado por el papa Alejandro VI entre españoles y portugueses con el Tratado de Tordesillas (1494),[11] inmediatamente impugnado por otros (ingleses, franceses...) hasta sus réplicas modernas: el reparto de África en la Conferencia de Berlín (1895), o el reparto realizado en Yalta. Habría que demostrar –esta vez se habrá de retomar el planteamiento de Braudel, y el de Wallerstein– cómo el reparto del mundo entre los europeos o los cuasi europeos siempre fue condición para *estabilizar*, al menos de manera relativa, las fronteras que incluso en Europa los separaban a unos de los otros, y delineaban la condición para su «equilibrio». Y en todo momento habría que destacar la misma figura: la de una división *binaria* del espacio mundial (del «globo» o del «todo») desordenada no tanto por las fluctuaciones en la correlación de fuerzas entre los frentes cuanto por la intervención de un *tercero*. Esta puede manifestarse como agresión, como resistencia o como simple presencia pasiva, invalidando el reparto. Habría que reseñar la historia de los sucesivos «Tercer Mundo» –aun antes de que se acuñara esa designación– y observar cómo cada vez enredaron más la problemática local del reparto del mundo porque confundían, tanto ideológica como estratégicamente, su representación global. Pero ante todo habría que demostrar que una sobredeterminación de ese tipo nunca es –por más decisivo que sea ese aspecto– una mera cuestión de poder exterior, de correlaciones de fuerzas y de reparto de grupos poblacionales entre los Estados sino que siempre es *también*, tal como con justicia lo ha

10. Immanuel Kant, *De mundi sensibilis atque intelligibilis forma et principiis* (la «*Dissertatio* de 1770»), Sección I, §2, III.

11. Cf. Régis Debray, *Christophe Colomb, le visiteur de l'aube*, seguido por los *Traités de Tordesillas*. París, La Différence, 1991. [*Cristóbal Colón, el visitante del alba: consideraciones desconsideradas sobre el Quinto Centenario*. Madrid, Hiperión, 1992.]

destacado Derrida, una cuestión de ideales: cuestión espiritual o –mejor aún– cuestión simbólica.

Las fronteras nacionales no estarían en condiciones de establecer (o de intentar establecer) *identidades*, no estarían en condiciones de marcar el umbral donde están en juego vida y muerte (dentro del marco de lo que en Europa se conoce como «patriotismo»);[12] en suma, para retomar la formulación decisiva elaborada por Fichte en los *Discursos a la nación alemana* de 1807,[13] no estarían en condiciones de ser *fronteras internas* (fronteras interiorizadas, fronteras para la interioridad) si no fueran idealizadas. Y no serían idealizadas, pensadas como sustento de lo universal, si no fueran imaginadas como el punto donde están en juego las «concepciones acerca del mundo», por ende también las concepciones acerca del hombre: el punto donde es preciso elegir, y elegir*se*.

Pero el término concepción es excesivamente vago. O, para ser más exactos, es sospechosamente equívoco, pues –según haga falta– abarca ora la noción de *diferencia cultural* (ya consista en ritos, costumbres o tradiciones), noción eminentemente *imaginaria*, pues la fuente de su definición es la percepción de «parecidos» y «diferencias», el principio de proximidad y lejanía; ora la noción de *diferencia simbólica*, a la cual en mi afán de claridad reservaré el nombre de diferencia de *civilización*: diferencia que no inclina hacia el parecido sino hacia lo conciliable y lo inconciliable, lo compatible y lo incompatible.

Cada cual percibe claramente, por citar sólo un ejemplo tomado de la actualidad inmediata, que cuando algunos franceses (indudablemente no todos) protestan y gruñen indignados ante la condena a un tiempo de reclusión denominado «indeterminado» a dos niños asesinos en Inglaterra (donde por tanto no hay seguridad de que obtenga consenso unánime entre los ingleses), precisamente en el momento en que nuestro propio ministro de Justicia se hace, o cree hacerse, intérprete de la opinión pública al reclamar la instauración de una «reclusión perpetua de cumplimiento efectivo» para los asesinos y los violadores de niños, no es cuestión de diferencia cultural, sino de un rasgo simbólico o rasgo de civilización, que remite al modo mismo en que los sujetos se vinculan con la infancia y con la edad madura, con la inocencia y con la perversión, con la relación entre hecho e intención, entre la responsabilidad y la irresponsabilidad a la hora de definir ese crimen. Cada cual comprende que diferencias de ese tipo poco o nada tienen que ver con la «distancia cultural», o más bien que acaso ellas son más pronunciadas cuando disminuye la distancia cultural.

12. Cf. Ernst Kantorowicz, *Mourir pour la patrie et autres textes*, con presentación de Pierre Legendre. París, PUF, 1985.

13. Véase en este volumen mi ensayo «¿Qué es una frontera», p. 80.

Así, es mucho más difícil imaginar una armonización entre los sistemas judiciales inglés y francés que resolver el problema de la aceptación o el rechazo del que se conoce como fular islámico, usado por algunas niñas en las escuelas públicas francesas. Me arriesgaré a proponer la hipótesis de que al respecto cualquier fracción de Europa, por más delimitada que sea, no deja de incluir en acto o en potencia, como resultado de la historia y de las opciones subjetivas a las que dio lugar, la misma diversidad, las mismas facetas que el mundo tomado en su conjunto.

Tradicionalmente, los rasgos distintivos de civilización, en ese sentido, fueron asignados por nuestra historia y nuestra sociología al dominio de lo *religioso*. En ese caso, sin duda trasunta una consecuencia de la identificación estrictamente europea de la noción general de lo simbólico con los caracteres ideales religiosos; en otros términos: de que las reglas de oro bajo cuya invocación se interpela a los individuos en su condición de sujetos son en Europa, o más exactamente en la Europa mediterránea, principios rectores de la religión, o transmitidos en épocas pasadas por la religión. Buenos ejemplos de ello son *patria* y *ley*. Por ende, también es una consecuencia de que la implantación de las hegemonías estatales laicas (y luego su crisis), cuya forma de universalidad es ante todo jurídico política, no suceda simplemente, de manera lineal, a la implantación y a la crisis de las hegemonías o universalismos religiosos. La crisis del Estado-nación comenzó hoy en Europa, sin final previsible, mientras que la crisis de la conciencia religiosa no está terminada o resuelta. De todas formas, las mismas precauciones se imponen a propósito de la noción de religión que a propósito de la noción de frontera: nadie sabe *qué es la religión en general*, o más bien nadie puede definir la diferencia entre un símbolo religioso y un símbolo profano de otro modo que con una referencia tautológica a cuanto paulatinamente llegó a ser identificado como «religión» en el transcurso de la historia europea, y dondequiera que la historia se haya repensado según la modalidad europea.

3. – Admitamos, sin embargo, una identificación de ese tipo, al menos en calidad de hipótesis provisoria de trabajo. La sobredeterminación simbólica de las fronteras se presentará entonces ante nosotros bajo una nueva luz. Que las fronteras sean siempre dobles, que sólo puedan separar territorios particulares estructurando la universalidad del mundo, y que ese carácter dúplice sea la condición de su interiorización por parte de los individuos, por ende de su función constitutiva de identidades, son factores que podemos reformular si afirmamos que toda frontera instituida, reivindicada o añorada en la fantasía debe ser a la vez una frontera política y una frontera religiosa en ese sentido. Y, a la inversa, que no hay otro modo de plasmar la frontera como separación absoluta sino repre-

sentarla como una frontera religiosa. En ese planteamiento se contempla que esa religión sea una religión laica, secularizada, religión de la lengua, de la escuela o del principio constitutivo.[14]

Creo que una idea similar está en funcionamiento, por ejemplo, en el libro de Brague, *Europa, la vía romana*.[15] Ése es uno de los volúmenes que acaso sobrevivirán a la actual superproducción de obras histórico-filosóficas acerca de la identidad europea. Brague busca la definición de la identidad europea en un despliegue de facetas, de sucesivas demarcaciones religiosas, que habrían fraccionado entre la Antigüedad y nuestros días el espacio protoeuropeo, en la cuenca del Mediterráneo. Oriente y Occidente, Norte y Sur: cada uno de esos ejes es susceptible de replicarse una o varias veces. La «definición» de lo europeo a la que él arriba reviste el mayor de los intereses. En muchos aspectos retoma, más allá de otras teleologías, el concepto hegeliano de *historicidad*, esto es, del movimiento conflictivo que proyecta cada «principio» de civilización fuera de sí mismo, hacia un relevo. Este último llamará a su propio relevo, sin final previsible. Tal definición no caracteriza el acervo romano-latino-europeo como un *origen*, tampoco como una *fundación*, o la fidelidad a *raíces* au-

14. A menudo se plantea el problema de saber en qué consiste exactamente el vínculo interno, históricamente manifiesto pero teóricamente enigmático, entre *escolarización* y *colonización* francesas, ambas simbolizadas por la figura de Jules Ferry. Creo que ese vínculo pasa por la institución religiosa de la frontera. La frontera de la *nación francesa*, indisolublemente ideal y real, es en el siglo XIX una frontera *doble*: traza «europea» (el *hexagone* [territorio continental, «metropolitano», francés], las «fronteras naturales» del río Rin, los Alpes y los Pirineos), traza «mundial»: los límites del Imperio francés, imperio «republicano» por excelencia, nuevo Imperio Romano. Entre esas dos trazas, infinitamente cercanas *de jure*, infinitamente distantes una de otra en la práctica (no porque las separen miles de kilómetros, sino porque una cierra el territorio de los *ciudadanos franceses*, y el otro sustancialmente el de los *súbditos franceses*, llamados «indígenas»); la zona intermedia, coloreada de rosa en nuestros viejos planisferios, es la *zona de las misiones*, en la que el reclutamiento de soldados para defender la metrópoli tiene por contrapartida la divulgación de un sacrosanto legado de civilización: los Derechos del Hombre, la Lengua francesa, el Laicismo universal... De allí en adelante se comprende más acabadamente qué formas puede adoptar hoy el combate contra el «integrismo» en ciertas escuelas públicas francesas; por ejemplo, episodios que pueden parecer desproporcionados, como la movilización unánime de los docentes de un colegio en contra de la admisión en la escuela republicana de algunas niñas portadoras más o menos voluntarias de «velos islámicos», o la resistencia encarnizada contra la concesión de certificados que exceptúen de actividad física a esas alumnas; certificados que por otros motivos se entregan casi sin requisito alguno... Eso obedece a que la *frontera interna* está en juego: el «Imperio» ya no existe; pero su *idea* permanece allí, como el espectro de sus «sujetos», con sus «supersticiones» o sus «fanatismos». Cada uno de los velos que ingresa por la puerta de una escuela presidida por la divisa «Liberté Égalité Fraternité» es prueba no sólo de que hemos tenido que renunciar al Imperio –lo cual en el fondo es secundario–, sino sobre todo retirarnos de esa posición *sin haber cumplido la misión* que creíamos deber cumplir allí: librar a todos los pueblos de su ignorancia y de su intolerancia, enseñar a todos la religión laica *à la française*.

15. Rémi Brague, *Europe: la voie romaine*. París, Critérion, 1992. [*Europa, la vía romana*. Madrid, Gredos, 1995.]

ténticas que le serían propias, sino como la *traditio* en sí: la traición a la herencia y su transmisión (que supone la traición a aquélla); a eso asigna la denominación «secundariedad». Según Brague, en sentido estricto los europeos no son «judíos» ni «griegos» (gran dilema que inflamó, de Renan a Matthew Arnold, a todo el siglo XIX), sino que en todo momento siguen siendo «romanos», porque heredan de los griegos y de los judíos (o de los semitas) un *logos* que no les pertenece como algo propio, de lo que en consecuencia no pueden apropiarse si no es a condición de transformarlo sin cesar y transmitirlo –y desde luego en especial imponerlo– más allá de toda frontera preestablecida. Digamos, tras llevar nuestra afirmación al extremo, a condición de *perderlo*.

De todos modos, Brague explícitamente *cree* en la latinidad o romanidad concebida en ese sentido, y cree en ella por motivos estrictamente religiosos tanto como «culturales»: para él, el centro del *orbis* es la *urbs*, y más precisamente la Loggia de Plaza San Pedro, de donde destella el resplandor de la verdad. Eso motiva que, después de intentar remitir la noción de identidad a un esquema de *estructura* y, así, formal, o diferencial (factor que expresa la noción perfectamente universalizable de secundariedad, cuyos mejores ejemplos actuales son sin duda brindados por América del Norte y con mayor plenitud por Japón, doble heredero infiel de civilizaciones extranjeras: China y Occidente), termina por considerar, sin embargo, que la estructura de transmisión y de traición está específicamente aferrada a un *lugar*, a un *espacio*; en suma, que tiene su sede histórica natural *en un flanco* de la brecha Oriente-Occidente (a saber: en Occidente) antes que en el otro, *en un flanco* de la brecha Norte-Sur (o cristianismo-islamismo), a saber: en el Norte, sobre la «ribera cristiana» del Mediterráneo. En Brague, como en tantos otros, el pensamiento acerca de la estructura termina por repetir un pensamiento acerca de la sustancia.

¿Es tan fácil escapar a semejante constricción a la repetición? No estoy seguro de ello. Por mi parte, prefiero obrar y hacer obrar directamente otro esquema de configuración del mundo, que por lo demás considero subyacente a la argumentación del propio Brague. Llamo a ese esquema *punto triple*, o *triple punto de herejía*. Para hacerlo, me valgo del sentido etimológico del término «herejía», el cual es en idéntica medida el trasfondo de su sentido teológico, o teológico-político: *optar* por un flanco antes que por el otro en la dimensión de lo simbólico, y por ende representar el error con una verdad, y la verdad con un error. No alcanza el tiempo, sin duda, para reseñar aquí su extensa genealogía.[16] Recordemos,

16. Si se desea conocer un abordaje complementario de éste, cf. mi contribución «Quelles frontières d'Europe?» al volumen *Penser l'Europe à ses frontières*. Géophilosophie de l'Europe/Carrefour des Littératures Européennes de Strasbourg, Éd. de l'Aube, La Tour des Aigues, 1993, que retomo parcialmente ahora.

sin embargo, que ésa es una figura constitutiva de la representación misma de Europa en tanto «parte del mundo», comparable a África (o Libia) y a Asia. Se halla, entonces, en el origen de una cartografía, la cual engendró la noción de frontera, en sus distintos usos. Comienza con el esquema de inscripción de una TAU en el círculo («esquema *T/O*») que los griegos, y en especial Heródoto, opusieron a la figura de una tierra y un océano concéntricos. Más tarde los cristianos creyeron *ver* en ella la cruz de Cristo, como si estuviera inscrita de modo predestinado en la faz de la Tierra.[17] Siempre está a disposición el gran mito romántico de la «triarquía europea», según el título del libro de Moses Hess, que, por ejemplo, en el marxismo se tornará el esquema interpretativo de las «tres fuentes»: economía, política, filosofía; respectivamente, Inglaterra, Francia, Alemania. En ella puede hallarse una de las figuras privilegiadas de la mecánica del espejo. Así, la figura del mundo llega a estar inscrita en la constitución de Europa, de modo que la universalidad del mundo devuelva a cada instante la ostención de su esencial índole europea. También se la halla, por supuesto, en los tres imperios del *1984* de Orwell, que muchos imaginan hoy bajo los lineamientos de los Estados Unidos, Europa occidental y Japón...

A esa figura tradicional –más que tradicional: arquetípica, en este sentido imprescriptible, pero no necesariamente inalterable, pues puede desplazarse ligeramente en sus contornos y en su sitio de aplicación– no aportaré más que una leve variación, pero que según creo basta para volver a poner en movimiento la representación de las fronteras: digo que Europa no está –nunca lo estuvo de manera perdurable– hecha de regiones separadas («imperios», «frentes», «naciones»), sino de sucesivas *capas* (*nappes*) *que cubren* las anteriores, y que su especificidad es esa forma de cubrirse: un Oeste, un Este, un Sur, para afianzar las ideas. Así sucedía ya en tiempos de Heródoto; y no es indispensable adherir a la totalidad de las hipótesis de Martin Bernal[18] para suponer que ese punto tripartito determinado por el encuentro del Mediterráneo, del Nilo y del Tanais es más bien una zona de interpenetración de las culturas «germánicas», «semíticas» y «egipcias» (o «libias») que una traza de segregación. *A fortiori* así sucede hoy en día, cuando, una vez que los imperios conquistaran la tierra, y más tarde tuvieran que retirarse oficialmente, pero sin cortar los puentes, del mundo entero llegan, como un reflujo, dis-

17. Cf. Christian Jacob, «Le contour et la limite. Pour une approche philosophique des cartes géographiques», en *Frontières et limites*, volumen publicado bajo la dirección de Christian Descamps. París, Éd. du Centre Pompidou, 1991.

18. Martin Bernal, *Black Athena. The Afroasiatic Roots of Classical Civilization*. Rutgers University Press/Free Association Books, 1987. [*Atenea negra: las raíces afroasiáticas de la civilización clásica*. Barcelona, Crítica, 1993.]

cursos, capitales, fuerzas de trabajo –en ocasiones, armas– de Europa, y repercuten sobre nosotros.

Noto algunas ventajas en hacer intervenir y obrar representaciones de ese tipo, antes que dejarlas actuar sobre nosotros sin ser percibidas, fuera de toda conciencia y de toda aprehensión.

La primera es que nos alertan respecto de las significaciones involucradas en cualquier trazado de fronteras, más allá de las determinaciones inmediatas, aparentemente fácticas, de lengua, religión, ideologías y correlaciones de fuerzas. Cada cual percibe sin dificultad que, en el «reparto», la «depuración étnica» de Yugoslavia y ese concentrado de Yugoslavia que es Bosnia, hay una idea, una imagen, una presencia fantasmática de Europa que producen ante nuestros ojos sus efectos de muerte. La que se suicida allí es Europa, al dejar que en su nombre se suiciden esos fragmentos de un mismo «pueblo» cuya historia completa no está hecha más que del contraataque de sus propias divisiones.

Pero hace falta decir más: «croatas», «serbios» y «musulmanes» no son, desde ya, naciones ni religiones. Para desventura suya, son mucho más: encarnaciones voluntarias o involuntarias de rasgos de civilización «inconciliables», de «principios»; y son mucho menos: simples solidaridades clánicas, que resurgen como recurso postrero contra la devastación de las identidades políticas de la «Modernidad». En realidad no veo más que un solo nombre que se les condiga exactamente: *son razas*. Con ello entendemos: racismos recíprocos, tal como «semitas» y «arios» fueron «razas» en Europa. Yugoslavia es un «punto triple» de las relaciones raciales europeas. En ella se halla en juego, entonces, ante nosotros y por nuestro intermedio, saber si un Estado, una nación, una democracia, una sociedad se construyen por disociación o por combinación, por el recubrimiento de las componentes de toda cultura «europea», a escala de este continente tanto como a escala de alguna de sus partes, de sus proyecciones locales.

Pero lo que puede leerse, como una impronta lejana y como un dilema actual, en la gran Europa o en cada pequeña Europa, también puede hallarse, de ahora en más, en no pocas partes del mundo. Por eso, yo sugeriría que en todo el planeta hay muchas otras Europas que no logramos reconocer. Buscamos por doquier imágenes de nosotros mismos, narcisísticamente, cuando habría que buscar estructuras. Desde que la dicotomía de los bloques se desplomó gracias a su propio éxito, por todas partes reaparecen los puntos triples: los distintos Este, Sur, Oeste... Claramente en esos ropajes culturales o identitarios está en juego la posibilidad de construir hoy singularidades políticas. Cada una de esas figuras tiene su propia historia, su propia dinámica. Pero todas se configuraron trabajando y adaptando a su propia contingencia los esquemas europeos de reparto y de frontera.

Por ese motivo, todas nos enseñan que Europa está en todas partes fuera de sí misma, y que en ese sentido no hay más Europa, o bien cada vez la habrá menos. Pero lo hacen sin que en esa diseminación inapelable haya, siquiera una vez, más por perder que por ganar: no en cuanto a la esencia o a la sustancia de Europa, sino en cuanto a la facultad de pensar y al proyecto de gobernarse que ella también representa.

6. VIOLENCIA: IDEALIDAD Y CRUELDAD[1]

> That this Faustus, this demon, this Beelzebub fled hiding from some momentary flashy glare of his Creditor's outraged face exasperated beyond all endurance, hiding, scuttling into respectability like a jackal into a rockpile, so she thought at first, until she realized that she was not hiding, did not want to hide...
>
> William Faulkner, *Absalom, Absalom!*
> Penguin Books, 1971, pp. 146-147.

Al principio, esta exposición se titulaba simplemente Violencia e Idealidad. Por motivos que intentaré explicar, se completó con un tercer término. Reunir violencia e idealidad es dirigir nuestra atención hacia una serie de paradojas. Examinaré ante todo dos proposiciones recíprocas entre sí. La primera postula que la violencia, o cierta cuota de violencia, se subsume necesariamente en la economía de la idealidad, es decir, que forma parte de sus condiciones y de sus efectos. La segunda, que la idealidad se subsume de idéntico modo en la economía de la violencia, aunque nos sea preciso admitir que nunca es el único factor o la única determinación de aquélla.

Proposiciones de ese tipo expresan una profunda ambivalencia del vínculo entre violencia e idealidad. Aclaro que uso ese término de modo genérico; en consecuencia, incluyo en él el arco completo de ideas, ideales, idealizaciones. Esa ambivalencia nos veda sostener un discurso simple acerca de los problemas de la violencia, brindar para éstos una «solución» unívoca. Por regla general suponemos que deseamos rehuir la violencia, en sus distintas formas, o reducir su nivel en nuestra existencia privada o pública: «civilizar las costumbres», según la expresión de Norbert Elias. Eso no puede hacerse sin invocar ideales y hacerlos pasar a la realidad, sin sublimar ciertas tendencias nuestras. Con todo, si las proposiciones que presento aquí son verdaderas, habrá que convenir que toda postura adoptada en contra de la violencia, cualquier accionar adoptado para eliminarla (algo que siempre se consideró un aspecto constitutivo de lo «político») deberá afrontar la repercusión de sus propios efectos.

La política, la civilización misma no lograrían ser pensadas como un *puro* programa de eliminación de la violencia, aunque nunca puedan renunciar a plantearse ese problema.

1. Informe presentado en el seminario de Françoise Héritier acerca de la Violencia. Collège de France, el 25 de enero de 1995, y repetido en Cornell University, Estados Unidos, el 24 de febrero de 1995; texto revisado para esta edición.

Sin lugar a dudas, nosotros deseamos erradicar la violencia. ¿Pero acaso esa actitud no es de por sí muy ambivalente? Querría sugerirlo mediante un ejemplo elegido por su indiscutible sinceridad.

No bien concluyó la Segunda Guerra Mundial, Karl Popper redactó un ensayo titulado Utopía y violencia, más tarde reeditado en la compilación *Conjeturas y refutaciones*.[2] En ese texto, él expresaba su temor de que el triunfo de las democracias sobre el nazismo no desembocara en una reducción en el grado de violencia en el mundo, sino que por el contrario generara nuevos episodios de barbarie. Haciendo explícita referencia a la explosión de Hiroshima, él consideraba que los Estados de la coalición, y en especial los Estados Unidos de América, deberían haber vuelto contra sus adversarios los medios de terror dirigidos contra la población civil. De todos modos, algo lo inquietaba aún más que el contagio de esos métodos de guerra contrarios al derecho de la humanidad: era la perspectiva de una nueva oleada de utopías políticas y sociales, de inspiración «platónica», que apuntara a transformar el mundo y la índole del hombre, a desmantelar las instituciones de la sociedad completa para reconstruirlas según principios ideales de justicia. Popper creía, entonces, que debía poner en pie de alerta a la humanidad: una vez más, objetivos de ese tipo no podrían ser perseguidos sin recurrir a medios de por sí extremadamente violentos, prescindiendo de que ése hubiera sido (o no) el propósito inicial. Por ese motivo, no bien el mundo en que vivimos ya no es satisfactorio en muchos aspectos; y si uno no desea atenerse a una actitud puramente conservadora, es preciso llevar a la práctica un reformismo social a la vez realista y gradual: es lo que se conoce como «piecemeal engineering».

En este caso, se presenta ante nosotros una versión clásica de la crítica a los efectos perversos del idealismo, cuyo prototipo fue brindado en las páginas dedicadas al «Terror Blanco» en la *Fenomenología del Espíritu* de Hegel, que sin duda no era una de las lecturas favoritas de sir Karl. Con todo, la menciono por otro motivo. Al releer el texto de Popper, es impactante notar que su estrategia retórica está completamente guiada por la repetición de las fórmulas «detesto la violencia» («I hate violence»); «quienes como yo detestan la violencia...»; etc. De ello resulta un extraordinario cortocircuito entre discurso y metadiscurso, de las tesis del ensayo y de la posición subjetiva de su autor, que por lo demás el propio Popper reconoce en parte, cuando admite que su toma de partido en contra de la violencia no puede explicarse racionalmente, sino que remite a cierto prejuicio, a favor de la humanidad.

2. Karl R. Popper, «Utopía y violencia» (Comunicación ante el Institut des Arts de Bruxelles, junio de 1947), en *Conjeturas y refutaciones: el desarrollo del conocimiento científico*. Barcelona, Paidós Ibérica, 1994.

El interés de esa aporía se hace más ostensible si juxtaponemos el texto de Popper con otros discursos, en parte homónimos. En un excelente análisis, el sociólogo Phil Cohen, de la Universidad de East London, interpreta el discurso racista de ciertos *hooligans* ingleses, cuyo lema favorito es simplemente «*We hate Humans!*», como el deseo de transformarse en invasores extraterrestres todopoderosos.[3] Indudablemente, Popper no escribe «detesto los seres violentos», «detesto a quienes detestan a los seres humanos». Él escribe «detesto la violencia», es decir, precisamente una idea, o una idealidad. Convendremos en que siempre es necesario hacer una diferencia entre las *ideas* y los individuos que las sostienen. Debemos descartar, eliminar las primeras cuando son malas, en sí mismas o por sus consecuencias, pero siempre respetar a los individuos y, si fuera posible, salvarlos incluso de sus principios. Esa diferenciación fundamental, que es oportuno recordar en todo momento, forma parte de las condiciones del derecho y de la justicia. ¿Pero es siempre posible *separar* de sus ideales (aquello que en otras épocas se hubiera llamado su alma o su espíritu) a los individuos humanos? Y ante todo, ¿acaso no hay algo que medie entre «ideas» e «individuos», que tome parte en unos y otras e impida, así, borrar los «nexos» entre ellos? ¿Y no estaría constituido por los *colectivos*?

Apenas entran en escena *grupos* humanos (eso sucede inevitablemente cuando los problemas que indagamos provienen de lo social y de lo político), el problema es saber si «detestar la violencia», para defender la libertad y la dignidad de las personas, etc., no equivale más que a «detestar» idealidades. ¿O acaso implica también que se odie grupos, instituciones, regímenes, colectividades que *encarnan* de algún modo la violencia, para eliminarlos?

¿Cómo, si es lícito decirlo, «eliminar a los eliminadores»?

¿Pero existe alguna alternativa? ¿Podría serlo la «no violencia»? De momento, soslayaré los debates relativos a su eficacia. Sólo recordaré lo sugerido por la lectura de Freud, incluso apresurada: la no violencia no necesariamente pone fin a todo interrogante, pues tiene una parte ligada con un esfuerzo que hacemos para odiar el instinto de violencia *en nosotros mismos*. Cabe aclarar que en otras épocas eso habría sido tildado de elemento diabólico en nosotros: el «mal».[4] También orilla al menos simbólicamente en la autodestrucción, el deseo de la muerte propia. Eso sucede tal como si existiera una alternativa entre dos formas de destrucción: por un lado, la *contraviolencia*, y hasta la *represalia;* por el otro la *autodestruc-*

3. Phil Cohen, «We hate humans», en *Violence et politique (Colloque de Cerisy 1994). Lignes*, núm. 25, mayo de 1995.

4. Cf., en especial, *Das Unbehagen in der Kultur*, 1929. [*El porvenir de una ilusión. El Malestar en la cultura y otras obras*. Buenos Aires, Amorrortu, 2004.]

ción o la *aniquilación de sí mismo*.[5] Por ello, Popper es indudablemente mucho más «platónico» que cuanto él mismo quisiera, como quienquiera que haga de la idealidad del derecho (o de la comunicación, o de la persona humana) un absoluto, y el antídoto contra la violencia; esto es, que piense que la violencia se combate mediante una idealización de sus contrarios: derecho, justicia, respeto, amor. Al menos eso podemos sugerir.

Después del ejemplo de Popper querría tomar otro, opuesto a aquél en todos los aspectos: el de Georges Bataille. No es cuestión de discutir el conjunto de una obra que a menudo pasa por una forma de dar cuenta, hasta el paroxismo, de cierta «fascinación de los intelectuales por la violencia», y que en tal condición suscita (aun más que la de Nietzsche) reacciones y juicios diametralmente opuestos entre sí; sino de recordar un episodio preciso que confiere a este debate un posible rédito político.

En 1933-1934 Bataille había redactado para la revista *La critique sociale* el tan conocido ensayo «La estructura psicológica del fascismo». Pensando más específicamente en la forma nazi, él proponía una interpretación a partir de la contraposición entre dos aspectos de la vida social: lo «homogéneo» y lo «heterogéneo», es decir, de un lado, el orden o el sistema de normas en cuyo seno los conflictos sociales de por sí deben mantenerse y organizarse para que se asegure la estabilidad de una estructura de poder o de autoridad, y del otro lado el conjunto de fuerzas irracionales que se desencadenan cuando el antagonismo se torna inconciliable. Necesariamente ambos aspectos se expresan de forma violenta. ¿Bataille utilizó la expresión «*surfascisme*», que más tarde le valdría que André Breton descargase enérgicamente un juicio negativo sobre él? No está confirmado, por más que el término fue creado por su amigo Jean Dautry, en cuya compañía Bataille, el propio Breton y la totalidad del grupo «Contre Attaque» habían firmado un panfleto dirigido contra las «cancillerías» europeas. En ese escrito podía leerse: «Bajo cualquier circunstancia, preferimos, antes que aquellas, la brutalidad antidiplomática de Hitler, más pacífica, de hecho, que la excitación babosa de diplomáticos y de políticos».[6] «*Surfascisme*» empujaba al extremo, desdibujándole

5. La metapsicología de la «no violencia» es un problema fundamental, el cual periódicamente vuelve a poner en entredicho los límites del punto de vista occidental. Una concepción «oriental» de la no violencia no la percibe, ciertamente, como una autodestrucción, es decir, no imagina que el dominio sobre sí mismo pueda ser identificado con una mutilación. De todos modos, supone que el sujeto renuncia a una individualidad *por separado*, a una «actividad» que afirma el «sí mismo» contra el entorno del que forma parte. Se plantea entonces de forma acuciante el problema de saber qué «premio» o contrapartida se implicita en el ideal de la no violencia.

6. Véase Georges Bataille, *Œuvres complètes*. París, Gallimard, 1970, vol. I, p. 398. El artículo acerca de la «estructura psicológica del fascismo» figura en el mismo volumen, pp. 339-371 [«La estructura psicológica del fascismo», incluido en *La conjuración sagrada*, selección del tomo citado de *Œuvres complètes*. Buenos Aires, Adriana Hidalgo, 2003]. Cf. al respecto Michel

su carácter de hipótesis intelectualmente riesgosa, la idea desarrollada en La estructura psicológica del fascismo (bastante cercana, en algunos puntos, a los análisis contemporáneos de Reich): el único movimiento estrictamente *antifascista* de los intelectuales revolucionarios y de los obreros efectivamente capaz de resistirse al ascenso del nazismo en Europa era aquel que aprendiera algo del fascismo y se fundara sobre las mismas fuerzas violentas, «heterogéneas», desencadenadas por el fascismo, de un modo que las volviera contra el orden capitalista en lugar de valerse de ellas para defenderlo. Era una perspectiva radicalmente opuesta a la del Frente Popular y del Partido Comunista, a la que habían adherido algunos de los surrealistas.

Sin entrar de nuevo en las controversias de esa época (por más que no carezcan de actualidad), querría recordar en esta ocasión dos hechos.

Primero, pese a ciertas expresiones en contrario, la inmensa mayoría de los intelectuales europeos que en el siglo XX recuperaron a Sade y a Nietzsche no fue fascista, aunque los nazis reivindicaron a Nietzsche –pero nunca a Sade, según me consta– a expensas de flagrantes falsificaciones. No obstante ello, algunos se acercaron no poco a la idea de que existe una suerte de verdad del fascismo, o que no puede combatirse contra el fascismo si no es «desde el interior» de aquél.

En segundo lugar, si es que existe algo por el estilo de una «fascinación de los intelectuales por la violencia», indudablemente tendrá que ver con la transgresión de ciertas prohibiciones. Sin embargo, entre las que han de transgredirse de ese modo no figura solo la prohibición que impacta sobre la rebelión en nombre del orden, forzando a los individuos a aceptar el yugo de las instituciones y de la moral; también se halla la prohibición de –al menos en parte– conocer, saber y sondear «desde el interior» qué sucede con la violencia en general y más específicamente con cada violencia. Eso se produce como si hubiera un poderoso interés en que la violencia permanezca *por fuera de lo pensable* en tanto determinación «normal» de las relaciones sociales, causa de efectos políticos, sociales e históricos. Una suerte de «policía del pensamiento» acude entonces para reforzar la que patrulla las calles, que mantiene a los buenos ciudadanos a distancia de la escena de un crimen, una revuelta ya consumados. «Circulen, caballeros, circulen... Aquí no ha pasado nada.» Eso implica mantener la seguridad, el orden en ciudades y almas. Desde luego, la policía deja que accedan algunos especialistas que ponen en funcionamiento métodos sociológicos y psicológicos, hacen de tal o tal otra forma de

Surya, *Georges Bataille. La mort à l'œuvre*. Librairie Séguier, 1987, p. 229; Henri Dubief, Témoignage sur *Contre-Attaque*. *Textures*, núm. 6, 1970; G. Leroy y A. Roche, *Les écrivains et le Front populaire*. Presses de la FNSP, 1986, pp. 167-173.

violencia, individual o colectiva, un *objeto* de investigación y, si fuera posible, de control. ¿No es precisamente por ese motivo que ciertos intelectuales se ven tentados a transgredir la prohibición? Y, así, llegan a imaginar que nada, al menos nada decisivo, puede ser en términos estrictos *pensado fuera de la violencia* y de su «materia» propia si el pensamiento y la escritura no se vuelven de por sí «violentos», no *calcan* su figura de modo mimético según el patrón de cierta violencia...

Volvamos entonces al problema de la definición de la violencia. Podemos, en la línea de una tradición ya clásica, tomar como punto inicial el uso y la significación ambiguos del término alemán *Gewalt*, el cual, según las circunstancias, se traduce al francés [también al castellano] como «violencia», «poder» o «fuerza» [«fuerza bruta»], o bien se confirma intraducible. Derrida volvió recientemente a esta temática, después de que algunos otros –entre ellos Marx, Weber, Walter Benjamin y Raymond Aron– hubieran echado luz sobre qué estaba en juego en esa coyuntura.[7]

Para empezar, considero que el carácter equívoco de la *Gewalt*, que oscila entre «poder» y «violencia» (desde luego, para nosotros, franceses, pues para un alemán son las nociones de «poder» y «violencia» las que se subsumen en la gama de complejas significaciones de la *Gewalt*) plantea un problema equivalente al de las *correlaciones de fuerzas* internas y externas a las instituciones (o aparatos) de toda «hegemonía» histórica. Esos aparatos son por definición *legítimos*, aunque no siempre capaces de imponer su legitimidad. Hagamos constar de paso que la idea de un poder social absolutamente reconocido, por ende automáticamente obedecido, es una contradicción en los términos. Pero la legitimidad de dichos aparatos está necesariamente sujeta a la de grandes idealidades, de grandes *formas* trascendentes, en sentido platónico, que a cambio aportan a la idealización de su funcionamiento. En este caso, contentémonos con invocar algunas de ellas: Dios y el Estado, o Dios y la Nación, la Ley en sí, ya se la piense como *Torá*, *Nomos* o *Shariah*, o *Constitución*.[8]

7. Cf. Jacques Derrida, *Force de loi. La «fondement mystique de l'autorité»*. París, Galilée, 1994. [*Fuerza de ley: el fundamento místico de la autoridad*. Madrid, Tecnos, 1997.] En cuanto a Marx, cf. mi artículo «Pouvoir», incluido en el *Dictionnaire critique du marxisme*, publicado bajo la dirección de Georges Labica y Gérard Bensussan. París, PUF, 1982; Walter Benjamin, «Para una crítica de la violencia», en *Ensayos escogidos*, versión castellana de Héctor A. Murena. Buenos Aires, Sur, 1967; Raymond Aron, «*Macht*, *Power*, *Puissance*, prose démocratique ou poésie démoniaque?», reproducido en *Études politiques*. París, Gallimard, 1964.

8. Naturalmente, esto daría cabida a un debate acerca del modo en que diferentes lenguas y tradiciones institucionales segmentan según otros esquemas los dominios de la «ley» y del «derecho», de *law* y *right*, entre los dominios de lo trascendente y de lo inmanente, de lo «natural» y de lo «positivo».

Por mi parte, en las presentes circunstancias reformularía de ese modo la tesis de Althusser que identificaba las instituciones estatales con «aparatos ideológicos del Estado».[9] Pero me veo aun más tentado a recurrir para designar ese nodo de poder, violencia e idealidad, a la noción de *Espíritu «objetivo»*, tal como la expone Hegel en la *Filosofía del derecho* y la *Filosofía de la historia*. Muchas de las problemáticas que nos atañen aquí ya están planteadas en la teoría hegeliana de la historia y de la constitución del Estado precisamente en tanto se presenta como *teoría del Espíritu*, sobre todo si nos esforzamos por atenernos a las contradicciones designadas por ese término, que refleja el funcionamiento «hegemónico» del Estado (y de la Religión). Así, la teoría hegeliana puede salir de una descripción formalista o positivista del derecho de las instituciones, en la cual el rol de la violencia en todo momento está ya circunscrito y forcluido.

Segunda precaución: ninguna reflexión acerca de la violencia histórica y social puede limitarse al examen de las temáticas del *poder*, por más descentrada o descentralizada que se la piense. La polisemia del término *Gewalt* nos ayuda a echar luz sobre ello, pues desde un primer momento excede, sin más, los límites de una teorización del «poder». Los asuntos del poder se hallan en el núcleo íntimo de lo que llamé economía de la violencia: hay una violencia primordial del poder, una contraviolencia dirigida contra el poder, o una tentativa de construir contrapoderes que adopta la forma de contraviolencia. Pese a ello, también hay niveles de la violencia que no gravitan en torno a la alternativa entre poder y contrapoder, aunque inevitablemente vuelven allí, y llegan a *infectarlos*. En este caso resulta difícil evitar las metáforas patológicas, ya que la representación misma del poder incorpora un concepto de la norma y de la normalidad. En este caso apuntamos a esa porción –en cierto modo *inconvertible*– más «excesiva», más destructiva y autodestructiva de la violencia, la que pone en juego no sólo, como en la dialéctica del espíritu, el riesgo de muerte para uno mismo que es el precio del poder y del poderío, sino el precio del apocalipsis atroz (*barbare*) y de la destrucción mutua. O peor aún.

Quizás un discurso de ese tipo esté en riesgo de caer en lo tautológico. Si decimos que cierta violencia es «autodestructiva» o irracional, que escapa a la lógica de fines y medios –recuerdo que algunas fórmulas similares se utilizaron, por ejemplo, a propósito de las «formas extremas» adoptadas por ciertas revueltas urbanas, con prescindencia de cuáles fueran sus móviles y causas perfectamente asignables, como en 1993 en Los Angeles, o en-

9. Louis Althusser, «Idéologie et appareils idéologiques d'État», en *Positions*. París, Éditions Sociales, 1976 [«Ideología y aparatos ideológicos de Estado», en *Ideología y aparatos ideológicos de Estado. Freud y Lacan*. Buenos Aires, Nueva Visión, 1988].

tre nosotros en esos suburbios donde se dice que impera «el odio»–, se debe simplemente a que tenemos la sensación de que ella escapa a la lógica de poder y contrapoder. Algunas veces es para confortarnos, otras para asustarnos a nosotros mismos, a veces también para idealizar nuevamente la violencia por otro cauce, por ejemplo, al valerse del término *sacrificio*, o bien, según el léxico de Bataille, «*dépense*» [consunción].[10]

Diré entonces, en contra de Foucault (o más bien en contra de una idea que algunos quisieron leer en él) que *hay poder*, e incluso un aparato de poder provisto de uno o varios «centros», por más compleja y múltiple que sea su constitución. Y por cierto el poder nunca es simple, nunca es estable, implantado aquí o allá por siempre, en tales o tales otras manos, en forma de tal o tal otro «monopolio». Pero siempre es simplificador, «reductor de complejidad», según la expresión popularizada por Luhmann. Puede reducir la complejidad, por tanto la diversidad (proceso ya violento por sí, en algunos casos), no sólo a causa de su fuerza material, que nunca bastaría para ello (o en sí aquél nunca bastaría para concentrarla), sino por causa de su trascendencia ficticia. Diré: por causa del «poder tautológico» y de la violencia simbólica de su propia *idealidad*, que se expresa precisamente en proposiciones idealizadoras tales como *Dios es Dios*; *La ley es la ley* (*Gesetz ist Gesetz*), que «encierran» lo absoluto en su perfecta identidad.[11] Pero una vez dicho esto, añadiré, para parodiar a Lacan desde Foucault: el poder no es todo, e incluso si es fundamentalmente «no-todo», es decir, deficiente, aun si incluimos en él su opuesto y su adversario, el contrapoder, es decir, la revolución y la revuelta, los movimientos «antisistémicos» (Wallerstein).

El contrapoder es todavía un poder, o al menos tiene el mismo tipo de vínculo con el espíritu, con la trascendencia.[12]

Para fijar las ideas, siempre con gran abstracción, y para tener en cuenta esa incompletud dialéctica de la *Gewalt*, nos hace falta un tercer término. La antítesis de la fuerza y de la violencia no nos bastará. ¿Qué tercera noción utilizar?

Cualquier opción es naturalmente en parte asunto de convención. Podríamos pensar en *terror*; pero eso en Francia conlleva una referencia

10. Se leerá en este caso el análisis de Jean-Luc Nancy, quien sostiene que el pensamiento de Bataille «fue acaso menos, en el límite, un pensamiento acerca del sacrificio que un pensamiento impiadosamente tensado, desgarrado, por la imposibilidad de renunciar al sacrificio»: L'insacrifiable, en *Une pensée finie*. París, Galilée, 1990, p. 86.

11. Cf. Stanislas Breton, «*Dieu est Dieu*: Essai sur la violence des propositions tautologiques», en *Philosophie buissonnière*. Grenoble, Jerôme Milton, 1989.

12. Esta fórmula es sólo aparentemente contradictoria: Hegel nos ayuda a comprender que el *vínculo* histórico de instituciones y fuerzas sociales con la trascendencia –que es todo excepto mera «mistificación», pues las colectividades viven de él tanto como del pan– no es en sí mismo trascendente, sino inmanente por completo.

histórica demasiado fechada, y demasiado limitada. Podríamos pensar en *barbarie*; pero prefiero evitar ese término, a causa de sus connotaciones etnocéntricas, ligadas al contraste entre barbarie y civilización. Se utiliza ese término cuando se considera que existe (o que ha existido) algo similar a «bárbaros», que podrían recobrar vigor entre nosotros.[13] Me valdré, pues, del término *crueldad*, y diré que la fenomenología de la violencia debe incluir, a la vez que su relación intrínseca con el poder, su relación con la crueldad, que es algo diferente.

Dicho de otro modo, la fenomenología del poder implica una dialéctica «espiritual» entre poder y contrapoder, entre Estado y revolución, entre ortodoxia y herejía. Toda la trayectoria de esa dialéctica está hecha de actos violentos y de relaciones de violencia. Pero ella incluye también, no en otro sitio o más allá, por fuera de los límites, sino en permanente imbricación con ese desarrollo, una manifestación de la crueldad, que es *otra* realidad, y una suerte de despuntar o de intuición de otro escenario. Y aunque parte esencial del problema sea comprender por qué el poder (ya sea Estado, dominación colonial, poder de los varones, patronal, etc.) debe ser no sólo violento, impetuoso, brutal, sino también «cruel» (o «feroz», «sádico»), es decir, por qué debe tomar de sí mismo y procurar a quienes lo ejercen un efecto de «goce»,[14] me parece que la principal dificultad proviene de que, en oposición a cuanto sucede en la dialéctica del Espíritu, no existe nada similar a un *centro de la crueldad*, ni siquiera un centro deportado o descentrado.[15]

Retomaré la terminología de Bataille y diré que en la crueldad hay algo intrínsecamente *heterogéneo*. La crueldad tiene una relación con las ideas y la idealidad (por tanto, con la *ideología*) que no es en modo alguno la del poder. Eso no quiere decir que no tenga ninguna. Acaso podríamos sugerir esto: la *Gewalt*, o violencia-del-poder, está en relación inmediata con las idealidades históricas porque, según el mecanismo en que se interesaron Hegel y Marx (uno para mostrar la necesidad de aquélla; el otro para criticarla), ya en la medida en que sirve a muy definidos *intereses* públicos y privados, no deja de materializar idealidades. Y con un segundo *tour de raison* debe constituirse a sí misma como fuerza capaz de

13. Se recordará la exclamación atribuida a Spinoza en ocasión del asesinato de los hermanos De Witt por la multitud revolucionaria: *Ultimi barbarorum*.

14. Cf. Slavoj Žižek, *L'intraitable. Psychanalyse, politique et culture de masse*. Anthropos, 1993. Del mismo autor: *The Metastases of Enjoyment. Six Essays on Women and Causalities*. Verso, 1994. [*Las metástasis del goce: seis ensayos sobre la mujer y la causalidad*. Buenos Aires, Paidós, 2003.]

15. Ese tema es filosóficamente –y políticamente– tan crucial que debemos plantear también el problema inverso: ¿todo pensamiento, toda representación de la realidad en tanto estaría radicalmente privada de centro o de núcleo íntimo, «público» o «privado», en las instituciones o en los individuos, no es un pensamiento y una representación de la crueldad como tal?

abatir las resistencias a la materialización de las idealidades, o a la encarnación de los principios ideales: ya sea Dios, la Nación, el Mercado, o cualquier otro. *A contrario*, las formas de crueldad están con la materialidad en una relación *sin mediación*, ya sea interesada o simbólica. En esa «nuda» relación algunas idealidades terribles *regresan*: pero se las despliega como «fetiches» o como «emblemas».

La idealidad cruel tiene esencialmente una dimensión no hegemónica o «ideológica» sino fetichista y emblemática. Podríamos acortar distancias entre lo anterior y la circunstancia de que en todo proceso de simbolización de las fuerzas materiales y de los intereses en la historia (condición para una representación: en ese aspecto, no hay cosa más simbólica que los relatos del Estado, de la Revolución, de la expansión comercial y colonial, del progreso tecnológico, etc.) siempre debe existir un *resto inconvertible* o un *residuo material de idealidad*, inútil y carente de «sentido».[16] Saber por qué ese residuo emerge fundamentalmente, si no únicamente, en forma de crueldad es –lo admito de buena gana– algo en extremo embarazoso para quien no se sienta dispuesto a desarrollar un razonamiento acerca del *mal*: entre otros motivos, para no tener que desarrollar simétricamente un razonamiento acerca del *bien*...

Mi intención no es discutir aquí en detalle la dialéctica del poder y su «residuo» de crueldad. Sin embargo, querría aprovechar todavía para, en primer lugar, recordar algunos de los «momentos» clásicos de esa dialéctica y, a continuación, volver a los enigmas de la crueldad, de modo que queden circunscriptos los motivos que nos impiden considerar hoy marginal o secundaria esa problemática.[17]

1. – La dialéctica de la *Gewalt* (o de la violencia-en-el-poder y de su «espíritu» propio) tal como la expusieron los grandes teóricos del «papel de la violencia en la historia», según el famoso título de Engels, quienes todavía podríamos llamar racionalistas de lo negativo y de la negatividad (el propio Hegel, Clausewitz, Marx, Weber), debe tomar como punto de partida el problema del *derecho* en sus dos dimensiones: elemento de violencia presente en todo momento en su imposición misma (o «fuerza de la ley»), y desarrollo de una fuerza legal, codificada, de un derecho a ejercer la violencia.

16. En cuanto al uso de la noción de «residuo», nos remitiremos a los análisis de Jean-Jacques Lecercle: *The Violence of Language*. Londres, Routledge, 1990.

17. Podríamos, por cierto, preguntarnos si la *única* dialéctica no es, no aquélla del poder y de la ideología, sino aquella que las confronta con su residuo de crueldad, *si pese a todo aún es una dialéctica*. En gran medida la filosofía francesa de la segunda mitad del siglo XX, después de Bataille, giró en torno a esa cuestión, a la cual no dio una respuesta unívoca.

Por un lado es la antinomia clásica resultante de que el poder de Estado tenga el monopolio de la violencia,[18] de las armas (o de ciertas categorías de armas, con considerables variaciones de tiempo y de lugar...),[19] en suma de que él *sustrae de la «sociedad»* la violencia y los medios de la violencia, tomándolos *por sí mismo* y *sobre sí mismo*. El sentido y las formas de esa antinomia, los misterios teológicos y políticos que oculta, fueron discutidos desde Hobbes hasta Kant, desde Weber hasta Derrida. Con todo, no lograrían ser aislados del otro aspecto, más cotidiano y «profano», el que atañe a la violencia codificada: represión, castigo, esclavismo antiguo y moderno, etc. Cada vez que nos proponemos estudiar situaciones concretas, como el funcionamiento de las cárceles, nos hallamos ante la dificultad prácticamente insuperable que existe para trazar una línea demarcatoria suficientemente inequívoca, *en el seno* del dominio de la ley, entre la «justicia» y la «violencia». Desde luego, en este caso no me refiero a legislaciones dictatoriales o totalitarias, sino a los sistemas civilizados y liberales «normales». En el fondo, lo que se da en llamar «violencia fundacional» y confiere al poder de Estado su carácter absoluto (o de monopolio ideal) necesita para existir (y mostrarse como signo y como medio de una fundación), no sólo –eso es evidente– ser idealizado o sacralizado, sino también ser *materialmente ejercido*, efectivamente puesto en práctica en ciertos lugares y tiempos, en ciertas «zonas» de la sociedad.

De ello derivan la importancia y la dificultad *moral* (no sólo moral, pues) de un problema como el de la pena de muerte; también el lugar que ocupa históricamente en la economía de la violencia legal. Pero no es lo único; como ya se sabe, en este caso estamos precisamente en los límites de la crueldad.

2. – Una dialéctica de la violencia debería proseguir con la constatación de que el enfrentamiento entre poderes y contrapoderes implica más que la manifestación ininterrumpida o episódica de violencia y contraviolencia, cuya eficacia de una y otra parte depende, en cierta medida, del poderío de sus justificaciones simbólicas, o si se prefiere del elemento ideológico «sublime» que incluye. Hay otra cosa, en efecto. Cuanto más

18. Acerca de esa expresión de Weber, retomada por Kelsen, y los problemas que plantea su interpretación, cf. en *Violence et politique (Colloque de Cerisy, 1994)*, cit., las aportaciones de Michel Troper («Le monopole de la contrainte légitime – Légitimité et légalité dans l'État moderne»), Jean-François Kervégan («Politique, violence, philosophie») y Catherine Colliot-Thélène: «Violence et contrainte».

19. Cf. Jean-Paul Brodeur, «Violence spéculaire (le problème du port d'armes aux USA)» y Christian Geffray, «La main sur le cœur, l'arme à la main (À propos des assassinats sociaux en Amazonie brésilienne)», en *Violence et politique...*, cit.

oímos a historiadores, filósofos, juristas, politólogos discutir con respecto a la violencia, mayor es nuestro convencimiento de que el principal –acaso único– esquema lógico y retórico que sirve para *legitimar* la violencia es el de la *contraviolencia preventiva*.

Toda *Gewalt* que necesita legitimarse debe presentarse a sí misma como el castigo o el rechazo de fuerzas arraigadas en la índole humana, o en determinadas condiciones sociales, o bien en creencias e ideologías, que habrían conmocionado o destruido un orden ideal, originariamente pacífico, no violento, o simplemente amenazarían con destruirlo.

Ese esquema puede aplicarse directamente, ser enunciado en términos positivos que asocian de manera inmediata descripción y prescripción, o puede remitir a un arquetipo mítico, a un modelo trascendental que siempre contiene ya el relato del antagonismo eterno entre Bien y Mal, orden y desorden, justicia y violencia, etc., y de sus episodios recurrentes. Desde luego, es posible cifrar el *Estado* en sí, o la autoridad espiritual, como potencia supremamente «violenta», destructora del orden ideal. Incluso puede suceder que las potencias establecidas se muestren como la encarnación por excelencia de la destrucción del orden natural o moral. Ésa es la fuente de juegos de espejos infinitos entre «sociedad» y «Estado», donde aparecerán términos tales como injusticia e ilegalismo, revuelta, revolución, etc.

Con todo, la consecuencia más importante según mi criterio es: si es cierto que en el nivel de los cimientos de la institución la violencia no puede justificarse más que como una contraviolencia preventiva, entonces debemos decir, también que lo conocido como «violencia», «desorden», «destrucción», etc., ya sean públicos o privados, individuales o colectivos, existe únicamente en tanto alguien anticipa ya la represión violenta de ello. En otros términos, lo que llamamos «violencia», las líneas demarcatorias que trazamos entre conductas reputadas violentas y las que no lo son: todo eso sólo es pasible de ser visto y de recibir una denominación retrospectivamente, en la recurrencia anticipadora de la contraviolencia. El Estado se constituye adquiriendo no sólo el monopolio de la constricción sino, según la expresión de Heide Gerstenberger, la «facultad (*puissance*) de definir».[20] Ahora bien, esa situación acarrea efectos innegables sobre el análisis de la violencia, la investigación acerca de sus manifestaciones y de sus causas, todo lo que hace que ella pueda ser conocida y ya siquiera pensada.

Un poder que se organiza por sí solo como contraviolencia preventiva (incluido el caso en que consiste en un poder insurreccional, revoluciona-

20. Heide Gerstenberger, «La violence dans la histoire de l'État, la puissance de définir», en *Violence et politique*, cit.

rio) necesita, innegablemente, *conocimientos* acerca de la violencia: tipologías jurídicas, explicaciones y armados de escenas sociológicos y psicológicos, estadísticas acerca de su avance o retroceso, etc. Sin ello, no habría orden público (*police*) ni política. Sin embargo, nunca aboliremos la sospecha –sobre todo cuando por nuestra propia parte, en tanto «investigadores», contribuimos a la acumulación de esos conocimientos– de que ellos llevan en su centro una mancha ciega, la cual proviene no sólo de que un saber de ese tipo está asociado al poder (eso sucede con todos los saberes), sino del esquema mismo de la contraviolencia preventiva, o del *restablecimiento del orden* en función (y en procura) del cual se lo demanda y produce.[21] Respecto de ese punto, entre otros, habría que retomar una discusión minuciosa con la modalidad en que Foucault reflexionó acerca de la «productividad del poder», precisamente en términos de conocimiento.

3. – Y, para concluir, una dialéctica de la *Gewalt* debe incluir una descripción de las formas de violencia más idealistas, más espirituales y aparentemente más «suaves» implicadas en la historia de las instituciones del poder. Se adquirió el hábito de designarlas con el nombre de violencia simbólica, expresión cuyo equívoco es notable. En un artículo reciente, Pierre Bourdieu cita un fragmento de *Maestros antiguos*, la novela de Thomas Bernhard, en el que educación y violencia de Estado se hallan identificadas. Así:

> La escuela es la escuela del Estado, en la que se convierte a los jóvenes seres en seres del Estado y, por consiguiente, buenos sólo para peones del Estado. Si iba a la escuela, iba al Estado y, como el Estado aniquila a los seres, iba al establecimiento de aniquilación de seres. [...]. El Estado, como a todos los demás, me obligó a entrar en él y me hizo dócil a él, ese Estado, e hizo de mí un hombre del Estado, un hombre reglamentado y registrado y domado y diplomado y pervertido y deprimido, como todos los demás. Cuando vemos hombres, sólo vemos hombres del Estado, *servidores* del Estado, como se dice con mucha razón, no vemos hombres naturales, sino hombres del Estado que se han convertido en completamente antinaturales, en calidad de *servidores* del Estado, que sirven durante toda su vida a la antinaturaleza.[22]

Todo proceso de instrucción elemental es un modo de *integrar* a los individuos a la estructura de la «hegemonía» a la cual me refería al co-

21. Lo es tanto más, por supuesto, en cuanto el Estado no es el único ni el último «demandante», sino que está en alternancia con la demanda de «la sociedad» y la formaliza una vez realizada, si no incita a realizarla. Esto daría pie a un debate pormenorizado acerca de las nociones de *paz social* (o de *consenso*) y de *seguridad*. De igual modo, habría que preguntarse cuándo la contraviolencia vira en represalia (*retaliation*), nueva «frontera» incierta de la violencia convertible y de la crueldad.

22. Thomas Bernhard, *Maestros antiguos. Comedia* [1985], versión castellana de Miguel Sáenz. Madrid, Alianza, 1990, p. 39 [Balibar utiliza la versión francesa citada por Pierre Bour-

mienzo. Esta consiste no sólo en una normalización de los sujetos, sino en una *confección* de su individualidad de modo que es portadora de los valores, los ideales de la sociedad. Si bien obra por medios intelectuales, eso no es exclusivamente un proceso de aprendizaje, una adquisición de capacidades, de saberes, de ideas, etc., que acuden a imprimirse sobre una «tabula rasa», tal como con amabilidad imaginaban el empirismo y el liberalismo clásicos.[23] Debe ser, por el contrario, la deconstrucción de una individualidad existente y la construcción de una nueva.

Pongamos a prueba esta expresión: hace falta que se produzca un *desmembramiento* para que pueda tener lugar un *remembramiento* o una refundación del espíritu. Y precisamente en tanto se desmembra y remembra el espíritu puede existir para aquél como un «cuerpo».

Lo anterior podría enunciarse en términos religiosos: toda educación es una «conversión». Eso nos reenviaría a una larga historia, que comienza en el «forzadlos a entrar» (*compelle eos intrare*) de san Lucas y san Agustín (al respecto, sabemos que pese a sus aplicaciones militares tuvo eminentemente un sentido espiritual) y llega a la escolarización obligatoria moderna y a sus crisis, ya sea de forma «autoritaria» o «libertaria». Por lo demás, las formas libertarias llegan a veces a ser en realidad las más violentas, porque endilgan al niño el fardo de efectuar el desmembramiento y el remembramiento, pidiéndole que sea su propio cirujano, mecánico y verdugo. En este caso debemos plantearnos de nuevo el problema acerca de aquello que –en la dialéctica de la *Gewalt*, hecha de violencia y de idealidad– puede virar en crueldad y en todo momento permanece suspendido por sobre simas de crueldad, percibidas o no. Y ya que citaba a Bourdieu sugiramos que hasta la situación descrita por él como más «ventajosa» desde la perspectiva de los logros escolares, la de los «herederos» burgueses, a quienes su familia proveyó implícita-

---

dieu en «L'État et la concentration du capital symbolique», en Bruno Theret et. al., *L'État, la finance et le social.* París, La Découverte, 1995, p. 73]. Lo sorprendente es que Bourdieu cita un texto que deja constancia de la educación (de Estado) –presentándola de manera «excesiva» como una auténtica crueldad– pero lo hace servir para algo completamente diferente: para demostrar un teorema epistemológico. Cf.: «la muy particular retórica de Thomas Bernhard, aquélla del exceso, de la hipérbole en el anatema, es muy conveniente para mi propósito de aplicar una suerte de *duda hiperbólica* al Estado y al pensamiento de Estado. Pero la exageración literaria siempre corre el riesgo de anularse a sí misma, al provocar su propia pérdida de realidad merced a su exceso. Y sin embargo hay que tomar en serio lo que enuncia Thomas Bernhard: para darse alguna oportunidad de pensar un Estado que todavía se piense a través de quienes se esfuerzan por pensarlo (como Hegel o Durkheim, por ejemplo), hay que proponerse la tarea de poner en tela de juicio todos los presupuestos y todas las construcciones previas que se hallan inscritos en la realidad que se procura analizar y en el pensamiento mismo de los analistas».

23. Es cierto que, por su violencia latente, la expresión «tabula rasa» implicaba igualmente la negación del idilio que ella permitía construir.

mente de «saberes previos» que precisamente la escuela requerirá de ellos, podría sin más ser la más ambigua de todas. Sin duda es socialmente provechosa; pero no es cierto que esté igualmente bien «protegida» en lo referente a las negociaciones de cada cual con la ferocidad de su propio superyó.

El derecho, la seguridad, la instrucción: acaso esos habrían de ser los momentos de la dialéctica del Espíritu, o de la mutua conversión de la violencia en poder, y viceversa. Si logré ser claro, lo que importa en una dialéctica como esa, cuya efectividad es innegable, es sobre todo la incertidumbre acerca de sus límites o de su sentido.

Volvamos ahora al problema de la crueldad. Dije antes que ese asunto me parecía particularmente actual. Pero debo convenir en que no estoy seguro de que los fenómenos en los que pienso aquí posean entre sí una auténtica unidad. Por ende, no intentemos imponerles una esencia común que sería puramente metafísica. No nos comportemos como si debiéramos vincularlas a la existencia del «mal», o alguno de sus sucedáneos. Por otra parte, podemos sospechar que esa heterogeneidad es la marca de las modalidades conforme a las cuales la crueldad se manifiesta en la experiencia histórica. Pienso ahora en dos tipos de fenómenos.

Por ejemplo, lo que se conoce como «exclusión» de los pobres en el seno de nuestras sociedades «postindustriales», que hoy nadie osa denominar ya «sociedades de abundancia», *affluent societies*.[24] ¿Qué factor tan desesperante posee?

Sin duda, un elemento, una «frontera» de la crueldad nunca estuvieron ausentes en las formas clásicas de explotación y desempleo. Eso nos recuerda (y la explicación de Marx al respecto es insuperable) que la economía capitalista no descansa sobre la mera explotación, sino sobre la *sobreexplotación* porque –tal como hubo demasiada tendencia a olvidar– es moralmente importuno, pero también porque en nuestros Estados «desarrollados» la lucha de clases y la política social no tienen como finalidad tender a eliminar las formas de sobreexplotación de hombres, mujeres y niños que transforman su trabajo en tortura, o devolverlos al «exterior». Al mecanismo de explotación y sobreexplotación Marx había ligado el análisis de un efecto de «superpoblación» cíclica o «relativa», que él interpretaba como un «ejército de parados en reserva» para el capital. La miseria «fisiológica» que hoy se extiende en el mundo «subdesarrollado» (o en esa parte del antiguo mundo subdesarrollado, dejado de lado por la «nueva industrialización», por ejemplo en África), aparentemente es de otra índole. La destrucción de las actividades tradicionales

24. Cf. Étienne Balibar, «Exclusion ou lutte des classes», en *Les frontières de la démocratie*. París, La Découverte, 1992.

combinada con el dominio de potencias financieras mundiales y de sus clientelas locales lleva a lo que, con una expresión extremadamente violenta en sí misma, Bertrand Ogilvie recientemente denominaba *producción del hombre desechable.*[25] Sin que nadie haya realmente «querido» ni «previsto» esa situación, millones de hombres son superfluos, desprovistos de *utilidad* y de modo de utilizarlos: sería preciso poder desembarazarse de ellos.

Así, se perfilan nuevamente perspectivas de eliminación y de exterminio que no son sólo violentas, sino específicamente crueles: en el horizonte de las carestías y de las guerras «civiles» o de los etnocidios alimentados por constantes ventas de armas (hay que licuar el excedente; y por añadidura el hombre desechable se extermina por sí solo), o de las condiciones en que el sida invade África desde el comienzo de la epidemia. Es cómodo, si no deseable, que la «naturaleza» contribuya a la eliminación del hombre desechable, a condición de que un cordón sanitario eficaz pueda ser alzado en torno a los continentes perdidos.

El «Norte» no conoce exactamente ese tipo de situación. Y pese a ello, el desarrollo de la «nueva pobreza» o de la *underclass* (lo que en épocas pasadas era llamado «proletariado», cuando ese término no connotaba una ideología o una dictadura, sino la extrema inseguridad de la existencia) adquiere allí formas que pueden denominarse crueles; en cualquiera de los casos, singularmente perversas. La segunda o tercera generación de jóvenes desempleados no llega *antes* de la institución más o menos completa de un «Estado social», sino *después* de su crisis y los primeros atisbos de su desmembramiento. Marx pensaba que el capitalismo sacaba provecho del desempleo cíclico para hacer que bajara el precio del factor trabajo y relanzar la acumulación. O bien él lo pensaba «dialécticamente» como *límite* del capitalismo, prestando testimonio de la necesidad histórica de otra organización social del trabajo. Él no preveía una situación en que millones de hombres superfluos son a la vez excluidos de la *actividad*, y mantenidos dentro de los límites del *mercado*. Claro está: el mercado mundial es un absoluto, sin exterior. Cuando uno está «excluido» de él, no puede buscar en otro sitio; no hay «América» posible donde establecerse para recomenzar desde cero. Esa es una situación que, lejos de preparar una superación dialéctica, un «fin de la historia», parece destruir sus bases objetivas. Y con ello, solamente dejaría subsistir la referencia a la *utopía*, es decir, al amor, o al *odio*.

25. Bertrand Ogilvie, «Violence et représentation: la production de l'homme jetable» (ponencia presentada en el coloquio *Violencia y traumatismos históricos*. Montevideo, 1994), *Lignes*, núm. 26, 1995.

Por otra parte, pienso en el regreso de las guerras «étnicas» y «religiosas». Son, por tanto, guerras raciales, ya que la categoría de raza nunca designó históricamente más que una combinación de esos dos factores, proyectados en un imaginario genealógico y biológico. Aparentemente contrarias a toda lógica de utilidad, ellas volvieron a introducir el genocidio en el mundo según el patrón de la Guerra Fría, tanto en el Norte como en el Sur: entre otros nombres, le dieron el de «depuración étnica».

Pero la depuración étnica no sólo es *practicada*; también es *teorizada*. Con ello, el «paso a la acción», la violencia exterminadora y sádica (las torturas, las violaciones colectivas, cuyo monopolio no es atributo exclusivo de Yugoslavia)[26] se presenta como puesta en obra de un guión en el que se combinan estrechamente lo fantasmagórico y la argumentación. Una violencia de ese tipo y su puesta en escena (ampliamente facilitada por la omnipresencia de la televisión: no caigamos en la ingenuidad de creer que esta última devela una crueldad que querría permanecer en secreto; al contrario, ella brinda una exhibición que forma parte de esa misma crueldad) hunden sus raíces en la historia del nacionalismo, y por consiguiente en el imaginario del Estado y de la forma nación. Sin embargo, ellas no son completamente inteligibles según la lógica del poder, según la economía de la *Gewalt*: antes bien, ellas marcan la irrupción de la crueldad. Nos hacen sentir un «malestar de la cultura» tanto más profundo que nos vemos obligados a reconocerlo como *déjà vu*.

Me he referido más arriba a la relación indirecta, enigmática, que nos vemos tentados a notar entre el subdesarrollo, la así llamada «superpoblación» –término que, hagámoslo constar, nunca evitará toda connotación de eliminación– y el desarrollo del sida. Esa asociación es obscena, pero es intencional, pues ahora nos lleva a buscar una formulación simétrica.

El *hombre desechable* es, ciertamente, un fenómeno social, pero que se muestra como casi «natural», o como la manifestación de una violencia en la cual los límites de lo que es humano y de lo que es natural tienden siempre a enmarañarse. Es lo que por mi parte llamaría una forma ultra-objetiva de violencia,[27] o incluso una *crueldad sin rostro*. Acaso así sea la auténtica «violencia sin sujeto», para tomar prestada la expresión

26. Cf. Harbans Mukhia, «La violence communautaire et la transmutation des identités», en *Violence et politique*, cit.

27. Cf. Étienne Balibar, «Violence et politique. Quelques questions», parte del Coloquio de Cerisy *Le passage des frontières. Autour du travail de Jacques Derrida*, bajo la dirección de Marie-Louise Mallet. París, Galilée, 1994. Haría falta decir, a la vez, que esos fenómenos parecen ser *contra natura* (si la naturaleza «no hace nada en vano») y que dan cuerpo a la idea de una *criminalidad de la naturaleza*. Esto último, según la extraña y provocativa fórmula de Sade. Desarrollé esas hipótesis en la serie de Wellek Library Lectures en la Universidad de Irvine, de próxima publicación: *Extreme Violence and the Problem of Civility*, Columbia University Press.

de Heide Gerstenberger.[28] Sin embargo, las prácticas y las teorías de la depuración étnica nos dejan antes bien en presencia de formas ultra-subjetivas, de una crueldad afín a la del rostro de Medusa, a la vez humano y sobrehumano. No es sorprendente que provoquen en nosotros la angustia de una suerte de «mutación» de la especie humana que habría pasado desapercibida, de una «frontera» invisible que habría sido cruzada involuntaria e inadvertidamente. Ellas desencadenan y hacen que «en lo real» surjan procesos que no pueden ser simbolizados por completo, los que en el léxico del campo freudiano se describirían como «originarios» o «preedípicos».

No es ésta la oportunidad para activar los mecanismos de una gravosa teorización metapsicológica. De todos modos, se hace necesario recordar el nexo entre esas dimensiones «excesivas» de la violencia social y su intensa sexualización, la cual en mi opinión no reviste tanto la índole de causa, o de «pulsión» sexual, como –a la inversa– la de exhibición de la sexualidad. Así puede percibirse en el caso de las violaciones terroristas en Yugoslavia o en la India. Al respecto, me resulta más interesante decir que la guerra y su propio «machismo» instrumentalizan la sexualidad –los hombres hacen de su sexo el instrumento de la violencia comunitaria–, antes que describir lo contrario: la violencia como expresión de una sexualidad masculina latente, intrínsecamente violenta, como sostendrían ciertas feministas.[29] Dicho de otra forma, el carácter «normalmente» sexuado y sexualizado de las prácticas humanas en todas las sociedades –incluidas las sociedades modernas, las cuales tienes sus propias formas de «censura (*refoulement*)» y «exhibición»– supera en este caso cierto umbral, al tiempo que las barreras de lo individual y lo colectivo, de lo real y lo imaginario, son borradas.

Eso ocurría, por supuesto, en el nazismo, y quizás en otros fenóme-

28. Heide Gerstenberger, *Die subjektlose Gewalt. Theorie der Entstehung bürgelicher Staatsgewalt*, Münster, Verlag Westfälischer Dampfboot, 1990.

29. La idea «feminista» (para nada generalizada) de una sexualidad masculina que sería intrínsecamente agresiva o sádica es de por sí paranoica. Tiende a privar de toda ambivalencia al sexo masculino, al mismo tiempo que imagina el acto sexual como fundamentalmente *colectivo*, exhibicionista, y no individual, «privado». Pero aun ese exceso puede darnos la pauta de algunas de las condiciones de la crueldad contemporánea y de la irrupción de formas de guerra en las que la «relación entre sexos» es en cuanto tal un «objetivo bélico»: son contemporáneas de un profundo y renovado cuestionamiento a la superioridad institucional de los hombres, que es un fenómeno mundial. Esas problemáticas fueron discutidas, entre otras, durante el seminario *La nation mâle*, organizado en 1994-1995 en el Collège International de Philosophie bajo la dirección de Rada Ivekovich y Michel Tort. Cf., asimismo, los libros de George Mosse, *Nationalism and Sexuality. Middle-Class Morality and Sexual Norms in Modern Europe*. Madison, WI, The University of Wisconsin Press, 1985; y de Klaus Theweleit, *Männerphantasien*. Hamburgo, Rowlt, 1980.

nos «totalitarios» de la historia. Sería preciso emprender una comparación pormenorizada entre todas esas prácticas, ora generalizadas, ora localizadas; ora «excepcionales», ora «corrientes». Releamos tan sólo un terrible relato de Rafael Sánchez Ferlosio en el que a modo de «preludio al quinto centenario del descubrimiento de las Américas» describía la forma en que los conquistadores españoles criaban razas «nobles» de perros provistos de grandes nombres y de genealogías paralelas a las suyas propias, destinados a la caza de indios. Prácticas similares (en las que se percibe cómo funcionan *a la vez* una identificación entre víctimas y verdugos con la «animalidad») acompañaron toda la historia de la esclavitud en las Américas y en otros sitios.[30] En cuanto a su carácter, no puede hallarse diferencia alguna entre esas formas de crueldad y aquellas, también plenamente ritualizadas, que ejercieron los nazis, y en especial las SS.

Sin embargo, hay una: los conquistadores o los patrones de las haciendas esclavistas vivían, actuaban y gozaban –si bien en los bordes, en su «periferia»– dentro del marco de una *hegemonía* reconocida, por tanto bajo la autoridad de una cadena de idealidades extremadamente poderosas. Eran las idealidades de la religión cristiana y de su propio mesianismo, las del derecho, de donde obtenían la posibilidad de subsumir su propia crueldad en las formas de una «civilización», de conducirla a los límites de una violencia material que puede ser controlada, es decir, calculada e idealizada. Sin embargo, para convencerse de que peligrosamente en ese caso media poca distancia entre lo mismo y lo otro, basta con releer una novela como *¡Absalón, Absalón!*, de Faulkner, que no tiene otro tema que ése. Al igual que, más arriba, yo recordaba esas formas de violencia legal o codificada que constantemente rebasan su ámbito e ingresan en la crueldad, debemos plantearnos ahora el problema de la frontera entre la crueldad «pura» –si es que existe– y la institución, la «civilización», el «espíritu». Justamente esa frontera es interesante, por enigmática.

No emitiré conclusión alguna; sólo plantearé dos problemas finales:

En primer término, ¿cuáles son las instituciones (aparatos y poderes de Estado, formas de acción revolucionaria o de «contrapoder») a cuyo respecto podríamos imaginar que circunscriben hoy la crueldad, retomando, así, la dialéctica de fuerza y violencia (de la *Gewalt*) en el ámbito de la mundialización? (O bien, si se prefiere: ¿cuál sería la forma del «Espíritu del mundo», cuando la mundialidad ya no es un horizonte que hay que alcanzar, sino un hecho consumado?)

En segundo lugar, si se supone (como por mi parte admitiría) que la

30. Rafael Sánchez Ferlosio, «Lâchez les chiens. Prélude au 500ème anniversaire de la découverte des Ameriques», trad. fr. *Les Temps Modernes*, núm. 509, diciembre de 1988. Cf. también Louis Sal-Molins, *Le Code noir ou le calvaire de Canaan*. París, PUF, 1984.

contrapartida de las experiencias de la crueldad siempre es alguna avidez de *idealidad* especialmente imperiosa, ya sea en el sentido de los ideales *no violentos* o en el sentido de los ideales de *justicia*, cómo habremos de arreglárnoslas con esa finitud insuperable, a la vez obstáculo y condición de la vida social (o de la civilidad). Sin ideales no hay liberación ni resistencia a las peores formas de la violencia, sobre todo resistencia *colectiva* (pero una resistencia que no llegara a ser colectiva se vería en dificultades para ser una resistencia). Sin embargo, no puede haber en ello ninguna garantía referida al «buen uso» y al «mal uso» de los ideales. Expresémoslo mejor: existen distintos grados en la violencia que acompaña la formulación y la puesta en práctica de los ideales, pero no hay grado cero. No hay, entonces, no violencia. No deberíamos olvidarlo, mientras nos sublevamos contra el exceso de las distintas formas de violencia.

7. GLOBALIZACIÓN/CIVILIZACIÓN

Coloquio entre Étienne Balibar, Jean-François Chevrier, Catherine David y Nadia Tazi.

I[1]

JEAN-FRANÇOIS CHEVRIER: Para un filósofo como usted, proveniente de una tradición marxista eminentemente francogermana, plenamente conocedor de la importancia del Estado, y convencido por los análisis geopolíticos y demográficos de Fernand Braudel, la problemática de la ciudadanía no es exactamente obvia. ¿Cómo llegó usted a ese punto? Usted propuso disociar ciudadanía de identidad nacional, después de identificar el componente racista inherente al Estado-nación.

ÉTIENNE BALIBAR: Permítanme recordar un hecho teórico y político-biográfico: yo formaba parte de la escuela de Althusser. Althusser no es el único en haber analizado las principales articulaciones del marxismo; pero ese tema era una poderosa obsesión para él. Nos decía: «Estudien la epistemología del marxismo como otros estudiaron la epistemología de la física, de la biología». Una epistemología de ese tipo procede así: uno toma un sistema conceptual dado y se pregunta qué es capaz de pensar, qué es incapaz de pensar aquél. ¿Dónde se hallan sus límites intrínsecos? En suma, nada de improvisación, ni de *bricolage*. Lleva algún tiempo comprender, en contra de nuestros propios intereses políticos, que el Estado, la política, la ciudadanía y la relación de la ciudadanía con la nacionalidad no eran objetos futuros para la teoría marxista sino que eran inaccesibles para dicha teoría; no eran sólo momentáneas manchas ciegas sino los límites absolutos de cualquier posible teorización maxista. No por obra del tan denostado reduccionismo económico marxista, sino por su componente anárquico.

1. Publicado originariamente en *Documenta X – the book: politics poetics*. Idea y concepción de Catherine David y Jean-François Chevrier. Ostfildern, Cantz, documenta y Museum Fridericianum Veranstaltungs de Kassel, 1997.

No soy anarquista. Al contrario, pienso que Marx iba mucho más allá del anarquismo, y que después de él los marxistas pagaron un precio alto por su sueño de hacer caer el Estado. Incluso el propio Marx se consideraba más anarquista que Bakunin: allí donde Bakunin derribaba el Estado con palabras, al grito de «¡Abajo el Estado!», Marx proponía derribarlo en los hechos, valiéndose de la lucha de clases. Pero todos sabemos qué sucedió: el discurso del ocaso del Estado hizo surgir una práctica que sustentó un importante Estado. Siento la tentación de decir que el Estado no es un dato social sino una institución, también que es producto –en el sentido de condensación, una cristalización, como explicó Poulantzas–[2] de la acción combinada de factores heterogéneos: por un lado, poder económico; por el otro, lo simbólico y lo imaginario, que el marxismo se proponía «aprehender» en el concepto de ideología, pese a que estos factores no sean en modo alguno mero reflejo de la actividad económica. Con lo que contamos es, tal como planteó Freud, con «otra escena», otra causalidad que es tan poderosa como la primera. Notamos en la historia que cada una de esas cadenas causales produce efectos en la escena de la otra. Las tendencias económicas ejercen su presión, pero nunca producen los efectos que podrían esperarse de una pura deducción económica; tan sólo producen efectos gracias a que entran en juego fuerzas ideológicas. Por el contrario, el mundo no es movido por ideas; las fuerzas ideológicas no producen efectos por sí solas sino porque se introducen en ciertas coyunturas de la lucha de clases. Un marxismo que reduce esa complejidad causal está necesariamente en un error, tanto como un marxismo que niega las causas económicas. Me convencí de que uno debe buscar mecanismos de diagnóstico sutiles, antes que proceder sistemáticamente por deducción.

En suma, el marxismo no permite comprender la ciudadanía porque no comprende el Estado. La ciudadanía tiene un aspecto «insurreccional» y otro «constitucional», tal como tiene aspectos individuales y colectivos, indisociables entre sí. En todo momento existe un inestable equilibrio entre oposición al Estado (por ejemplo, la desobediencia civil) y democratización del Estado, control del poder por parte de instituciones. De todas formas, el marxismo logra entender la economía-mundo, por intermedio del trabajo de Immanuel Wallerstein, amigo e interlocutor de Braudel. De hecho, lo más impactante en el propio Marx es exactamente eso: la idea de que el desarrollo del capitalismo es un proceso mundial, que debe ser estudiado y descrito formalmente a escala planetaria. Desde luego, actualmente el término «globalización» es usado en todas partes; pero para el marxismo esa idea no marca una ruptura radical. Quienes tenemos en-

2. Véase Nicos Poulantzas, *L'État, le pouvoir, le socialisme*. París, PUF, 1981. [*Estado, poder y socialismo*. Madrid, Siglo XXI, 1980.]

tre 50 y 60 años tuvimos la suerte de completar nuestra educación en la época de los movimientos antiimperialistas, en solidaridad con el movimiento por la independencia de Argelia y con la lucha vietnamita. Ya hace mucho tiempo hemos aprendido que la arena de la política mundial, en cuanto la política es determinada por fuerzas capitalistas y anticapitalistas, es el sistema-mundo.[3]

J.-F. Ch.: En sus dimensiones más amplias, el problema de la ciudadanía responde a dos fenómenos a los que nos vemos enfrentados actualmente. Por un lado, somos testigos de un rápido incremento del racismo en los antiguos Estados-nación. Eso no debería sorprendernos demasiado. Usted mismo localizó el componente racista del Estado-nación, y con ello resaltó la urgencia de redefinir la ciudadanía. Por el otro lado, vemos cómo se debilita la hegemonía del modelo de Europa occidental, al tiempo que su extensión disocia de principios bastante diferentes de regulación sociopolítica una norma del desarrollo capitalista. Marx conoció el capitalismo y el Estado nacional, pero no vio el Estado empresarial. Hoy vemos esa nueva figura de Estado, que suele funcionar en formas antidemocráticas o predemocráticas, aparentemente con el consentimiento de la población involucrada. Pienso específicamente en los «tigres asiáticos». Allí, nuestro modelo europeo parece muy lejano. Pero, ¿cómo llegó usted a repensar la problemática de la ciudadanía?

É. B.: Es cierto que al comienzo de la década de 1980 yo no tenía mucho para decir acerca de la ciudadanía. Comencé a reflexionar al respecto gracias a la combinación de dos factores. El primero nada debe a mi iniciativa personal: fue el movimiento de los jóvenes *beurs*, u hombres y mujeres franceses de origen árabe, en 1983-1984. Los valores a los que estos jóvenes apelaban y la terminología que usaban eran fundamentalmente los valores y el léxico de la ciudadanía, una combinación adaptada a la coyuntura de libertad e igualdad. En este caso, la libertad tomaba la forma de lo que se dio en llamar «derecho a la diferencia». Sin embargo, lo que me impactó fue que ese derecho a la diferencia nunca se planteó de una forma exclusiva y abstracta, sino más bien como un reclamo de reconocimiento en el espacio público. Ellos simplemente decían «Exis-

3. Para un planteamiento introductorio, véase Immanuel Wallerstein, *Historical Capitalism*. Londres, Verso, 1983 [*El Capitalismo histórico*. Madrid, Siglo XXI, 1998.]. Para un desarrollo completo de esta idea por parte de Wallerstein, véanse sus volúmenes *Thew Capitalist World-Economy*. Cambridge, Cambridge University Press, 1979; *The Politics of the World-Economy*. Cambridge, Cambridge University Press, 1984; *The Modern World-System*, vol. III: *The Second Era of Great Expansion of the Capitalist World-Economy, 1730-1840s*. Nueva York, Academic Press, 1988 [*El moderno sistema mundial* (Obra completa). Madrid, Siglo XXI, 1997].

timos». Eso era cualquier cosa menos una forma de decir «Rechazamos el sistema político republicano. Queremos enclaustrarnos en nuestra propia cultura». En lugar de ello fue cuestión de volver esa «cultura» una expresión y una interpelación, una herramienta para comunicarse con los demás. Un marxista corto de miras podría decir entonces que declaraciones de ese tipo forman parte de una ilusión política, una ideología. Pero yo estaba convencido de que nada ganaríamos si intentábamos retraducir lo que se había expresado en términos de ciudadanía a otro léxico, supuestamente más cuidado, más científico.

El segundo factor determinante llegó de una reflexión acerca del comunismo y su rol histórico, no en el mundo en general sino precisamente en un país como Francia. Tuve la sensación de que esa reflexión podía incluir una redefinición de la ciudadanía, que retomara la noción de Maquiavelo de «función tribunicia»[4] y la extendiera, con ciertos ajustes, a la lucha de clases completa y al movimiento de los trabajadores. De hecho, el movimiento de los trabajadores precisamente cumplió ese rol como un tribunato de la plebe o popular, con un léxico comunista influido por la tradición anarcosindicalista en Francia, pero también con un lenguaje completamente distinto en Inglaterra. La idea es que bajo la presión de la lucha de clases el sistema crea una forma de participación colectiva y de conciencia política tal que ciertas personas que no pertenecen a la clase dominante de todas formas son capaces de participar en la institución democrática de lo político, en algo similar al juego de «gana el que pierde». En ese juego, uno mantiene el discurso de la revolución, pero aspira a la reforma: uno fuerza para que se reconozca cierta cantidad de intereses materiales (sistemas de retiro, asistencia médica) en paralelo con el derecho a ser considerado en cierto nivel parte de una sociedad de iguales. Marx satirizó ese discurso: pensaba que hacer creer a los trabajadores que eran iguales era una forma de burlarse de ellos y sobornarlos. Pero se equivocaba, porque hoy vemos que la ausencia de cualquier discurso por el estilo culmina en una privación de derechos y dignidad, una reducción a una impotencia colectiva. Desde ese punto de vista, existía la tentación –yo mismo la sentí, por eso escribí *Les frontières de la démocratie*–[5] de combinar el tema de la lucha de clases y el de la libertad, sin reducir uno al otro, sino mediante una demostración de que el grado de ciudadanía ganado o impuesto en cierta coyuntura histórica nunca habría sido obte-

4. Esta idea está tomada del trabajo de Georges Lavau *À quoi sert le parti communiste français?* París, Fayard, 1981, que a su vez remite al *Discorso sulla Prima Deca di Tito Livio*. [Lavau menciona como características del PCI las funciones *tribunitienne*... Respecto de la *utilità del Tribunato*, Maquiavelo (*Discorsi*, II, 50) afirma que «no era sólo frenar la ambición que los poderosos empleaban para con la plebe sino incluso la que ellos empleaban entre sí»].

5. Étienne Balibar, *Les frontières de la démocratie*. París, La Découverte, 1992.

nido o impuesto por fuera de formas específicas de lucha de clases, también una demostración de que en sí la lucha de clases es una lucha política, no sólo social. Uno puede recordar la frase de Engels, «los trabajadores son políticos por naturaleza», que sigue el modelo de la definición aristotélica de lo político, y no significa otra cosa que «los trabajadores son ciudadanos por naturaleza». Evidentemente, no dejé de pensar que la ciudadanía es un tema importante; pero hoy ya no estoy seguro de que sea el único aspecto del problema de la política. Violencia, conflictos identitarios, y sobre todo la combinación de ambos, nos obligan a reflexionar en otras dimensiones. Creo que a lo largo del problema de la ciudadanía social y política se presenta asimismo el problema de la civilidad; es más, que ambos están íntimamente imbricados.

J.-F. Ch.: Sí, precisamente porque el nuevo relativismo en lo atinente a los modelos del Estado-nación y las nuevas formas de Estado que trajo la economía-mundo nos permiten plantear de manera más radical la problemática de la identidades.

CATHERINE DAVID: Podemos recordar, entonces, que el problema de la identidad sigue a grandes rasgos dos patrones. Por un lado, se presenta la tendencia angloamericana a concebir la identidad como un envoltorio, con una colección de ítems heredados: entre otros, color, clase social. Por el otro, la tendencia tradicional, dialéctica que considera que la identidad es un proceso. Sólo hubo intentos de reabrir el problema de la identidad como base del sujeto en psicoanálisis, para mostrar que el problema de las minorías debería reubicarse en la dimensión intersubjetiva. En ese caso, los indicadores preestablecidos no son necesariamente los más persuasivos, ni los más activos.

É. B.: En cualquiera de los casos, la problemática de la identidad es objetivamente difícil, pues no está en condiciones de resolverse con un discurso a favor de la identidad o con un discurso en contra de ella. La dicotomía abstracta –culturalismo o universalismo– hoy omnipresente, es completamente estéril. Incluso los trabajos de Deleuze que cito de buena gana, cuya enorme inteligencia consiste en no trabajar con el término «identidad» sino con los términos «minoría» y «devenir» están sin embargo asediados por la presencia fantasmática de la disolución de las identidades, o al menos su fluidez.[6] Con todo, las identidades culturales o etnoculturales cuyos modelos actuales usted acaba de recordar no son los únicos que tengo en mente. La religión en cuanto tal no es exactamente

6. Véase Gilles Deleuze y Félix Guattari, *Mil Mesetas: Capitalismo y esquizofrenia*. Valencia, Pre-Textos, 2004.

cultura en el sentido de *Bildung*; tampoco en el de *Kultur*. Otro tanto sucede con la nacionalidad. Son identidades objetivas *y* subjetivas más cercanas a lo simbólico; pero por otra parte la cultura en gran medida tiene que ver con lo imaginario. Una vez dicho esto, el interrogante acerca de los motivos por los que cierto grupo prevalece sobre los demás, y por qué eso se produce al someterlos y naturalizarlos (*in domesticating them*) es un interrogante histórico: no puede darse una respuesta deductiva. Tiendo a pensar que en un primer momento las percepciones que tenemos de esos problemas son constantemente distorsionadas por inclinaciones etnocentristas. La signación de identidades es completamente proyectiva; en la inmensa mayoría de los casos, la identidad es vista en el otro pero no en uno mismo, excepto después de una transición al estadio en que la identidad se torna una consigna para la atribución del poder, en cuyo caso se vuelve agresiva, defensiva, o ambas cosas a la vez. La forma extrema de este proceso es la autorracialización. Por eso coincido bastante cuando ustedes hablan de un proceso de identificación, aunque pienso que los que nos ocupan siempre son fenómenos de identificación, pero no se limitan a identificaciones étnicas.

NADIA TAZI: ¿No piensa que el verdadero contexto de la crisis afecta la manera en que se plantea la problemática de la identidad? Me pregunto si no hay una analogía entre la cuestión de la identidad y la del cuerpo, en el sentido de que nadie se preocupa por hallar una definición de qué es salud mientras no está enfermo...

É. B.: Sin entregarnos a un juego de deconstrucción, podríamos haber comenzado con la pregunta acerca del significado de crisis. ¿Qué anda mal? ¿Cuándo sabemos que anda mal? Desde luego, el sufrimiento, el malestar, la enfermedad se expresan a la vez silenciosa o violentamente, y son irrefutables, innegables. Por otra parte, en el ámbito de la vida social o colectiva, e incluso en sus dimensiones cultural y estética, uno se ve obligado, sin embargo, a preguntar *quién* expresa el malestar, en qué idioma, por qué motivos, etc. Y *para quién* se formulan esos diagnósticos.

Lo cierto es que la «normalidad» no puede separarse de la jerarquización de las identidades. Los grandes mecanismos hegemónicos, racionales, político-filosóficos, precisamente los hacedores de normalidad, con el consenso del grupo en cuestión –por ejemplo, las religiones universales, o el secularismo democrático– son mecanismos no totalitarios. Como confunda toda dominación con totalitarismo, uno termina por verse indeciso entre ambas. No obstante ello, es verdad que cuando esos mecanismos entran en crisis, uno de los elementos que desestabiliza nuestra visión de la historia es una toma de conciencia acerca de que la sucesión cíclica de crisis y etapas orgánicas, o bien etapas de «normalidad», ya no se condice con los tiempos. Por su parte, la globalización nos obliga a tomar conciencia de que la universalidad religiosa todavía está en crisis: nunca dejó de estarlo, y es posible que nunca deje de estarlo. E incluso exactamente al mismo tiempo la universalidad secular –esto es, una universalidad fundamentalmente política o jurídico-política, cuyos principios son el Estado-nación y la formación de individuos con la asistencia de derechos, ciencia, educación, y ciudadanía– también está en crisis. En suma, una de las dos crisis está comenzando, la otra prosigue, y ambas son coincidentes. Algunas personas intentan desterrar una negando la otra: somos testigos de un llamado «retorno de lo religioso» (para usar una expresión de moda entre sociólogos y politólogos), en el punto exacto en que colapsa lo político. Otras, por el contrario, se vuelven hacia un fundamentalismo democrático, porque lo religioso entraña un riesgo. Pero sin duda un aspecto sobresaliente del problema de la identidad individual reside en que esos mecanismos son especialmente mecanismos para construir identidades colectivas. Aunque pueda confundírseme con un conservador, diré que esa fluctuación absoluta, la anarquía de las identidades, no es viable para los sujetos involucrados más que el totalitarismo o la coerción absoluta.

En mi opinión, el mecanismo de identificación siempre es el mismo. La idealización de la comunidad nacional o cuasi nacional siempre procede del mismo modo. No debe pensarse que las más sangrientas y las más atroces (*barbaric*) o más opresivas formas carecen del idealismo que suele asociarse al término «patriotismo». No es mi intención amalgamar todos los fenómenos de patriotismo, nacionalismo, etnocentrismo y culturalismo como si considerara que todos produjeron en todas partes los mismos efectos. De todas formas, debe decirse que no existe una línea demarcatoria trazada de manera definitiva entre el «bien» y el «mal». Ahora bien, llama la atención notar que especialmente entre los historiadores pero también entre especialistas en filosofía política, sin excepción se pone en práctica el mismo razonamiento esencialista: una cosa es nacionalismo, otra patriotismo, y ambas no deben confundirse. Esa idea tiene especial difusión en Francia, donde el patriotismo está imbuido de su propio universalismo, con sus lazos con la «patria de los derechos del hombre». Sin embargo, lo que brinda el material para nuestra reflexión política ahora no son los esquemas teóricos, sino el análisis de circunstancias concretas. Algunas determinan las identidades hegemónicas; otras marcan el deslinde entre un patriotismo o nacionalismo liberador y un patriotismo o nacionalismo opresivo. «Todo depende de las condiciones», como decía Althusser.

En ese sentido, Wallerstein demuestra estar muy acertado al adoptar los modelos inmediatamente globalistas de Braudel, en los que la forma política no se estudia por sí sola en aislamiento, sino en cuanto fruto de ciertas condiciones concretas. El Estado-nación de tipo europeo es una forma política que sólo era capaz de imponerse bajo ciertas condiciones a las regiones dominadas del sistema-mundo, mientras que en los restantes sitios seguía resultándole imposible. Estaba estructuralmente vinculado con «desfasajes de desarrollo». No obstante ello, el dogma político de colonialismo y poscolonialismo predicaba que si era posible en un sitio lo era en todas partes. Acaso hoy la situación tienda a revertirse: el Estado-nación se vuelve «periférico».

J.-F. Ch.: Sin embargo, en el contexto de la globalización, la forma del Estado-nación tiende a verse relativizada. Somos testigos de cómo vuelven a estar en vigencia las ciudades-estado, fenómeno regional. Las antiguas formas se disuelven, y simultáneamente se forman entramados de todo tipo de nuevas entidades, nuevas dimensiones, con gran desarrollo en zonas de Asia. Correlativamente, la definición del Estado experimenta un desplazamiento objetivo tal que la noción de Estado cada vez más se aparta de la de nación, incluso si no se la anula. Basta mirar a Singapur, que es un auténtico Estado. También podríamos tomar como ejemplo Los Ángeles, donde una comunidad «chinoestadounidense» que ni siquiera aspira a tener participación política en la nación americana sostiene una economía que funciona en red con Hong Kong y Singapur tanto como con otros lugares en territorio nacional. La identidad de esa comunidad es estadounidense en el sentido cultural del término, al menos si se toma en consideración la cultura estadounidense para desarrollarla a lo largo de un proceso de hibridación. Y en realidad esa comunidad no puede configurarse dentro del esquema formal del Estado-nación, sino dentro de una red de intereses económicos e identificaciones culturales. ¿No es ése un viraje sustancial en la problemática de las identidades? ¿Estaremos en condiciones de articular una respuesta con el léxico filosófico que nos es propio en Occidente? ¿El modelo occidental de ciudadano, y preeminentemente el europeo, con su ideal de apertura hacia el otro, nos brinda algún anclaje en esta realidad inédita?

É. B.: La dificultad que se presenta en el momento de dar una respuesta es que tal como aquellos que expresan su parecer acerca de la inmigración y acerca de la crisis del Estado-nación, yo puedo únicamente emitir mi juicio a partir de la tendencia observable en el momento actual. Sin embargo, toda tendencia suscita «contratendencias». Ninguna tendencia individual está plenamente plasmada, y casi podría decirse que ésa es una ley histórica que en un planteamiento «materialista» nunca debería dejarse de lado. No creo estar en posesión de ningún diagnóstico privilegiado o de herramientas predictivas al respecto. Mi trabajo tiene lugar en un «segundo grado». Es deconstructivista, incluso «talmúdico». Involucra a las categorías que nuestros contemporáneos están aplicando a problemas de esa índole. Llegados a este punto, lo más impactante para la opinión pública es que las comunidades asiáticas en California están más bien en la era posnacional, en el sentido de que el espacio en que están ubicadas, el cual las determina y les asigna una función, ya no es el espacio estadounidense, sino un espacio transpacífico. Eso no significa que su peculiar posición preanuncie el futuro del mundo. Con todo, es un indicio entre varios otros de que las identidades nacionales ya no son hegemónicas, ya no son las únicas en «regular» el sistema de lazos sociales.

J.-F. Ch.: Sin embargo, en cualquiera de las redistribuciones que uno elija tomar en consideración subsiste una dimensión europea en la que la identidad etnopolítica también está en riesgo.

É. B.: Recientemente intervine en un debate con sociólogos y militantes francoárabes acerca de la «nueva ciudadanía», designación para una ciudadanía que roza el marco del Estado y por ende también el marco puramente nacional, que se desplazan simultáneamente más allá y más acá de aquél.[7] Por un lado, tenemos la idea de las *Bürgeninitiativen* trasladadas a términos franceses, los términos del movimiento asociativo y de la sociedad civil; por el otro, tenemos la ciudadanía europea. Por distintos motivos, intenté teorizar la ciudadanía europea: ¿es posible? ¿En qué condiciones? ¿Dónde se encuentran sus adversarios?[8] El adversario de la ciudadanía europea es el nacionalismo de cada uno de los países europeos. Por mi parte, intenté demostrar que si el nacionalismo no altera su posición, si la gente sigue satisfecha con el *statu quo*, en primer término el resultado será un *apartheid* a escala europea y en segundo término todo ese asunto virará hacia el fracaso. Todavía estoy dispuesto a escribir, como hice en la década de 1980, acerca de los derechos electorales de los inmigrantes; pero es verdad que no estoy seguro de que el problema de la esfera pública o política a escala europea sea únicamente un problema de ciudadanía, por más que entendamos ciudadanía cono algo mucho más abarcativo que el problema del derecho al voto y de los documentos de identidad. Me gustaría mantenerme alejado de los ripios falsamente «gramscianos» que consisten en adicionar el consabido suplemento: decir que el problema no es sólo político, sino también cultural.

7. Saïd Bounama, Albano Coreiro y Michel Roux, *La citoyenneté dans tous ses états: de l'immigration à la nouvelle citoyenneté*. París, L'Harmattan, 1992.

8. Véase Bruno Theret (comp.), *L'État, la finance et le social: Souveraineté nationale et communauté européenne*. París, La Découverte, 1995.

En ese caso, el filósofo es un *bricoleur*. Intenta ajustar viejos conceptos al asignarles una nueva configuración. Actualmente intento abordar en principio la idea de que lo cultural y lo económico no necesariamente van de la mano. Volvamos al ejemplo al que aludimos hace un momento: las comunidades californiano-asiáticas que viven juntas en un espacio transpacífico. Ahora bien, la civilización asiática se cuenta entre las de mayor poderío que la historia mundial ha producido. Demostró ser capaz de preservar los símbolos de un lazo social específico; y lo que por ahora es una herramienta para resistir y para afianzar la cohesión interna más tarde puede volverse un instrumento de adaptación y de expansión económica. Esa observación es válida para todo tipo de comunidades a lo largo de la historia. Lo que era verdad para el minero católico polaco que vivía en Lorena en la década de 1930, en cierto contexto europeo y con ciertos objetivos de solidaridad de clase, también es verdad –o incluso lo es con mayor intensidad– para los chinos que migran dentro del marco de la internacionalización del comercio en el área del Pacífico y, así, abre repentinamente algunas de las clausuras del ámbito estadounidense. Pero eso hace aún más necesario ser claro respecto de qué entendemos por «cultural».

Fundamentalmente, el término «cultural» se usa para designar el vínculo estrecho entre las formas de vida de un grupo y las representaciones que son el espejo de su autorreconocimiento. Por eso hablamos de «distancia cultural», «crisis cultural», «explosión cultural», etc. Ahora bien, tiendo a pensar que ese patrón no es conducente, y en aras de mi *bricolage* teórico procuro incluso usar un modelo inspirado por las tres funciones que proponía Lacan: lo real, lo simbólico y lo imaginario.[9] Si lo real es lo económico, entonces hay algunos procesos de extrema violencia para reestructurar grupos sociales y humanos. Desde luego, la lucha de clases no ha desaparecido; pero es posible que se haya internado aún más en un relativo trasfondo. El principal fenómeno de lo «real» actualmente es la globalización. Cada vez hay más minorías; los intereses colectivos de grupo ya no se sitúan en el interior de los Estados, sino en espacios más amplios, y son objeto de una impetuosa reestructuración. Hay algunos que se adaptan bien a la trasnacionalización, y otros que no; de estos últimos puede esperarse reacciones violentas.

Por otra parte, se presentan los así llamados fenómenos «culturales». En esta coyuntura considero de suma importancia diferenciar entre distintos factores. Cuando, por ejemplo, la gente habla de «americanización», los puntos de fricción más intensos no se encuentran en la dimensión cultural; hay una cultura estadounidense al igual que hay una cultura europea...

9. Véase en este volumen mi ensayo sobre «Los universales», pp. 155-185.

J.-F. Ch.: ¿Esos puntos de fricción involucran lo que los estadounidenses llaman *pop culture*: no el arte pop, sino los medios masivos, y cierto estilo de vida determinado por su identificación con las normas de los medios?

É. B.: Sí. En mi vademécum lacaniano, lo denomino lo imaginario, las identificaciones. Pero los elementos más condenables no provienen de lo imaginario; provienen de lo simbólico, esto es, de los parámetros utilizados para definir a un sujeto humano, que siempre tiene pretensiones de universalidad y nunca existió de manera aislada. Por ejemplo, escribí un texto acerca de las «fronteras de Europa» en el momento en que el calurosamente debatido juicio acababa de cerrarse en Inglaterra con la sentencia a reclusión perpetua contra dos niños, de seis y siete años de edad, por haber dado muerte a un tercer niño, aún más pequeño.[10] En ese texto, enfaticé cómo ese juicio estaba evidentemente inscrito en cierta concepción de subjetividad humana y en problemáticas tales como qué es un niño, qué es un adulto, qué significa ser educado, qué significa castigar. La tradición jurídica británica y la tradición predominante en Francia corren el riesgo de mostrarse absolutamente incapaces de comprenderlas. Eso es lo que llamo no diferencia cultural sino *diferencia simbólica* o un *rasgo de civilización* distintivo. Considero que hay otros ejemplos del mismo tipo, que en última instancia vuelven impensable la idea de unificar los sistemas judiciales, especialmente en el caso del derecho penal, con las concepciones anglo-americanas por una parte, y por la otra las francogermanas. Pese a las innegables dificultades, siempre será posible unificar la legislación del comercio; por el contrario, definir «crímenes» y «castigos» en dos tradiciones opuestas es mucho más difícil. En el núcleo íntimo de lo universal hay brechas que nada tienen que ver con «distancia cultural» en el sentido que ese giro puede tener en temas de migración, matrimonio mixto, multiculturalismo, etc., ya que desde esa perspectiva uno no puede alcanzar una «no distancia» («*nearer*») con sus «vecinos»: en ese punto los conflictos son inconciliables. Por ello, necesitamos un «segundo grado» de conceptualización. Su índole es tal que la pregunta sobre el modo de definir las relaciones entre sexos es absolutamente crucial. Resulta evidente que, si bien la dominación masculina es universalmente prevalente, no hay en el mundo, menos en Europa, concepción única o unívoca de sexo.

10. «Les frontières de l'Europe» (1995), reproducido en Étienne Balibar, *La crainte des masses. Politique et philosophie avant et après Marx*. París, Galilée, 1997, pp. 381-395 [versión castellana incluida en este volumen, cf. supra pp. 87-100].

El problema de la identidad se halla, en suma, entre los más difíciles, pues hace entrar en juego asuntos no situados en el mismo nivel. ¿Cómo puede uno tener cabida en una jerarquía sociopolítica, por ejemplo el Estado? ¿Cómo podrían definirse y entenderse tradiciones culturales de grupo? ¿Cómo puede uno conscientemente, pero sobre todo inconscientemente, elegir su posición subjetiva respecto de cuestiones simbólicas tan cruciales como saber «qué indigna», por parafrasear a Spinoza, o qué se considera cruel o es reputado pasible de sacrificio?

J.-F. Ch.: Varios observadores amalgaman los dos niveles que usted diferencia, y proponen la idea de una crisis de civilización o, como Huntington, la idea de conflicto de civilizaciones: Occidente en confrontación con sus Otros, especialmente sus Otros asiáticos.[11]

É. B.: Ese tipo de cosas no tienen las mismas connotaciones en todos los idiomas, incluso los más cercanos. Por ejemplo, yo escribí un texto acerca de tres conceptos políticos: emancipación, transformación y civilidad.[12] La preferencia por el uso del término «civilidad» antes que el de «ciudadanía» enfatizaba que el concepto no debía vincularse inmediatamente con la existencia del Estado o con formas idiosincrásicas de Estado, sino con una práctica de la política que no podría ser únicamente emancipación (la Declaración de los Derechos del Hombre en mi país, la *Bill of Rights* estadounidense, y así sucesivamente) ni transformación: lucha de clases, según la plantea Marx, o las estrategias de liberación para Foucault. Realicé una selección de pasajes de ese texto en vistas de su publicación en italiano. Ahora bien, en italiano *civiltà* traduce a la vez «civilidad» y «civilización». E incluso el término *civiltà* es especialmente interesante porque recuerda una tradición que desde el Renacimiento presenta como problema simultáneamente el de un equilibrio entre instituciones y fuerzas sociales y el de cierto uso del arte. Un modo de ejercer el poder y una práctica de creación.

Podría verme tentado a decir que lo que solemos entender en discusiones acerca de la «cultura» no tiene relación con los problemas de *civiltà*, porque la cultura es una idea congruente con la de educación centralizada, con una jerarquía entre el erudito y el ignorante, con un sistema directo o indirecto de control estatal sobre la formación de un gusto indi-

11. Samuel P. Huntington, *The Clash of Civilizations and the Remaking of the World Order*. Nueva York, Simon and Schuster, 1996. [*El choque de civilizaciones y la reconfiguración del orden mundial*. Barcelona, Paidós, 1997.]

12. Publicado en *Les Temps Modernes*, núm. 587, marzo-abril-mayo de 1996; reproducido en *La crainte des masses*, pp. 19-53 [versión castellana incluida en este volumen, cf. supra, pp. 15-45].

vidual, y por último con el mercado cultural y por consiguiente con el consumo de bienes culturales. Desde luego, existen distintas tradiciones nacionales, y puede haber muy violentas disputas en torno al término «cultura». Diversidad y uniformidad culturales son muy fuertes evidencias de reconocimiento hoy en el ámbito de la ideología política. Pero en ese ámbito no consiste en un hecho de civilización o de arte, ni siquiera de arte plástico, literario o político.

J.-F. Ch.: Fijar identidades requiere llegar a hallar representaciones simbólicas y monumentarias. El nacionalismo siempre produjo monumentos ostentosos. A partir de por lo menos el dadaísmo, la dimensión subversiva del arte de vanguardia jugó con esos símbolos y fijaciones. Pero también podemos hablar exhaustivamente de los distintos juegos acerca de la identidad social, sexual, o de cualquier otro tipo. ¿Usted ve en esos modelos algún uso de un juego acerca de la identidad?

É. B.: En ese aspecto, soy muy brechtiano o, para mayor precisión, querría reintroducir el esquema brechtiano, y hacerlo en un doble sentido. En primer lugar, la disyuntiva entre identificación y distanciamiento no es sólo un problema del ámbito teatral, sino de todas las artes. En segundo término, no es sólo problema del espectáculo y del espectador. Brecht, y los análisis de Brecht realizados por Althusser, toman como punto de partida una pregunta. Si acaso la actuación del actor es tal que los espectadores deben identificarla con el papel que personifica.[13] La idea de Brecht y de Althusser es más bien que el acontecimiento teatral como tal –en cualquiera de los casos, dentro de la tradición occidental– incluye simultáneamente disociación, la presentación de una imagen distanciada, y la implicación compartida de actor y espectador en una escena o «momento» de conciencia irrepetible. Quien actúa muestra muy claramente que él o ella está implicado; que el espectador debería estar igualmente implicado sería lo esperable de una práctica que ya no puede ser puramente objeto de consumo (*consumerist*). Los teóricos siempre explicaron que el arte como forma de comunicación es un modo de ocuparse del problema de la violencia, la ansiedad, o el terror, y que lo fundamental estriba en por qué una actividad de ese tipo es indispensable, según modalidades que persisten desde la más temprana antigüedad pero que sin cesar debe reinventarse y revolucionarse. El motivo es precisamente que al arte no es cultura, en el sentido de un suplemento cultural, un sucedáneo –una prótesis– del «lazo social».

13. Louis Althusser, «Le "Piccolo": Bertolazzi et Brecht (notes sur un théâtre matérialiste)», en *Pour Marx*. París, Maspéro, 1965, pp. 129-152 [«El "Piccolo", Bertolazzi y Brecht (notas acerca de un teatro materialista)», en *La revolución teórica de Marx*. Buenos Aires, Siglo XXI, 1971, pp. 123 ss.].

J.-F. Ch.: Usted no señala la institución artística, sino algo similar a la irrupción, al «estallido» del arte, el acontecimiento artístico, la invención de algo que habrá de llamarse arte.

É. B.: Es el acontecimiento artístico, y a la vez la circunstancia de que el arte como objeto, como producto, como una de las prácticas en el seno de una institución, todavía crea un acontecimiento. Es la contradicción entre el grupo y un neófito, entre comunidad y disenso, o cuando menos debate.

C. D.: ¿Cuál es hoy esa irrupción, si todavía la fuerza de la institución cultura y la industria cultural es tan grande?

J.-F. Ch.: Es sugestivo que filósofos que se ocupan de lo político como usted lleguen a hablar de arte. Foucault decía que no le interesaba la institución artística sino los procesos de subjetivación.

É. B.: Hay muchas cosas que nos fascinan en la producción de arte: la imposibilidad de una síntesis de las artes y la imposibilidad de ser autónoma para cada una de ellas. Un ejemplo de ello es que el cine y el teatro sean tan afines y a la vez tan opuestos uno del otro en las formas en que funcionan, llegando hasta un punto en que no puede decirse si cada uno es la ausencia del otro. Con el paso de pocos años pasamos de las temáticas de la alienación a las temáticas de la alteridad; se invirtió el signo. Ya no es cuestión de que uno mismo se aliene o triunfe sobre su alienación, sino antes bien de saber qué hace uno de la alteridad. Toda la tradición posnietzscheana –pienso especialmente en Deleuze y su *Presentación de Sacher Masoch*– sugiere que uno podría jugar con la alteridad; pero entonces se plantea el problema de quién juega con la alteridad; cómo y con qué herramientas lo hace. Las herramientas son necesariamente, en sentido lato, las de la representación.

II[14]

Étienne Balibar.– Para empezar, haré una reseña, por orden de aparición, de los tres problemas teóricos, políticos y filosóficos medulares, que forman el cuerpo de lo que se ha discutido en la sección anterior, tras el

14. Esta exposición de Étienne Balibar y la discusión posterior tuvieron lugar en el marco del seminario en la École des Beaux Arts de París el 6 de enero de 1997, como continuación y profundización del coloquio anterior (primera parte).

diálogo vinculado con mi biografía intelectual. Esos tres momentos constituyen una suerte de progresión: «ciudadanía y nacionalidad», «identidad y política», «arte, cultura y civilización».

Ciudadanía y nacionalidad

¿Qué tipos de relaciones se enlazan entre estas dos nociones? De quince años a esta parte, en el ámbito francés –y, en términos más generales, en Europa– algo pareció ser especialmente evidente. La ciudadanía y la nacionalidad tienen una base institucional única, indisociable. Están organizados una en función de la otra dentro de un conjunto de derechos y obligaciones, de los cuales algunos funcionan en el ámbito cotidiano, otros de modo más genérico y abstracto. Ese entramado de obligaciones incluye evidencias de reconocimiento, símbolos, espacios monumentarios como el Panteón de París, que es un símbolo destacado de ciudadanía y nacionalidad, especialmente idiosincrásico de la tradición francesa. Ahora bien, lo evidenciado con tan impactante claridad es que ese denso entramado de solidaridad histórica con ciudadanía y nacionalidad se volvió problemático. Así, cada una de las tradiciones intelectuales nacionales se vio obligada a preguntar por qué y con qué fines se identificaron tan estrechamente ambas nociones. Con ello, ahora surge otro interrogante: cómo lograríamos anticipar su evolución futura. El postulado de que ambas nociones son indisociables implica que la crisis de la nacionalidad es también una crisis de la ciudadanía, y funge de respaldo para visiones catastróficas. Hay visiones más sutilmente diferenciadas que inquieren primero acerca de la política y su posible evolución: cuál ha sido y cuál podría ser en el mundo globalizado.

Desde luego, esa cuestión tiene que vérselas con principios básicos, pero sobre todo tiene que acopiar objetos concretos en los que fenómenos específicos están en riesgo, fenómenos que demandan de nosotros una opinión, fenómenos que indudablemente suscitan conflictos. Tomemos el caso de la inmigración. ¿La ciudadanía de inmigrantes, o extranjeros, tiene un significado? Y, de tenerlo, ¿cuál es? Éste no es un problema puramente teórico, sino también un problema estratégico y táctico: debe discutirse la demanda de una ciudadanía transnacional, posnacional, ultranacional y conferírsele un contenido inequívocamente definido. Es el único modo de brindar una respuesta democrática a las tendencias reaccionarias que en este momento se desplazan hacia el racismo violento, o se sitúan en esa zona de transición nebulosa y decisiva entre nacionalismo y racismo, como se expresa en consignas como «preferencia por lo nacional» (así denomina el Front National su política de admisión restringida a ciudadanos «metropolitanos» y «de prosapia»). Una vez dicho esto, no creo que la inmigración sea el único problema concreto que suscita reorganizar las relaciones entre ciudadanía y nacionalidad dentro del marco de la globalización que debemos analizar. Recientemente llegué a pensar, como otros tantos, que el estatuto de la *frontera* es una categoría clave. ¿Qué vivencia se tiene de ella? ¿Qué tipo de coerción impone? ¿Cuál es su definición institucional? ¿Cuál es su carácter democrático o no democrático? ¿Qué tipo de control puede ejercerse sobre la administración estatal de las fronteras, sobre el modo en que los Estados usan fronteras para controlar a sus poblaciones? Por supuesto, ese problema no carece de vínculos con la inmigración, pero nos conduce hacia otras reflexiones. Recuerdo el agradable título de una revista que hizo útiles aportes a los debates respecto de la sociedad francesa durante la década de 1980: *Sans Frontières*. Ese título recuperaba una tradición cosmopolita, más libertaria que internacionalista; también servía como consigna. Aunque no crea que nos hallemos ante un mundo sin fronteras o alguna especie de humanidad «posnacional», tengo la convicción de que el estatuto actual de las fronteras es un arcaísmo insostenible; todo consiste en saber en qué dirección se desplaza la trayectoria de las fronteras. Hay una intensificación de las tensiones entre una lógica policial y una democrática. Los destinos de lo que antes se llamaba cosmopolitismo o internacionalismo ahora se ven perimidos entre los muy concretos asuntos de estatuto familiar y el derecho de asilo político.

Este primer nodo de problemas fundamentales puede indagarse desde una perspectiva histórica. ¿De dónde provienen sus formas actuales? ¿Cuáles son sus causas, cuál su posible transfiguración? ¿Qué alternativas existen? Por otra parte, ¿qué explicación podemos dar a la violencia que acompaña a las distintas manifestaciones de esos problemas?

Identidad y política

¿En qué medida el conflicto de identidades constituye una dimensión capital de la política? En este caso, nuestro debate sigue dos vectores principales:

1. *¿Debemos hablar de identidades o de procesos de identificación?* Noto que los participantes en el primer debate establecieron un acuerdo implícito y acaso excesivamente apresurado acerca de la idea de que las identidades no están dadas, de que no son naturales: no en el sentido de esa pseudonaturaleza que se da en llamar «historia». Ese acuerdo obedece a nuestro deseo de librarnos sin demora del fetichismo de las identidades por cuyo intermedio cada cual tautológicamente se identifica con sus identidades, o cuando menos con algunas de sus identidades. Tal fetichismo puede, por supuesto, ser criticado, tanto en la tradición de crítica de

la economía política elaborada por Marx cuanto en la tradición de crítica de la cultura o crítica de los valores establecidos, como se la ha recibido de Nietzsche. Sin embargo, debemos indagar los procesos de identificación en la medida en que tienen simultáneamente un sesgo institucional –pues no hay identificación por fuera del marco institucional; la identificación es asunto de reconocerse a uno mismo en ritos y creencias, de asociar y en última instancia correlacionar una identidad con las múltiples pertenencias; de ello deriva la «ambigüedad de las identidades»– y un sesgo individual, pues la identificación en todo momento es una subjetivación, un modo para el sujeto de optar por sí solo (o sola), de orientarse o construirse a sí misma, de aceptarse o rechazarse a sí mismo.

2. *La temática de la hegemonía.* Esta problemática involucra lo que Bourdieu llama capital simbólico, o lo que de Weber a Habermas la tradición sociológica alemana llama racionalidad. Esa tradición sociológica supone que hay modelos de racionalidad, esto es, modelos de conducta que a la vez son modelos de pensamientos, formas de entablar una comunicación colectiva, una representación del mundo. Por mi parte, me valgo del término «hegemonía» que recibimos de Gramsci pero también de los debates angloamericanos contemporáneos acerca del pluralismo. Deseo enfatizar la extrema tensión que halla sus orígenes en el carácter violento o, en cualquiera de los casos, coercitivo de la construcción de identidades: es el proceso de construcción de una hegemonía ideológica. Todas las sociedades históricas en que existieron Estados, civilizaciones o normas culturales son sociedades que presentan ese tipo de coerción. Ello no significa que en pro de una absoluta uniformidad desaparezcan revueltas o herejías. Lo que observamos es lo contrario: precisamente a causa de la constricción educacional o la presión normalizadora de la cultura es tan difícil a veces que estallen las revueltas. Pero a diferencia de Marcuse en su crítica de la cultura burguesa insisto en la noción de que hegemonía no es lo mismo que universo totalitario. El patriotismo, o nacionalismo, sin el cual los Estados-nación no habrían podido cohesionarse, es una ideología «total» violentamente coercitiva, pero por regla general no es totalitaria. Las grandes religiones universalistas, cristianismo o islamismo, eran extremadamente coercitivas en la época de sus respectivas hegemonías, pero no eran totalitarias en el sentido estricto del término. El mecanismo de la hegemonía es, con todo, una forma de pluralismo condescendiente, es la construcción de un universo en que se da cabida a las diferencias. Tal como quedó planteado en la entrevista, esas problemáticas culminan en los lineamientos de una reflexión acerca de la crisis y la normalidad. Seamos más precisos: mis interlocutores me preguntan qué sucede cuando una hegemonía entra en un estado de crisis; pero yo tiendo a desplazar la cuestión de la crisis a la normalidad. La percepción de la crisis no surge en los recintos políticos

o institucionales. Ello es resultado de que las hegemonías o «ideologías totales» persiguen y transforman cada cual a la otra, precisamente como el secularismo nacional reemplazó la hegemonía religiosa tradicional. La percepción de la crisis también es resultado de que siempre la hegemonía es un sistema para normalizar el pensamiento y el Yo. Por desgracia, no hemos discutido el problemático vínculo entre lo político y lo religioso. ¿El llamado retorno de lo religioso es síntoma de una crisis muy antigua o, por el contrario, la manifestación de una nueva? Ello suscita las temáticas más enigmáticas, y las más interesantes para mis interlocutores. De todas formas, primero existió la hegemonía del mundo religioso, luego la del Estado (principalmente en su forma nacional, aunque hubo y sigue habiendo formas alternativas); y ahora asistimos al reinado hegemónico del mercado globalizado. ¿Es esa hegemonía también una nueva normalidad, un proceso institucional de normalización, o es una perpetuación de la crisis y la inestabilidad de las identidades? Sería posible que en ese caso la percepción de la crisis paradójicamente derive simultáneamente del modo en que el todopoderoso mercado disuelve las antiguas hegemonías y de su incapacidad de instituir una cultura hegemónica, una totalización de «significado».

Arte, cultura y civilización

En este caso, no estoy seguro de qué terminología será la adecuada. Mi sensación es que respecto de este punto nuestro examen es esencialmente léxico. Lo que bosquejo ahora es una deconstrucción de la noción de *diferencia*. No utilizaré la diferencia como un instrumento de deconstrucción (práctica muy frecuente en el debate filosófico de varios años a esta parte: dondequiera que parecía imperar la identidad, la universalidad de la diferencia aparece en posición destacada), sino que criticaré la verdadera noción de diferencia.

El problema consiste en saber qué es cultura, qué designamos con ese término. Comencemos con una proposición preliminar, negativa, para la que procuramos obtener consenso: la economía no lo es todo, por más que su incidencia sea sobremanera importante para fijar los parámetros, por ejemplo durante el surgimiento de formas de comunicación nacionales o transnacionales. Más específicamente, la economía solo produce sus efectos bajo la expresa condición de traducirse en proposiciones, inventos, etc., que se despliegan en otro ámbito. Ahora bien, ¿a qué deberíamos llamar «otro ámbito»? La fórmula mágica parece ser «cultura», motivo por el que hablamos de homogeneización o diferenciación culturales, uniformidad cultural, multiplicidad cultural. ¿La globalización es un gran proceso de nivelación cultural, o por el contrario una irrupción de diferencias?

A fin de cuentas, esta problemática me deja insatisfecho, y por ese motivo cuestiono las nociones operativas *per se*: «cultura» y «diferencia». Acaso todas esas diferencias no sean culturales, o acaso haya profundas antítesis en el núcleo íntimo de lo conocido como diferencias culturales. Las apuestas políticas son inmediatas, siquiera en el discurso de la «distancia cultural» que, según se afirma, existe entre grupos étnicos o sociales. De hecho, varios grupos son caracterizados a la vez como grupos étnicos y sociales. Pienso específicamente en los «trabajadores inmigrantes», para quienes los alemanes inventaron el extraordinario eufemismo *Gastarbeiter*. Uso terminología de origen lacaniano para diferenciar entre lo *imaginario* y lo *simbólico*. Lo imaginario es la proyección del Yo en el Otro, como fascinación y disgusto. En ese campo, no deja de haber «distancias» que, en mayor o menor medida, son percibidas como conflictivas por cuanto son construidas por recuerdos históricos relativamente míticos y en ocasiones manipulados. Por ejemplo, la imagen de la distancia entre Oeste y Este, entre europeos y árabes, o entre franceses y argelinos, es producto de todo tipo de *construcciones imaginarias*, como demostró Edward Said en *Orientalismo*. Pero tomar en consideración únicamente esos tipos de diferencias encubre otras diferencias acaso más difíciles de superar, para las que reservo la designación *diferencias simbólicas o rasgos de civilización distintivos*. En mi opinión, las diferencias no siempre involucran rasgos culturales, sino que a veces se vinculan con rasgos de civilización. Tomemos como ejemplo las diferencias entre el sistema judicial francés y el inglés con respecto al ideal de humanidad y autonomía individual. Ambos sistemas son mucho más inconciliables que las diferencias culturales entre los inmigrantes norafricanos y los franceses del Norte o del Sur en asuntos de cocina y, en términos más amplios, de estilos de vida. En ese aspecto, tocamos factores radicales de divergencia entre el modo de concebir comportamientos ilegales, educación, infancia (¿el niño es siempre víctima, o es en idéntica medida potencialmente responsable?).

Cualquier abordaje grupal de esos problemas en los ámbitos políticos e intelectuales debe tomar en cuenta el arte, no la cultura: el arte es un acontecimiento imposible de cooptar, en ruptura con todas las tendencias culturales e institucionales. Pienso en *Antígona*; pero el teatro no tiene un privilegio absoluto al respecto. Rembrandt o Klee son igualmente inasimilables. En arte, lo importante no es volver dialéctico el conflicto, como sostiene una larga tradición heredada de Hegel que va hasta Brecht y, más allá, hasta Godard. Incluso mejor: lo importante es presentar o representar lo inconciliable en el conflicto y en última instancia acaso sea lo que Marx llamó vertiente «crítica y revolucionaria» de la dialéctica. De todas formas, el conflicto más decisivo que habrá de volverse dialéctico no es el cultural. Por eso no veo gran importancia en los filmes o en las obras teatrales que nos explican, en tres actos, primero los conflictos culturales entre los desdichados árabes enfrentados con los franceses, luego el encuentro entre ambos y por último su reconciliación al descubrir su humanidad en común. Prefiero ver las *Antígonas* de nuestra época, las cuales intentan acceder a los puntos auténticamente inconciliables en la representación del hombre y de lo humano, las cosas que provocan la separación de las civilizaciones, incluso haciendo que se vuelvan contra sí mismas, por más que no necesariamente proclamo que esas civilizaciones deban identificarse con zonas geográficas o imperios. Obras de ese tipo son indispensables y constituyen una dimensión de la política, una dimensión que no puede ser reducida a política social, tampoco a política económica, o a la problemática de la ciudadanía. Lo que es válido para el ejemplo de la niñez también es válido para la diferencia entre sexos. Lo válido para crimen y castigo también vale para salud y enfermedad.

Pregunta: ¿Puede aclarar cuál es el límite entre lo que usted llama hechos de cultura y hechos de civilización?

É. B.: Recién admití mi confusión al usar esa terminología. No hablaré de hechos de cultura y hechos de civilización, sino de *rasgos* de cultura y *rasgos* de civilización. Desde luego, ambos tipos de rasgos no son perfectamente separables unos de los otros, así como nunca coinciden en la práctica. Simplemente lo que denomino rasgo de cultura se refiere a la existencia de la comunidad: eso hace individuos dentro de un grupo y, subjetivamente, hace que en mayor o menor grado se identifiquen con un sentido de pertenencia a un grupo, según estereotipos compartidos. Sin embargo, el material en bruto de esta pertenencia es heterogéneo, cimentado sobre creencias, intereses, todas las formas en que la gente representa una historia en común: símbolos, rituales, costumbres, tradiciones y artes populares. La vivencia ligada a esos factores suele considerarse espontánea; pero en la práctica uno toma conciencia de que en gran medida son constructos y de que evolucionan con el paso del tiempo. No es mi intención reivindicar que los grupos humanos podrían vivir sin estereotipos, sin rasgos culturales compartidos, sino antes bien resaltar la idea de que probablemente ese tipo de factores son los que evolucionan con mayor rapidez. Por ejemplo, historiadores franceses y británicos investigaron muy intensamente los últimos años lo que ellos llaman, de modo voluntariamente paradójico, *invención de la tradición*.[15] Creo que la invención de la tradición reside en el núcleo

15. Eric J. Hobsbawm y Terence Ranger (comps.), *The Invention of Tradition*. Cambridge, Cambridge University Press, 1983. [*La invención de la tradición*. Barcelona, Crítica, 2002.]

de la diferencia cultural. Así, podemos ver todos los rasgos reputados característicos de las regiones francesas, todas las diferencias regionales con las que las personas se identifican como francesas no sólo en referencia abstracta a la unidad nacional, sino también mediatizadas por la provincia o la región, con sus diferencias respecto de París. En ello estriba un punto importante de la conciencia nacional francesa. Esos factores «auténticos» que supuestamente provienen de un pasado lejano fueron, en su mayor parte, fabricados o inventados durante la última mitad del siglo XIX. Son invenciones de grupos de escritores, de movimientos regionalistas y a veces incluso nacionalistas. Constantemente observamos transformaciones englobadas en la diferencia cultural como entendidas en ese sentido, y creo que es provechoso discutir la idea de que ése es un campo de proyección para gran parte de los discursos que aluden al carácter incomunicable de las culturas, la percepción respecto de los extranjeros como inasimilables, etc. Con todo, en esa franja las situaciones están cuando menos congeladas: pueden ser muy conflictivas a escala local, sobre todo si están sobredeterminadas por conflictos de clase o instrumentalizadas por intereses políticos y sociales. El «globalizado» es un mundo en que las metrópolis «continentales» del capitalismo «central» muy lentamente llegaron a experimentar a menudo lo que nunca dejó de ser corriente en los demás sitios, especialmente en las sociedades coloniales, esto es, la hibridación de culturas, el surgimiento de nuevas formas culturales. Por ese motivo, los sociólogos que estudiaron las sociedades mestizas de América Latina –Roger Bastide en Brasil, o Michel Leiris en Martinica– o quienes analizaron el sincretismo religioso en África, o los orígenes del movimiento rastafari, actualmente son muy interesantes para nosotros. En principio, son recreaciones o símbolos de pertenencia cultural usados para reconocerse a uno mismo en el interior de un grupo, y para marcar su propia diferencia respecto de los otros. En última instancia, las ciudades globales en que vivimos son sede permanente de ese fenómeno.

¿Qué sucede, entonces, con el rasgo diferencial de civilización? En este caso, soy muy consciente de que estoy caminando por la cuerda floja, pues lo que voy a decir corre el riesgo de alimentar ciertos discursos acerca del carácter incompatible de las principales civilizaciones. Uno de los participantes del coloquio menciona la «guerra de civilizaciones» predicha por Huntington. Mi intención sería rechazar esas visiones globalizadoras, y al mismo tiempo sugerir que realmente hay rasgos de civilización inconciliables. Sin embargo, no afirmo –por lo menos, no del todo– que esos rasgos pertenezcan por esencia a ciertos *grupos* de personas. Más bien, me vería tentado a decir que esos rasgos están presentes en todas partes. ¿Cuáles son los riesgos de esas diferencias, comparables con lo que las religiones en principio conocidas como herejías (e incluso precisamente al luchar en cuanto religiones perdieron su carácter hegemónico: por ello paulatinamente renunciaron a usar ese término); cuáles los riesgos de esas diferencias a las que ahora nos enfrentamos y siempre volverán a presentarse ante nosotros? Son problemas metafísicos: creer o no en el paraíso, o incluso algo más profundo, representar la diferencia entre la vida y la muerte, el modo en que se evalúa, con su influencia sobre las diferencias antropológicas fundamentales que mencioné hace un momento. Resulta evidente que las así llamadas civilizaciones de Occidente –y al respecto no hay diferencia entre cristianismo e islamismo– no tienen la misma representación de las relaciones entre vida, pensamiento y naturaleza que las orientales. ¿Por qué la idea de metempsicosis, del gran ciclo de espíritus que ingresan en la naturaleza y parten de ella, existió en Occidente durante cierto tiempo y finalmente desapareció, suplantada por el dualismo fundamental de materia y espíritu? Cierta cantidad de transformaciones que experimentamos actualmente, vinculadas con la posibilidad de usar órganos humanos después de la muerte del donante, y en consecuencia de transgredir el límite que separa un cuerpo de otro, indudablemente de naturaleza tal que desestabiliza profundamente la representación elaborada por Occidente acerca de vida, muerte y el individuo. La diferencia entre sexos es otro ejemplo. Querría mencionar que esa temática surge quizá no bien hay dos o más sexos, no bien la diferencia entre sexos es indisociable de la diferencia entre sexualidades. Problemas como responsabilidad, culpabilidad, derecho a castigar, el problema de si acaso el propósito del castigo es prevenir e impedir que alguien haga más daño o, por el contrario, reeducar al individuo e incluso salvarlo de sí mismo constituyen diferencias muy sensibles de civilización. O también, una vez más, el problema referente a la existencia o no de un límite entre salud y malestar, lo «normal» y lo «monstruoso».

Simultáneamente, desearía refutar a Huntington: no hay posibilidades de que diferencias fetichizadas de ese tipo puedan servir como divisa a cuyo alrededor se congreguen los imperios: ésa es una visión paranoide, una versión banalizada de Orwell, y pervertida, además, pues los tres imperios mundiales que Orwell discernía no están respaldados por tres concepciones del mundo distintas, sino que eran todas construcciones de poder. Huntington nos cuenta, por el contrario, que tenemos frente a nosotros una guerra de civilizaciones que estallará entre el Occidente cristiano y el Islam de Medio Oriente, que es pura manipulación política o diferencia cultural. Y acaso una deliberada provocación.

Por otro lado, el estatuto de la mujer y la relación entre diferencia sexual y creencia religiosa se hallan en el centro del problema del velo islámico y de las percepciones que los pueblos del Norte y el Sur de la cuenca del Mediterráneo tienen unos de los otros. Esos problemas no se limitan a cuestiones de pertenencia comunitaria. No podemos pasar por alto el problema simbólico subyacente: ¿qué es un hombre; qué es una mujer? ¿Cómo resolvió cada una de las grandes civilizaciones esa diferencia, que no es «natural», o sólo lo es en medida muy acotada? En un caso como ése, no podemos soslayar el arte, aunque tal vez sea posible dar cuenta de las diferencias culturales mediante la educación, la política o la práctica social.

BRIAN HOLMES: Durante la primera entrevista usted sugirió que, en sentido lato, la cultura, incluido lo simbólico, es esencialmente impensable en términos económicos, que la cultura es lo «impensado» de la economía, y viceversa; y usted llegó a hablar acerca del modo de diagnosticar la relación entre ellas. Cuando la economía se concibe en términos puramente liberales, como sucede en la actualidad, cada vez es mayor la negativa a aceptar cualquier tipo de regulación basada sobre otras premisas. En mi opinión, la mancha ciega del pensamiento económico queda en evidencia por ese rechazo a una regulación que en última instancia es necesaria incluso para el funcionamiento del mercado. En la civilización occidental la noción de igualdad, con su doble genealogía en sentido cristiano de fraternidad y justicia, por un lado, y por el otro en un ideal clásico de participación ciudadana indudablemente se volvió la fuerza reguladora más fundamental. ¿Acaso no deberíamos diagnosticar situaciones específicas en el interior de Occidente o del mundo occidentalizado, donde el choque es económico y cultural antes que constantemente focalizar sobre el choque entre civilizaciones? ¿Dónde se diagnostica actualmente ese fenómeno inconcebible en funciones?

É. B.: En este caso se mixturan sin unificarse varios lenguajes; y su conflicto es instructivo, pues requiere que admitamos los límites de cualquier discurso funcionalista en que economía y cultura se «complementen» mutuamente sin mediaciones, y se adapten una a la otra. Por un lado aparece la expresión de un lenguaje violentamente reduccionista, que en varios aspectos es saludable. No considero desventajoso que cierto «economicismo» debiera entrar en juego, y hacerlo de manera violenta. La violencia no reside en la teoría sino en los hechos. Eso resulta especialmente notorio cuando se toma la iniciativa de explicar que el sistema entero de lo que en francés se llama *différentiation ethnique*, y en inglés *race relations* y *race differences* es preponderantemente *arbitrario*, histórico, y subsiste sólo de manera mítica sobre cualquier base biológica, o incluso genealógica. En realidad, ésa es una forma de codificar diferencias de clase y de casta, diferencias de *status* social, por lo menos cuando se las contempla a escala mundial. Ése es un reduccionismo extremadamente violento, no bien semejante discurso en última instancia equivale a explicar que colonialismo es capitalismo más imperialismo y que estos dos últimos inventaron y construyeron el sistema para representar diferencias raciales como recursos para organizar la diferenciación del trabajo, en especial entre trabajo «libre» y trabajo «forzado», trabajo sujeto a esclavitud u otros tipos de coerción física, con la finalidad de deportarlo a otro sitio, o bien de establecerlo y acotarlo a escala local. Todos sabemos que la definición de «hombre negro» en el Sur de los Estados Unidos es diferente a la definición de «hombre negro» en las Antillas. Ése es el *motor* de la sorprendente novela de Faulkner, *¡Absalón, Absalón!* Wallerstein siempre cita la famosa réplica de *Les Nègres*, de Genet: «¿Qué es un negro y, ante todo, de qué color es?». De hecho, los regímenes de segregación racial siempre son regímenes de castas construidos por el capitalismo y su expansión. Ésa es una tesis extremadamente violenta, porque cuando uno contempla los hechos la dimensión simbólica de la diferencia racial es completamente instrumentalizada.

En estrecho vínculo con esto hay otras observaciones, a veces tomadas de los mismos autores, que consisten en afirmar que en todas partes del mundo el reclamo de diversidad cultural es la expresión primaria de la resistencia al sistema. Llevada al extremo esa reivindicación puede adoptar formas horribles: por ejemplo, puede repudiarse como abominable «slippage» la limpieza étnica; pero fundamentalmente la reivindicación de identidad cultural se considera una función de resistencia contra la hegemonía del capitalismo mundial. Incluso cuando toma ese cauce, Wallerstein dice algo más que parece ir en la dirección exactamente contraria, es decir, que conforme se expanden las reivindicaciones identitarias en el contexto de la globalización (pero en este caso deberíamos hablar más bien del mundo poscolonial, que comenzó a surgir hace aproximadamente 50 años) y conforme dichas reivindicaciones devienen el canal requerido por estrategias de resistencia o simplemente de autonomía, las diferencias se vuelven más y más superficiales, hasta resultar indiscernibles unas de otras. En todas partes surgen reivindicaciones locales de especificidad y «auténtica» identidad en contra de los grandes sistemas de homogeneización, ya sean nacionales o supranacionales: la identidad india en los Estados Unidos, las identidades regionales en Francia, la gran rebelión mundial contra las instituciones uniformadoras: en las esferas artística, lingüística... Pero de hecho el contenido es exactamente el mismo en todas partes: cualesquiera factores distintivos de una reivindicación de autonomía nacional o regional en el contexto poscolonial son reabsorbidos dentro de una suerte de antimodernidad. Nada se banalizó más que el regreso a las «tradiciones», fenómeno que de todas formas es bastante moderno.

Usted dice que la fundamentación cultural de lo intrínsecamente económico es impensable en términos económicos... Sí, probablemente sea así, como sucede con todo lo que tiene algún nexo con la «otra escena». Sin embargo, en este caso creo que debemos referirnos a instituciones y hechos históricos específicos. Mientras algunas personas hablan del Estado de bienestar –una noción que es la quintaesencia de la apologética, en que usted acertadamente percibe una referencia cristiana–, otras han hablado de manera más realista acerca de un Estado social, y por mi parte me cuento entre quienes dicen que el Estado social es un Estado nacional social.[16] Soy consciente de que esa formulación resulta desconcertante: con ella no quiero decir que el Estado *nacional social* sea un Estado *nacionalsocialista*, sino que pretendo sugerir que deberíamos examinar conjuntamente ambas formas desigualmente viables y desigualmente aceptables adoptadas por el desarrollo económico-político de las sociedades europeas a mediados del siglo XX, cuando había tiempo para afianzar lo que usted llama regulación, a la vez económica y política. (Aludo a dos; pero de hecho con los Estados «socialistas», que como sabemos se tornaron cada vez más nacionalistas, había por lo menos tres.) Con eso intento decir que nunca hubo y nunca habrá una economía puramente liberal. Lo que presenciamos actualmente seguramente no sea el retorno o la vindicta del liberalismo puro contra el Estado social con su dimensión de integración cultural. Seguramente hay un *discurso* liberal –incluso uno purista, fundamentalista–; pero ese discurso no debería ser confundido con el *proceso* en sí. No obstante ello, algunos economistas están interesados en otra temática, la de instituciones y convenciones, otras formas de designar lo que usted llama lo cultural. Esas son otras formas de decir que lo económico no se sustenta únicamente sobre los mecanismos del intercambio, sino sobre un conjunto de fuerzas sociales. El problema que hoy enfrentamos es que el Estado nacional social fue a la vez *dominante*, en el sentido de que se edificó a sí mismo en la región que dominaba económicamente el mundo –el «centro» o el «Norte»–, y *excepcional*, no generalizable. Acaso el gran mito del desarrollo propuesto al Tercer Mundo, y aceptado por aquél durante cincuenta años, descansaba en la idea de que debería generalizarse esa forma, cuando en realidad ella era producto de fuerzas locales específicas. No veo dificultad alguna en adscribir esas circunstancias excepcionales al imperialismo, en la medida en que uno también toma conciencia de que los países imperialistas son exactamente aquellos en que tuvieron lugar los movimientos sociales y se desarrolló la lucha de clases. Lo terrible es que el momento en que notamos la presencia entre nosotros de esas formas específicas de regulación y de compromiso social puede coincidir con una liquidación de la idea de que no hay economía sin sociedad y ciudadanía social. La *realidad* del Estado social (o Estado na-

16. Véase el ensayo sobre «Las identidades ambiguas», pp. 61-76.

cional social) se vería, entonces, suplantada por la utopía económica «liberal» de una «pura ley de mercado» en su forma más dañina.

B. H.: Hubo una extendida crítica de la modernidad utópica, por ser sobremanera abstracta, tecnocrática, legalista, productivista, uniformemente individualizadora, y así sucesivamente. Pero la utopía puede proveer fines mucho más progresistas, en especial cuando es consciente de sí en cuanto tal. Me inclino a decir que la modernidad más moderna está ahora en rebelión contra la regresión económica y social. Usted dijo que el marxismo y distintas franjas socialistas contribuyeron con el surgimiento del Estado social. ¿Acaso no era una demanda cultural que fungió de contrapeso de otras fuerzas, fuerzas de deliberada explotación que ya no merecen llamarse liberales? ¿Es una demanda utópica de igualdad todavía capaz de producir efectos reales?

É. B.: Abordemos las cosas desde dos ángulos distintos, y dejemos de lado los posibles desarrollos del capitalismo internacional, esto es, la forma en que las administraciones centrales y otros poderes organizados en el ámbito estatal pueden reorganizarse a sí mismos, pues no soy competente para hacer predicciones en ese aspecto. Pienso que nadie cree seriamente que nos ocupamos de un desarrollo lineal, en que el rol de los Estados debe disminuir constantemente, para ser reemplazado con la hegemonía de una red de compañías multinacionales privadas. Hay distintas terminologías, según los autores: algunos hablan de competición entre capitales y competiciones entre territorios,[17] mientras que otros, más especializados en asuntos financieros, explican que nunca hubo y por consiguiente nunca habrá un capitalismo puramente «privado».[18] Por mi parte, únicamente querría añadir, de manera abstracta, que esos son debates incompletos. Uno tiene la sensación de que el problema suele formularse en términos de confrontación entre capital privado y regulación estatal o bien, en terminología marxista, entre los dos modos de dominación propios de la burguesía. De hecho es importante tomar conciencia de que la clase burguesa nunca se organizó alrededor de un «centro» único, sino más bien alrededor de dos centros, el Estado y la economía. En realidad, siempre existió tal tensión entre ambos, en sus condiciones de cooperación y rivalidad, que en el seno de la burguesía la política nunca cedió terreno de manera irrestricta a la economía. Ése es un punto que causó no poca desazón a Marx y lo indujo a algunas predicciones evidentemente erróneas. Los teóricos políticos clásicos, a partir

17. Véase Pierre-Noël Giraud, *L'inégalité du monde*. París, Gallimard [«Folio»], 1996.
18. Véase Suzanne de Brunhoff, *L'heure du marché: Critique du liberalisme*. París, PUF, 1986.

de Maquiavelo, todavía son pertinentes, pues filosofía política y ciencia reposan sobre la circunstancia de que hay gran cantidad de poderes y de que no están unificados de manera automática. Con todo, algo esencial está ausente en esa presentación de las cosas, ya sea que lo llamemos pueblo, clase oprimida, proletariado o los dominados. Leer a los economistas y a los cientistas sociales a veces provoca la sensación de que a pesar de todo el «juego» estatal del que la división de poderes y la configuración de las instituciones dependen es una partida jugada sólo en la cumbre, entre los «peces gordos», y de que la única función de la masa del pueblo, los individuos corrientes que son administrados, que trabajan o están desempleados, es ser una *masa trabajadora*. Esa sensación es acentuada por discursos como «la guerra de civilizaciones», o por los discursos nostálgicos a los que es proclive la gente como nosotros, porque tenemos la sensación de que las fuerzas políticas que permitieron que se expresara de modo radical la demanda de igualdad fueron barridas de la superficie junto con el viejo mundo al que se oponían, y en el que incluso, en beneficio o perjuicio propio, había encontrado «su lugar».

Eso nos lleva al otro aspecto de su pregunta: qué lugar tiene hoy la igualdad en la política. Es evidente que la demanda de equidad jugó un rol decisivo en el proceso político del que emergió el Estado nacional social. Yo diría que el marxismo tuvo influencia sobre ello, y no jugó el mismo rol que la aportación cultural del cristianismo. No es cuestión de lealtad sectaria; no es cuestión de saber si nuestras simpatías viran hacia la CGT antes que hacia la CFDT [las dos centrales gremiales francesas, respectivamente de izquierda y de centroizquierda]. En realidad, todos sabemos que las cosas son mucho más complicadas que eso. Dos factores posibilitaron paulatinamente el compromiso social. Por una parte, la comprensión de su interés por parte del propio sector del capital, según el mecanismo de las oportunidades locales de un círculo vicioso, al aumentar las cuotas de consumo, los niveles de calificación y la productividad de la clase trabajadora a expensas de reconocer cierta cantidad de derechos sociales elementales que se volvieron aspectos de la ciudadanía. Por el otro lado, un reformismo de tradición cristiana que por mi parte querría centrar en la problemática de la *justicia*. Hoy se nos dice que la crisis del compromiso social trae aparejados fenómenos de exclusión. Robert Castel está en lo cierto cuando dice que ése es un término muy equívoco;[19] pero los conceptos que él propone son aún más radicales: en su opinión, no es un problema de «exclusión», una designación omnicomprensiva que engloba situaciones muy diferentes, sino antes bien un problema de *desafiliación*; esto es, la descomposición de los lazos comu-

19. Véase Robert Castel, *Les métamorphoses de la question sociale*. París, Fayard, 1995. [*Las metamorfosis de la cuestión social: una crónica del salariado*. Buenos Aires, Paidós, 2004.]

nitarios posibilitados por la gradual instauración de derechos sociales y la incorporación de los asalariados a la ciudadanía. Precisamente en ese punto se vuelve interesante preguntar por qué el léxico de la *lucha de clases* tiene una relativa falta de efectividad frente a la exclusión o la desafiliación, mientras que el léxico propio de la *justicia*, incluida una dimensión de reconocimiento del otro que en última instancia puede llegar tan lejos como la idea de caridad, aparentemente se adapta mucho mejor a aquéllas. Una vez dicho esto, no creo que la comprensión de su interés por parte del sector del capital más la idea cristiana de justicia puedan haber bastado para crear lo que hemos llamado Estado social. Hacía falta una lucha de clases que hablase el lenguaje del antagonismo; y esto no se organizó en el campo de la justicia sino en el de la igualdad. Dos concepciones antagónicas de igualdad confrontadas entre sí. Eso es lo que dijo Marx, y en este caso no hay motivo para no repetir sus observaciones. Cuando Marx denunciaba el léxico de la igualdad como auténtico léxico de la circulación de bienes, esto es, el lenguaje de la burguesía al formalizar las relaciones como meras relaciones de mercado, señaló el verdadero fundamento del conflicto. Sin embargo, el antagonismo no se produce entre quienes hablan el idioma de la igualdad –los capitalistas– y quienes lo combaten, los proletarios. Al respecto, un famoso pasaje del *Anti-Dühring* de Engels explica que a la demanda de igualdad individual se opone la demanda de igualdad social, entendida como abolición de diferencias de clase. Por ello, el enfrentamiento es entre dos concepciones y prácticas de la igualdad. Lo impensado de este proceso, que volvió al meollo de la filosofía política contemporánea después de un largo eclipse, es la problemática de los derechos del hombre. Más precisamente, los «derechos del hombre y del ciudadano», en cuanto no es sólo cuestión de una referencia ideal o simbólica, sino también de instituciones y derechos con existencia empírica, y por último de política, porque en ese antagonismo está en juego la verdadera noción de derechos del hombre. Aun así, tengo la íntima convicción de que la referencia a los «derechos del hombre» como derechos políticos, a la vez individuales y colectivos, tras haber servido para criticar los excesos totalitarios del socialismo, una vez más está cambiando de frente.

J.-F. Ch.: Usted concluyó su reseña de la primera entrevista con una reflexión acerca del arte. No puedo ser de ayuda, pero pienso que los filósofos a menudo recurrieron a la estética como una solución para esa problemática. ¿No hay riesgo de volver a lo que Schiller desarrolla en la segunda de sus *Cartas sobre la educación estética del hombre*? Esto es, la idea de que la construcción de una verdadera libertad política requiere la educación estética de los ciudadanos: «[Espero convenceros] de que para resolver en la experiencia este problema político hay que tomar por la vía estética, porque es a través de la estética que se llega a la libertad».*

É. B.: Lo que se dio con Schiller es precisamente la identificación de la idea de arte con la idea de cultura, ahora como *Bildung*. Evidentemente, había cultura en el sentido de movimiento de instrucción pública, movimiento de emancipación colectiva que obraba mediante la educación, y diferente de la civilización.

J.-F. Ch.: A fin de cuentas, toda la crítica de la Escuela de Frankfurt puede ligarse a la tradición iniciada por Schiller. Y en nuestros días, innumerables filósofos se aferran al recurso desesperado de la estética en situaciones de desorden teórico y sobre todo político. Cuando se habla de arte de términos filosóficos es indispensable la precisión: ¿exactamente de qué hablamos? ¿Cómo puede definirse el arte en relación con la cultura y con la estética, o concebirse en categorías estéticas? Como todos sabemos, la estética funcionó como un complemento altamente problemático de lo político.

É. B.: Sí, pero si usted va a pasar por alto esas preguntas primarias, ¿los términos del arte y la estética son por completo disociables?

J.-F. Ch.: Para mí, sí, son disociables. ¡Pero hay que llevar adelante esa disociación!

É. B.: Debo admitir que todo lo que avancé en este punto está sostenido por un modelo brechtiano cuyas preguntas, según creo, adquieren renovada pertinencia. Por eso intenté enlazar, siquiera alusivamente, la referencia artística a la idea de una práctica que funciona simultáneamente en la forma de identificación y distanciamiento, o se vale de la identificación para producir un efecto de distanciamiento. Creo que en esto hay más que un mero juego de palabras, en cuanto el problema de las identidades se halla actualmente en el núcleo íntimo de la política. Debemos de tener algo que aprender de una práctica artística que explícitamente se pregunta cómo uno produce un efecto de distanciamiento, no sólo por parte de los individuos con respecto a sus *condiciones de existencia* sino también con respecto a su propia *conciencia*. Una vez expresado esto, dicha práctica, que Brecht concebía únicamente en relación con el teatro –un contexto restringido, pero que todavía constituye la condición previa

* Se cita según la versión de Jaime Feijóo y Jorge Seca: Friedrich Schiller, *Kallias - Cartas sobre la educación estética del hombre. Edición bilingüe*. Barcelona, Anthropos / Madrid, Ministerio de Educación y Ciencia, 1990, p. 121.

para su efectividad– era una práctica de *acción* más que una de percepción, consumo o recepción. Así, se distancia de la categoría de lo estético.

J.-F. Ch.: Volvamos a su experiencia de vida –una de las cosas más interesantes en esta entrevista es que usted habla en primera persona–: usted era un althusseriano, y luego se volvió un crítico del modelo de Althusser. Me sorprendió su aprecio por Deleuze. Hace treinta años, usted lo criticaba y lo consideraba inaceptable. En mi opinión, su remisión al arte, que llega al final de un movimiento que sucesivamente examina las nociones de ciudadanía e identidad, y por último deconstruye la dicotomía de cultura/civilización, nos retrotrae precisamente a su propia biografía filosófica. La identidad está en entredicho aquí, y es también la identidad de quien habla, una identidad que surge de un proceso de subjetivación, en una estructura dialógica y también en una praxis. Usted recuerda la orden de Althusser: «Estudien la epistemología del marxismo tal como otros estudiaron la epistemología de la física, de la biología... ¡no hagan *bricolage*!». Y unas páginas después usted dice: «El filósofo es un *bricoleur*». Creo que difícilmente uno podría ser más claro... El subtítulo del volumen que usted publicó junto con Wallerstein es *Identidades ambiguas*.[20] Me parece que el punto clave es el descubrimiento de la ambigüedad. Si hablamos de las actividades de la historia del arte y las prácticas artísticas, podríamos asistir a la misma situación. Podríamos ver que precisamente lo que ocurrió en los últimos años de la década de 1970 es el descubrimiento de la ambigüedad. En resumen: su trayectoria filosófica va en paralelo con la evolución de las prácticas artísticas de neovanguardia desde finales de la década de 1960. Esas prácticas de vanguardia expresaban una alternativa social radical, que en el ámbito del arte se denominó «el gran rechazo». A fines de la década de 1970, la gente descubrió que por distintos motivos un abordaje de ese tipo no funcionaba más, sobre todo debido a la ingenuidad de la búsqueda de alternativas. De allí deriva la aceptación en el arte de una política de la ambigüedad. Al respecto, su biografía filosófica me resulta muy ejemplar.

É. B.: No estoy convencido de que haya habido una transición tan tajante. O, para ser más preciso, pienso que los primeros artistas en producir los más interesantes efectos en la expresión de lucha, antagonismo social, o el carácter inconciliable de ciertas contradicciones de nuestra época, ya sea en cine o en teatro, pintura o música, son precisamente

20. Étienne Balibar e Immanuel Wallerstein, *Race, nation, classe. Les identités ambiguës*. París, La Découverte, 1988. [*Raza, nación y clase*. Madrid, IEPALA, 1991.]

aquellos que en la práctica nunca ignoraron la dimensión de ambigüedad mencionada por usted. No puede decirse que Godard ignorara esa dimensión, tampoco que Antonioni la ignorara: bastará con mirar el final de *La Notte*. Otro tanto sucede con lo mejor de la tradición brechtiana. Con sólo pensar en *Galileo Galilei* podemos confirmarlo. Quizá lo fascinante para nosotros sea que podemos releer a Brecht, o ver puestas de sus obras, bajo la inspiración de algunos textos de Deleuze. Podemos ver la operatoria de la función de la máscara en el teatro de Brecht, una dimensión de ironía por cuyo intermedio la des-identificación no sólo se focaliza sobre la relación crítica con la ideología dominante sino también sobre el modo en que el militante o el espectador –el espectador-militante– se vincula con su propia lucha social. Hace treinta años, la idea de que uno podría trabajar conjuntamente el análisis brechtiano del «distanciamiento» y el análisis de Deleuze acerca de la «convención» podría haber parecido completamente absurda, porque ambos análisis eran alternativas demasiado distintas. Hoy por lo menos podemos plantear el interrogante.

J.-F. Ch.: El final de esas alternativas podría datarse más precisamente en torno a 1978. Usted habló de la invención de la tradición; esa invención data exactamente de 1978. La aceptación de la ambigüedad puede quedar de manifiesto al citar los nombres de artistas contemporáneos. También es contemporánea al movimiento retrógrado que reclama un regreso a la pseudotradición precrítica, y por consiguiente participa en una iniciativa de restauración, que debemos diferenciar netamente de la invención crítica de la tradición. Según creo, su trayectoria filosófica sigue un carril exactamente paralelo a éste. Cuando usted apela al arte, apela a la historia del arte que efectivamente converge con la historia política.

É. B.: En lo personal, no sería capaz de señalar o detectar analogías o convergencias entre el discurso de la filosofía política y la práctica artística, que siempre incluye una dimensión filosófico-política. Tal como me sucedió con Deleuze, apenas muy recientemente comencé a explorar ese tipo de encuentro. Simplemente aplico el dicho de Althusser, quien a su vez lo atribuía a Napoleón: «Tú avanzas, y entonces ves». Es inútil tener completa una teoría antes de haber propuesto siquiera una formulación. El reverso es necesario: uno experimenta al proponer formulaciones. Es verdad que una línea de razonamiento se fue construyendo lentamente en mi mente, sobre la base del problema de la identificación, pero principalmente sobre la base de una confrontación simultánea con el problema de la identidad y el problema de la violencia. La cuestión de la identidad conduce a la idea de una política democrática que es a la vez individual y colectiva, y también una práctica de des-identificación. Esa idea no me pertenece sólo a mí: Jacques Rancière la desarrolla en un volumen reciente, aunque lo hace en una terminología bastante diferente.[21] El interrogante acerca de cómo escapar del ciclo de violencia y contraviolencia es lo que lentamente me llevó al campo de la *civilidad*, o civilización, que incluye una relectura crítica de Norbert Elias. Este autor me resulta a un tiempo interesante y frustrante, porque su enfoque de tipo normativo, pese a la dimensión de cariz histórico, es extremadamente fuerte. En él, uno redescubre el postulado sociológico conforme al cual una sociedad debe «funcionar». Eso significa que el comportamiento individual debe adaptarse a las necesidades de la sociedad, incluso si los individuos también contribuyen a su configuración en una totalidad.

Me parecía que en este caso debía mencionarse una dimensión de la práctica política, y no sólo la descripción de las tendencias de las sociedades contemporáneas y de las adaptaciones individuales a la norma social. Por un lado, entonces, está el distanciamiento social. Por el otro, la civilidad. En la intersección de esas dos preocupaciones necesariamente se encuentra la reflexión respecto de la institución. ¿Qué es una institución? De modo más radical: ¿qué significa instituir? La institución tiene muy mala prensa en la tradición marxista, fundamentalmente porque esa tradición se equipara con el impetuoso naturalismo del propio Marx, historizado y socializado como debe ser. Las fuerzas productivas, las relaciones sociales y la práctica social son determinantes en esa tradición; pero no las prácticas institucionales. Para plantear las cosas en otros términos, diré que hay un fuerte rousseaunismo en la tradición marxista. De ello deriva el gran desacuerdo en todos los aspectos de la dimensión del artificio. Llegados a este punto, puede entrar en escena una relectura de Deleuze. No creo que Deleuze sea un filósofo simple y exento de contradicciones. Incluso tengo la sensación de que él intenta aunar una serie de orientaciones filosóficas muy distantes entre sí. Eso implica un poderoso e imaginativo panteísmo y vitalismo, y la temática del contrato, o juego, de devenir-minoría, la completa continuación de Nietzsche que nos lleva a creer que como la liberación tiende a la afirmación de las singularidades no es la afirmación de nuestra propia naturaleza, ni identidad o autenticidad, sino artificio, movilidad. Evidentemente, eso no es «dialéctico», de acuerdo con la percepción de que en la dialéctica hegeliana o marxista siempre hay un proceso de educación. Los alemanes lo dicen con enfática claridad: la dialéctica es un *Lernprozess*. La conciencia de clase de los marxistas es típicamente un proceso de autoeducación, en una dimensión a la vez individual y colectiva. Es verdad que hace muy poco tiempo me dije a mí mismo que todavía no había leído con deteni-

21. Jacques Rancière, *La Mésentente*. París, Galilée, 1995. [*El Desacuerdo, política y filosofía*. Buenos Aires, Nueva Visión, 1996.] Véase también su colaboración, aparecida en el núm. 30 [especial *Algérie, France: regards croisés*] de *Lignes*.

miento todo Deleuze. Sus interpretaciones más originales, las vinculadas con la historia de la filosofía, eran muy enigmáticas para mí: pienso en su modo de explicar que el contrato puede ser algo más que una forma jurídica. Uno debería comenzar su lectura de Deleuze con esta pregunta: cómo producir un lenguaje mixto, sesgado a la vez como juego y crítica, como invención y revolución, con el que por lo menos podríamos reflexionar acerca de una política de la civilización de identidades violentas.

8. LOS UNIVERSALES[1]

> Entonces debemos pensarlo: es el «fin del mundo»; pero no sabemos en qué sentido.
>
> Jean-Luc Nancy, *Le sens du monde*. París, Galilée, 1993.

Los universales, o la *universalidad ambigua*. Mi intención sería mostrar que nuestros debates acerca de lo universal, y en consecuencia acerca de sus «contrarios» (lo específico, la diferencia, la singularidad), sólo pueden fundarse sobre una referencia unívoca. Esta última todavía está en funcionamiento en los repartos kantianos de la universalidad entre el ámbito teórico y el ámbito práctico, o hegeliano entre la universalidad «abstracta» y la universalidad «concreta», incluso en momentos en que puede considerárselos proyectos de explicitación –pero también de reducción– del carácter equívoco de lo universal, por medio de esquemas polarizados, jerárquicos o de otro tipo. Acaso ése sea el propósito de cualquier gran filosofía. Si, pese a ello, es cierto que nosotros constantemente, y en especial en el campo de la historia y de la política, tenemos la experiencia de la imposibilidad que entraña repartir, conciliar o mediatizar de manera acabada los distintos usos de lo universal, quizás haya que llegar a pensar luego como tal, y como constitutivo, el carácter equívoco de lo universal.

Un proyecto de esa índole no tiene afinidad alguna con un abandono, o con una demistificación. No hace del universal un «ídolo», ni menos aún lleva a erigir uno de sus contrarios –ya sea lo Singular, lo Particular, o la Diferencia– en «fórmula mágica» para la filosofía. Sin embargo, debería llevarnos a investigar sistemáticamente qué enunciados permiten pasar de una modalidad a otra, constituir itinerarios inteligibles, incluso parciales, y ayudarnos a realizar, en última instancia, las opciones éticas y políticas que corresponden a uno u otro de esos órdenes.

En lo que resta de mi exposición intentaré bosquejar un orden de ese tipo. Para ello, diferenciaré –conforme a la inspirada terminología de Lacan, que no seguiré al pie de la letra– *tres universales* que denominaré *lo universal como realidad*, *lo universal como ficción* y *lo universal como idealidad*. El primero me llevará en especial a poner en entredicho la re-

1. Ambiguous Universality. Ponencia leída en el Coloquio «Cultural Diversities: On Democracy, Community, and Citizenship». Nueva York, The Bohen Foundation, 18 de febrero de 1994. La adaptación francesa [que da pie a esta versión] fue leída, en parte, el 5 de mayo de 1996, en el seminario *Les mondes possibles* de la École Normale Supérieure (Ulm) de París.

presentación de la unidad y de la diversidad del mundo. Considero al segundo como el espacio propio del debate que ve oponerse simétricamente las nociones de universalismo y de particularismo. El tercero desemboca en el examen de las dificultades de interpretación de lo simbólico como «universal». De modo general, me interesarán más bien las contradicciones inherentes a cada uno de esos conceptos. Concibo (una vez más) el conjunto como una aportación a una *aporética* antes que a una auténtica *tópica* de lo universal.

I

Partamos de lo universal como *realidad*. Con ello entiendo la idea de una interdependencia efectiva entre los elementos o unidades a partir de las cuales podemos configurar aquello que llamamos *mundo*: instituciones, grupos, individuos; pero también, más profundamente, el conjunto de *procesos* que subsumen esas instituciones, esos grupos y esos individuos: la circulación de cosas y personas, las correlaciones de fuerzas y los convenios políticos, los contratos jurídicos, la comunicación de información y de modelos culturales, entre otros factores.

Resulta evidente que esa interdependencia tiene un aspecto *extensivo*. Por más paradójico que parezca ese concepto, en la actualidad podemos decir que los «límites» o las «extremidades» del mundo fueron alcanzados por obra de distintas empresas de exploración y conquista, o que la expansión de técnicas e instituciones dominantes logró unificar, al incorporarlas a sí, «todas las zonas (*parties*)del mundo». Pero sobre todo tiene un aspecto *intensivo*. Para todas las unidades que forman el mundo, cada vez mayor cantidad de aspectos de su existencia dependen de qué son o hacen hoy las restantes unidades, y de qué fueron o hicieron en el pasado. Además –aspecto aún más concreto de esa interdependencia intensiva–, puede decirse que ella siempre afecta antes *a los individuos de un modo directo*, sin pasar por el factor de intermediación que representan las instituciones o las comunidades a las cuales ellos pertenecen y que, hasta el día de hoy, formaban su horizonte o su «mundo».

Indudablemente el aspecto extensivo y el aspecto intensivo no son independientes uno del otro. Todo consistía, aparentemente, en universalidad extensiva cuando, poco a poco, la colonización «europea» englobó todas las tierras habitadas y deshabitadas; luego cuando el mundo fue dividido políticamente, sin «resto» aparente, entre Estados-nación cuyo conjunto forma una sola «Organización de las Naciones Unidas», o cuando redes de comunicación mundial emiten los mismos programas en todo el mundo, valiéndose de una lengua internacional, o simplemente de imágenes idénticas que se van retransmitiendo en todas partes. Sin embargo, podemos hablar de universalidad intensiva cuando esas imágenes –al igual que los estados de cuentas bancarias o las ofertas publicitarias, los datos de Internet, acaso mañana los procedimientos de vigilancia policial y la detección de «riesgos» sociales– van al encuentro de los individuos del mundo entero «a domicilio», y con ello transforman la noción de domicilio. Podemos hablar de universalidad intensiva cuando la calificación, el empleo, el nivel de vida de cada individuo depende a cada instante de una competencia universal en el mercado laboral, cuando cualquier formación intelectual depende del aprendizaje de una lengua y de códigos internacionales, cuando las modalidades alimentarias y sanitarias, los hábitos sexuales de los individuos son sometidos a reglamentaciones mundiales, etcétera.

En ese sentido, lo universal «real» nada tiene de nuevo, dirán ustedes. Indudablemente, no siempre existió, pues hubo un tiempo en que «el mundo» era concebible sólo en términos cosmológicos. Pero al menos desde el surgimiento del «mundo moderno» esa realidad está presente, es el horizonte de aquello que llamamos Modernidad. Por eso hace falta precisar qué tenemos frente a nosotros. La universalidad real pasó por etapas durante su extensión; su intensidad conoció distintos grados. Pero, para «finalizar» (aunque, ¿qué es ese «fin»? Gran pregunta, o acaso gran espejismo de la posmodernidad...) hubo que superar cierto umbral, más allá del cual el proceso se tornó irreversible. Eso hace imposible cualquier «desconexión» (S. Amin), cualquier retorno a la autarquía en el seno del «sistema-mundo» (I. Wallerstein).

En consecuencia, las figuras *utópicas* de universalidad y mundialidad, que proyectaban crear una *cosmópolis* o poner a la humanidad en relación consigo misma y a la vez emanciparla, como una figura simultáneamente natural y moral, pronto se volvieron obsoletas, sin objeto. No porque finalmente se hubiera confirmado imposible ligar entre sí las distintas partes del mundo en el seno de un espacio único, sino por el motivo exactamente contrario: porque esa reunión de la humanidad consigo misma ya fue efectuada, porque *ya quedó a nuestras espaldas*. Ambos fenómenos sólo forman el derecho y el revés de un mismo acontecimiento, del que sin embargo nos damos cuenta con demora, y diríase con pena, de mala gana. Lejos de marcar el «fin de la historia», marca el fin del «cosmopolitismo utópico» y, luego, de cierto *humanismo teórico*, compeliéndonos a reconocer que la unificación de la humanidad, tal como la lleva a cabo la mundialización, o el advenimiento de la universalidad real. Nada tiene que ver con la puesta en vigor de los valores morales o culturales que la utopía se representara como presupuesto o como consecuencia inmediata suyos.

¿Diremos entonces que ya no es cuestión de *lograr la unidad del mundo*, o hacer que el mundo realmente exista, sino de *transformarlo*? No es casual que recordemos la célebre fórmula de las *Tesis sobre Feuer-*

bach de Marx: «Hasta ahora los filósofos no hicieron más que interpretar el mundo de distintos modos; ahora es cuestión de transformarlo» (Tesis XI). Sin embargo, acaso sea para ver cómo surge una aporía aún más ineludible. Si puede hablarse de «transformar el mundo», sin duda éste posee una realidad, o forma la figura de una universalidad real. Marx tenía una percepción muy vívida del proceso que llevaba a esa realidad. Veía en ella una consecuencia de la extensión de la división del trabajo y de la sumisión de todos los vínculos sociales a la circulación de mercancías. El elemento utópico no estaba menos presente en la idea que él se hacía del desarrollo del capitalismo como «simplificación radical» de las estructuras sociales, el agotamiento de todas las formas de dominación tradicionales en pro de la pura explotación del trabajo asalariado, que finalmente llevaría al surgimiento de un único antagonismo entre el desarrollo de la individualidad y el del capitalismo mundial, por ende a una inversión «catastrófica» de la alienación y al comunismo concebido como reapropiación de sí de la *Produktivkraft* humana. Esa representación metafísica además de teleológica era probablemente la única manera de dar forma discursiva a esa figura paradójica: la del último de los utopistas anunciando la imposibilidad de las utopías.

Pese a ello, en el mundo actual la universalidad real no se reduce a la mundialización de las estructuras económicas. Con el surgimiento de estrategias transnacionales y de sujetos que ya no constituyen instancias o individualidades locales, también adquirió dimensión política. Se volvió cultural con el surgimiento de *networks* dominantes que a su vez suscitan, dialécticamente, movimientos de «contracultura» a través de las fronteras. *Ipso facto*, el esquema de inteligibilidad que parece más adaptado para interpretar las manifestaciones de la política-mundo es antes el esquema hobbesiano de «guerra de todos contra todos» que el clausewitziano, hegeliano o marxista, que opone fuerzas simétricas y susceptibles de «alcanzar los extremos» («*monter aux extrêmes*»). Pero no hace fracasar las interpretaciones hobbesianas cuando plantea la problemática correlativa: la referente a las posibilidades de control por medio de una autoridad política y jurídica que se elevaría por encima de los conflictos de los individuos. Ya repose sobre la constricción, sobre el consentimiento, o sobre su combinación, un Leviatán mundial –es decir, un centro de reglamentación de los conflictos sociales a escala mundial (*rational central rule*)–[2] parece más que nunca estar fuera del alcance o carecer de injerencia sobre la complejidad que éstos ponen de manifiesto y más bien nos haría pensar en el Behemot.

2. Herman van Gunsteren, *The Quest for Control. A Critique of the rational-central-rule Approach in Public Affairs*. Nueva York, John Wiley and Sons, 1976.

Se me permitirá hacer ahora algunas observaciones muy sencillas para caracterizar la figura de esa nueva complejidad. Sería muy factible que al respecto la expresión inglesa *globalization*, vertida en el ámbito francés con «*mondialisation*» fuera particularmente equívoca. Ella implica, además, una referencia a la imagen de un «centro», constituido por potencias rivales, que sometería o incorporaría gradualmente «periferias» y «regiones exteriores». Recordemos que, por su parte, Wallerstein diferencia cuidadosamente entre ambas. Tal como se desenvolvió durante los siglos anteriores, ese proceso se mostraba como toma de posesión de Estados y sociedades enteras, importación de bienes y fuerzas humanas, explotación de mano de obra y de recursos naturales, exportación correlativa de idiomas, técnicas, instituciones, incluida la institución nacional. La repercusión como «reflujo» de esa expansión característica de la situación actual evidentemente no deja abolidas la dominación política ni las desigualdades económicas: incluso podría decirse que ante nuestros ojos la polarización de riqueza e indigencia, de poder e impotencia, alcanza un grado sin precedentes. Pero ya no existe un centro único o una «región central». Antes bien, hay una red, un equilibrio inestable entre expansión neocolonial y penetración, en dirección contraria, de fenómenos y grupos periféricos en la textura de las sociedades del centro.

Aprovecho la oportunidad para hacer una primera mención a los peculiares efectos de las migraciones masivas de poblaciones, que de ahora en más caracterizan la existencia de la especie humana. Intentaré evitar los *a priori* eurocentristas u occidentales. En ocasión de un coloquio organizado recientemente en París, el sociólogo mexicano Pablo González Casanova hizo notar que en el Tercer Mundo, especialmente en los antiguos países coloniales, desde hace mucho tiempo se asiste a lo que hoy se denomina «multiculturalismo». Al respecto, el Tercer Mundo estaba adelantado, mostraba el camino. Esa configuración, con los conflictos que trae aparejados virtual o empíricamente y las adaptaciones que impone, no constituía una excepción o una etapa transitoria: es la situación general, típica de nuestra época de universalidad real.[3] Se adivina que los debates abiertos acerca del «Nuevo Orden Mundial», acerca del estatuto de los lenguajes y de los códigos culturales dominantes y dominados, etc., no tienen otra meta que saber si esa configuración es compatible con una pura y simple continuidad de las instituciones y de las formas políticas resultantes de la conquista europea (y estadounidense) de la hegemonía mundial, sobre todo la institución Estado-nación en mayor o menor me-

3. Pablo González Casanova, «Ciudadanos, proletarios y pueblos: El universalismo hoy», ponencia en el coloquio *L'avenir des idéologies, les idéologies de l'avenir*. París, Maison des Sciences de l'Homme, 1993, mimeo.

dida completamente soberana, y la institución cultura nacional en mayor o menor medida enteramente unificada.

Acaso lo más interesante en esa situación sea la transformación que hace padecer a la noción de *minorité* [minoridad, minoría]. Noción compleja, que entraña a la vez una referencia jurídica y una referencia sociopolítica. En los recintos jurídicos se llama «menores» a los individuos y grupos humanos que se encuentran sometidos a la autoridad protectora de los ciudadanos con plenos derechos; el ejemplo clásico es el de los niños respecto de sus padres. En un célebre texto de 1784, Kant había tomado como punto de partida dicha acepción para definir el proceso de emancipación de la humanidad en conjunto –él identificaba ese proceso con el *Iluminismo*– como «la salida del hombre de su Minoridad, de lo cual él mismo es responsable».[4] Distintos grupos humanos permanecieron durante cierto espacio de tiempo relativamente confinados en un estatuto de minoría: mujeres, empleados asalariados, pueblos colonizados, «razas inferiores» –vale decir: pasibles de ser reducidas a esclavitud– y, como es bien sabido, incluso cuando obtienen el reconocimiento de una igualdad formal, de manera más o menos veloz y libre de complicaciones, una auténtica *paridad* de derechos y deberes, de capacidades reconocidas y de rangos sociales está muy lejos de echar a andar *ipso facto*.

En cuanto a la otra acepción del término, deriva más bien de la administración y de la estadística. Designa la circunstancia de que algunos grupos caracterizados por su especificidad religiosa o étnica se encuentran instalados en medio de una población dominante conocida como «mayoritaria». Eso ocurre principalmente en los estados nacionales o imperiales. Segregación, estatuto especial, protección de su «identidad» colectiva, pero también tendencia a asimilarse al modelo mayoritario constituyen entonces los polos de su situación. Podría decirse que esta última tradicionalmente se presentaba como una situación excepcional, pero normalizada. Al respecto, el nacionalismo decimonónico y la formación de los *États-nationaux* [Estados «metropolitanos»] llevaban a una situación de doble filo. Por un lado, usualmente se consideró «normal» que un Estado-nación tienda a plasmar una homogeneidad étnica, y en ocasiones también religiosa, de su población, ante todo en cuanto atañe a la lengua nacional oficializada en el derecho, la política, la educación, la administración, etc. De ello deriva toda una serie de efectos culturales de peso. Por el otro lado, precisamente que las comunidades se presenten como Estados-nación hizo que existieran las «minorías», es decir, que las poblaciones sean clasificadas y «territorializadas», en sentido lato, según

4. Immanuel Kant, «Respuesta a la pregunta: "¿Qué es el iluminismo?"», introducción, traducción y notas de Jorge E. Dotti, *Espacios de crítica y producción*, núms. 4-5. Buenos Aires, noviembre-diciembre de 1986, pp. 40-47.

criterios de pertenencia nacional o étnica, a menudo también religiosa; que, además, los individuos se vean identificados según su estatuto mayoritario o minoritario común, más allá de todos sus demás semejanzas y diferencias. Esa existencia de minorías, a la par con su estatuto en mayor o menor medida elevado, fue una construcción de Estado, correlativa al desarrollo de la forma nación.

Ahora bien, la universalidad real tiene un efecto muy ambivalente sobre esa situación. Por una parte, generaliza los estatutos de *minorité*, inicialmente en el sentido de que hay minorías –ya sean de origen antiguo o reciente– en todas partes. No sólo están tradicionalmente arraigadas *in situ*, sino que llegan de todo el mundo. Pero al mismo tiempo *la diferenciación entre minorías y mayorías tiende a opacarse por sí sola*. Una cantidad en aumento de individuos y de grupos no se deja fácilmente repartir entre identidades étnicas, culturales, lingüísticas, o incluso religiosas, unívocas.

Insisto en ese punto, políticamente muy sensible. Debe recordarse que lo conocido como discurso «comunitario» (aun sin llegar a las formas extremas de reivindicación de la «pureza étnica») tiene idénticas posibilidades de surgir dentro del marco de grupos dominantes y de grupos dominados, como acción o como reacción. Ese discurso resalta que las sociedades se volvieron más heterogéneas. Hay «otros» por doquier, en cantidad creciente, establecidos en medio de la población «nacional». Así, hay en los Estados Unidos cada vez más *latinos* o *hispanos* que se alinean cada vez menos con los modelos dominantes de la cultura anglosajona, o reputada como tal. De igual modo cada vez más «musulmanes», o reputados como tales, conservan abiertamente en Europa occidental parte más o menos importante de su idioma o de sus creencias. Con todo, evidentemente esto sólo es una cara de la moneda. La otra, no menos decisiva, estriba en que entre esos «otros» o «extranjeros», tal como entre los *nationaux* [ciudadanos-«metropolitanos»] se encuentran *cada vez más individuos a los que no es sencillo clasificar*, de modo unívoco. Ellos contraen matrimonio con individuos de otra cultura o de otra raza, pasan su existencia en constante cruce de las fronteras ficticias de las comunidades, y por ende en la vivencia de una identidad múltiple, o escindida. Ponen en práctica lenguajes y fidelidades comunitarias diferentes según las circunstancias de la vida pública y privada. Si bien a veces los individuos correspondientes son estigmatizados como marginales, la situación de la que son exponentes nada tiene, por su parte, de marginal. Así, a mayor multiplicación de las minorías, menor facilidad para comprender, tanto desde el interior como en el exterior, qué es una «minoría». Quizá por ello a veces se la intenta determinar nuevamente con la violencia.

Ese proceso contradictorio halla una destacada expresión en el caso de las construcciones supranacionales, incluso cuando éstas siguen teniendo un carácter precario, como en Europa occidental. Los distintos Estados-nación que componen la unidad venidera implican sendas poblaciones «mayoritarias» y «minoritarias», por más que el modo de definirlas o reconocerlas nunca acabe por ser el mismo: puede predominar el sesgo lingüístico o el religioso (o cierta vaga referencia a la unidad cultural de ambos, como en el caso de los «musulmanes» o árabes), ligado o no a determinado territorio, a un origen antiguo o reciente, geográficamente cercano o lejano, con o sin derecho de ciudad y ciudadanía. Sin embargo, basta tomar en consideración ese mosaico desde un planteamiento *global* –en este caso, *europeo*–, para que ciertas «mayorías» corran el riesgo de aparecer a su vez como «minorías» cuyos rasgos de identidad lingüística, religiosa y cultural no tienen cuota alguna de privilegio absoluto. Incluso las poblaciones que obtienen beneficios políticos de la representación por parte de un Estado poderoso (como las poblaciones inglesa, francesa, alemana) no constituyen en ese aspecto una referencia absoluta. Ahora bien, al mismo tiempo rasgos culturales que en el seno de cada Estado-nación parecían minoritarios, como la referencia islámica, se vuelven un vínculo virtual y acaso un interés común entre poblaciones «europeas» de distinto origen. Entonces se vuelve difícil justificar racionalmente que en la «construcción de Europa», entre todos los grupos que se mezclan y se superponen para configurar el sistema étnico y social de aquélla, y aportan a su vida económica o cultural, o al funcionamiento de sus instituciones, algunos *reconocidos* como tales se vean beneficiados con un estatuto privilegiado, mientras que se sigue segregando a otros. El *apartheid* que en cada escena nacional apenas se volvía visible está ahora en el candelero en el gran teatro supranacional. Pero precisamente esas dos escenas están cada vez menos aisladas. Evidentemente esa situación lleva a que una parte, de mayor o menor envergadura, de la población llamada «mayoritaria» se sienta amenazada: en el momento en que se destruye parcialmente el *État-Providence*, el Estado nacional-social, lamenta que la conduzcan a un estatuto de inferioridad. Ése es uno de los motivos que a escala continental contribuye con el desarrollo de ideologías de «preferencia por lo nacional»[5] y «depuración étnica» en cada contexto nacional, incluso cuando están desprovistas de cualesquiera bases históricas.

De buena gana sugeriría que, pese a sus limitaciones, se conciba según ese modelo el proceso emergente a escala mundial; *cada vez más minorías, cada vez menos mayorías estables o indiscutibles*. Según creo, debe ligarse directamente ese proceso a la contradicción más explosiva característica de la universalidad real, vale decir la combinación de las di-

5. Cf. en este volumen la Sección III de «Las identidades ambiguas», pp. 69-74.

ferencias étnicas y las inequidades sociales dentro del marco de un sistema único de *exclusión interna*.

La colonización, el imperialismo, pero también la historia de las luchas de clases nacionales, habían determinado un proceso de integración social por lo menos relativo, al mismo tiempo que una tendencia dominante a la asimilación cultural, en cualquier caso dentro de los países llamados «desarrollados» del «centro» de la economía-mundo. Las diferencias de estatuto, al igual que las formas extremas de la polarización social, se concentraban en la «periferia». En cierta medida podemos formarnos una imagen de las iniciativas de desarrollo socialista y antiimperialista como intentos de luchar contra la *exclusión externa* y colmar ese desfasaje. Pero de ahora en más la diferenciación territorial entre regiones desarrolladas y regiones subdesarrolladas es menos estable. La polarización de los estatutos económicos se traduce de modo menos directo en estructuras territoriales; la interferencia o la sobredeterminación de las diferencias de clase y las segregaciones étnicas se produce tanto en el Norte como en el Sur, de modo que en todas partes *la exclusión interna reemplaza la exclusión externa*. Una «clase inferior» (*underclass*), que precisamente no es un neoproletariado, parece estar en vías de constitución a escala mundial, pese a que, en el otro extremo, una clase privilegiada transnacional intenta formarse intereses y un lenguaje común. Por eso recalqué, en otros sitios, la idea de que las nuevas formas de racismo no remiten a la forma tradicional del nacionalismo y de la xenofobia tanto como a la manera en que esos esquemas identitarios, con su ambivalencia característica, evolucionan dentro del marco de una exclusión interna mundializada. Remiten a las discriminaciones y antagonismos que oponen a poblaciones ya pertenecientes a una sola sociedad, donde son a la vez completamente atomizadas e irreversiblemente entremezcladas.

Lo anterior nos permite describir (sin evadir las incertidumbres) la universalidad real como una época o etapa histórica en la que por primera vez la humanidad ya no es simplemente un ideal, una noción utópica, sino que se volvió condición de existencia de los individuos humanos. Más que una situación en la que todo individuo se comunica al menos virtualmente con los otros, conforme a la descripción que Marx, siguiendo a Adam Smith, había propuesto en *La ideología alemana*, es una situación en la que redes de comunicación mundial procuran a cada individuo humano una imagen deformada, un *estereotipo* de los demás, proyectándolos en la dicotomía de «parecidos» y «diferentes» hasta en el caso de los individuos «de otra especie». Hay que convenir, entonces, en que las identidades entre las que cada vez media menos distancia son también cada vez menos inconciliables, a la vez menos unívocas y más antagónicas.

II

Querría ahora examinar un concepto completamente distinto, el de lo universal *como ficción*, la *universalidad ficticia*. Indudablemente cualquier terminología implica una porción de arbitrariedad. Tan sólo el desarrollo de la argumentación puede, en el caso menos propicio, disipar los riesgos de malentendido. Al decir aquí que debemos considerar una ficción lo universal no sugiero que carezca de existencia, que permanezca en el estadio de posible o de idea, por oposición al ámbito de las realidades y de los hechos. Dentro de un instante me ocuparé del problema de la universalidad ideal. La ficción de la que deseo hablar es efectiva (*wirklich*), consiste en instituciones y representaciones, es decir, en realidades que fueron objeto de una construcción o una elaboración. Por lo tanto, pretendo evitar la idea demasiado extendida según la cual toda identidad personal o colectiva remite precisamente a una «construcción cultural» en el *mismo* sentido del término, conforme al esquema relativista estupendamente defendido por algunas teóricas feministas.[5] Esto nos lleva a ubicar sobre un mismo plano todos los procesos históricos y discursivos que tienen por efecto constituir formas de identidad y de individualidad y jerarquizarlas de modo que algunas se vuelvan más fundamentales que otras, a las que ellas brindarán las condiciones de su complementariedad o de su incompatibilidad. Ahora bien, diferenciar entre niveles me parece tanto más necesario por cuanto nos vemos confrontados a una vacilación de las estructuras normativas de la identidad y de la individualidad. Dicho de otro modo, de las instituciones que producen nuestras representaciones comunes de la persona, del *yo* y del sujeto y las inculcan a los individuos en un proceso educativo o, en términos más generales, de experiencia social. Lo que a veces se denomina crisis de valores es antes bien una crisis de referencias o, si se prefiere, del «sentido». Así, lo que se halla en tela de juicio es precisamente el carácter de normas subjetivas y de modelos de individualidad que no son naturales ni arbitrarios; y ahora esa doble negación representa el término *ficción*.

Una larga tradición que forma un todo con la historia de las ciencias sociales se ocupa de la universalidad ficticia en ese sentido. La formulación que, sin embargo, me parece más esclarecedora es la formulación hegeliana, en especial dentro del marco de lo que Hegel había designado con un término frecuentemente considerado intraducible: *Sittlichkeit*, a cuyo respecto privilegiaré, de modo muy alusivo, la presentación que fi-

5. Judith Butler, *Gender Trouble. Feminism and the Subversion of Identity*. Routledge, 1990. En consecuencia, el proceso de «deconstrucción» puede interpretarse de manera muy voluntarista como una práctica de la «repetición paródica».

gura en la *Filosofía del Derecho.*[6] La agudeza de la construcción hegeliana de la individualidad en tanto noción «ética» proviene sin duda de que sin dejar de defender cierto sistema de valores colectivos, los del Estado «moderno» o del *Rechstaat* que halla ocasión propicia para su configuración «racional» en la Europa del siglo XVIII después de las revoluciones «burguesas», hay una muy vívida conciencia del conflicto que opone entre sí dos concreciones antitéticas de lo universal como ficción, y por consiguiente de sus analogías: por un lado, la forma religiosa; por el otra, la forma política nacional. En cierto sentido, la dialéctica hegeliana completa no tiene otro propósito que explicar cómo una gran *ficción* histórica –la ficción de la Iglesia universal– debió ser reemplazada por otra, la del Estado y su constitución laica y racional. Es el Estado-nación, cuyas finalidades son asimismo profundamente universalistas.[7]

Sabemos que ese proceso tal como lo ve Hegel es indisociable de la idea de que la historia lleva *necesariamente* de una universalidad religiosa, o teológica, a una universalidad política o, dicho de otro modo, es indisociable de una *secularización.* En términos hegelianos, la universalidad religiosa sólo es racional *an sich* o de forma alienada, mientras que la universalidad política es consciente de sí, racional *für sich.* De una a otra habría que leer una progresión irreversible. Y por eso mismo la universalidad política se muestra como un absoluto en su orden, precisamente el de la ficción. Habrá de admitirse que somos llevados a relativizar esa representación, no tanto por causa de lo que hoy se conoce como «retorno de lo religioso» como por causa de la manera en que se desarrollan las contradicciones internas de la universalidad política, o de lo laico, incluso mientras las contradicciones internas del universalismo religioso evidentemente están muy lejos de haber agotado su potencial. Diremos que la crisis de las hegemonías religiosas siempre está abierta, mientras que la crisis de las hegemonías laicas, o de la forma nacional, ya está en camino de desarrollarse sin final previsible. Con todo, pienso que esta crítica de

6. Georg W. F. Hegel, *Principios de la Filosofía del derecho o Derecho natural y ciencia políticao*, versión castellana de Juan Luis Vernal. Buenos Aires, Sudamericana, 1975; en especial parte III, §§ 142-360. Véase también la Introducción a las *Lecciones de filosofía de la historia*, traducción y preámbulo por José María Quintana Cabanas, a partir de la edición de F. Brunstäd. Barcelona, PPU, 1989, pp. 26-29; y la *Enciclopedia de las ciencias filosóficas en compendio. Para uso de sus clases*, §§ 548 ss; versión, introducción y notas de Ramón Valls Plana. Madrid, Alianza, 1997, pp. 566 ss.

7. Cf. en especial la *Observación* y el *Agregado* al § 270 de la *Filosofía del derecho*, en *Principios...*, ed. cit.., pp. 300 ss. y 312 ss.; al igual que la *Observación* al § 552 de la *Enciclopedia* [reproducida en cuerpo menor en la ed. Alianza, pp. 571-579]. Véanse el comentario de C. Colliot-Thélène, *Le désenchantement de l'État de Hegel à Max Weber*. París, Minuit, 1992 (capítulo I, Hegel et la Modernité, pp. 32 ss.); y, en otra orientación, el de B. Bourgeois, *Éternité et historicité de l'esprit selon Hegel*. París, Vrin, 1991.

la teleología hegeliana no priva de toda pertinencia su construcción analítica. Muy por el contrario. Por eso, no me negaría a llamar «universalidad hegeliana» (si no «universalidad dialéctica») lo que acabo de llamar «universalidad ficticia».[8]

La pertinencia de la construcción proviene fundamentalmente de la manera en que se propuso superar la alternativa abstracta entre individualismo y organicismo («holismo»). A Hegel le interesa la modalidad con que se edifica una *hegemonía*, lo que yo denominaré *ideología total* (y no «totalitaria»), y el vínculo que ella entabla con la noción de *persona* o de individualidad *autónoma*. En ese sentido, las religiones universalistas, tanto como la hegemonía del Estado nacional en tanto Estado de derecho, reposan sobre ideologías «totales». Son capaces de incluir gran cantidad de identidades y de pertenencias distintas. Su pretensión de universalidad es entonces la inversa de una concepción del mundo totalitaria, en cuyo seno se considera que los individuos adoptan el mismo sistema de creencias, siguen reglas unívocas de comportamiento, con miras a un bienestar (*salut*) común o de una naturalización de su identidad común. Las ideologías totales son fundamentalmente *pluralistas*, indisociables de un reconocimiento, y aun más de una instauración del individuo en tanto entidad relativamente autónoma. Digo «relativamente» pues por cierto no se trata de demostrar que no es reductible a ninguna en especial, y con ello que en teoría y en la práctica –en el funcionamiento cotidiano de instituciones fundamentales de carácter confesional, judicial, educativo, profesional, cívico, etc.– *supera* los límites y las restricciones características de las identidades y de las pertenencias específicas.[9] Propongo, entonces, interpretar de este modo la idea de universalidad ficticia, o de lo universal como ficción: no como una naturaleza humana común ya dada, inherente a los individuos, sino como una relativización de las identidades particulares, que a cambio permite que éstas lleguen a ser mediaciones de la plasmación de un fin superior.

Querría demostrar de modo muy esquemático que esa figura es cabalmente efectiva y no obstante ello implica un presupuesto muy estricto,

8. Sigo, en este punto, a Derrida, cuyo gran libro *Glas* –París, Galilée, 1974– en la mitad que se ocupa de Hegel no tiene más objetivo que demostrar cómo esa universalidad tropieza en su interior con el problema de la unión de los sexos en el matrimonio, o bien, desde otro punto de vista, reposa sobre su propio tropiezo.

9. «El principio de los Estados modernos tiene la enorme fuerza y profundidad de dejar que el principio de subjetividad se consume hasta llegar al *extremo independiente* de la particularidad personal (*zum selbständigen Extreme der persölischen Besonderheit*), para al mismo tiempo *retrotraerlo a su unidad sustancial*, conservando a ésta en aquel principio mismo.» *Principios*, § 260. El carácter «pluralista» del pensamiento político jurídico de Hegel está bien presentado en el libro de Shlomo Avineri, *Hegel's Theory of the Modern State*. Cambridge University Press, 1972; en especial, pp. 167 ss.

el cual puede dar cuenta de su crisis e incluso de su derrumbe, por poco que estén dadas otras condiciones, especialmente condiciones económicas. Lo que la torna efectiva es que de por sí la individualidad siempre es una institución, no existe por fuera de una representación y de un reconocimiento, que a su vez supone que el individuo está desligado de la pertenencia estricta o de la fusión en el seno de una comunidad primaria o *Gemainschaft*: así, adquiere la capacidad de cumplir simultáneamente varios tipos de funciones sociales, sin dejar de ser miembro de una comunidad superior que en última instancia hace de él un «sujeto». Pero esa figura tiene presupuestos muy problemáticos, en cuanto se demuestra indisociable (como expone el propio Hegel) de la imposición de una *norma*, de la constitución de una normalidad moral e ideológica: hace falta mantener a lo largo del tiempo, de generación en generación, una «ideología práctica dominante», un conjunto de creencias y de reglas de comportamiento al menos para la «mayoría», y con ello las divisiones sociales, ya sean divisiones de clase o de otro tipo.

Obtuvieron de modo ejemplar ese doble resultado las religiones universales. Eso explica por qué siguen brindando el tipo ideal de la hegemonía. No logran abolir las adhesiones a la comunidad familiar, a la profesión o a la organización del trabajo, ni la identificación según las diferencias étnicas y raciales, tampoco las jerarquías sociales y políticas. Al contrario –si al menos soslayamos los movimientos mesiánicos o apocalípticos cuya emergencia constituye precisamente un elemento de su crisis–, representan el reconocimiento mutuo de los fieles, y el amor perfecto por el prójimo como un fin trascendente, que en lo terrenal apenas puede ser aproximado, y que deriva de la esperanza antes que de la estrategia. A cambio, prescriben a los individuos vivir interior y exteriormente su particularidad según los deberes, las reglas que se condicen con el objetivo final de bienestar. Además, se considera que ellas preparan la realización de esos elementos. Así, alguna de las instituciones profanas puede volverse «cristiana» (o «islámica»), en tanto ofrece la posibilidad de una vida que hace de aquélla una mediación, o un medio indirecto de la redención. Se deconstruye y reconstruye todas las instituciones particulares, al igual que las comunidades, las identidades y las formas de reciprocidad que las acompañan, o se las restablece después de transformarlas para que se integren a una totalidad. Un individuo puede ser reconocido como miembro o representante de una familia, una profesión, una vecindad, un linaje, etc., accionar conforme a las obligaciones y beneficiarse de los privilegios que otorgan las pertenencias comunitarias, cumplir los deberes y sufrir con calma las aflicciones oportunos, como padre o madre, soldado o sacerdote, amo o sirviente, francés o alemán, etc. Todas esas prácticas son sacrosantas; preeminentemente nunca son más que ritos que se corresponden con todas las circunstancias de la vida social, o van acompañados por ritos que se condicen con ellas. Pero lo inverso es igualmente cierto: cada una de esas cualidades, cada una de sus prácticas, distribuida entre los grupos sociales o sucesivamente asumida por los mismos individuos, puede ser vivida como una mediación intrínseca de la vida religiosa.

Otro tanto ocurre con la hegemonía cada vez que se materializa en la construcción de un Estado independiente. Eso le permite «nacionalizar» los principales aspectos de la vida social y de la cultura. Ésa es la significación más precisa que podamos dar a la idea de *secularización*. Desde un punto de vista religioso, la hegemonía nacional fácilmente parece ser incompatible con la autonomía del individuo y su libertad de conciencia. Cada una de esas hegemonías propone una visión distinta de lo esencial en la persona humana, de lo que constituye su «sustancia». Por idéntico motivo, cada una profesa un *point d'honneur* antitético, revelador del valor supremo cuya realización persigue. En el caso de las religiones universales, es la paz entre las naciones, el reconocimiento de una comunidad supranacional por parte de todos los poderes políticos. En el caso del Estado-nación, es antes bien la paz o la tolerancia entre las confesiones y a partir de ese modelo, en términos más generales, entre las distintas «ideologías», bajo la advocación de la ciudadanía común y de la preservación del orden público, legal. Pero tanto una como la otra constituye, según su propio punto de vista –por tanto, dentro de sus propios límites– lo que hoy se conoce como *pluralismo*.[10] Los Estados-nación, según las vicisitudes de su historia generalmente conflictiva e incluso sangrienta, hallaron distintos medios para pacificar las relaciones entre las religiones, de hacer coexistir identidades regionales o étnicas, y «conciencias de clase». Por otra parte, se sabe que esos medios generalmente están a gran distancia de la igualdad estricta. A ellos subyacen relaciones de fuerza nunca estabilizadas. Sin embargo –porque lo permiten a las distintas comunidades–, logran no sólo integrarse a una «comunidad total», o «superior», la de los ciudadanos del Estado-nación, sino sobre todo volverse *ellos mismos* esas mediaciones. El *reconocimiento de las diferencias*, o la alteridad en los límites de la ciudadanía, el «derecho a la diferencia» es, así, la mediación esencial de la ciudadanía nacional.

¿Por qué, en estas condiciones, hablar todavía de universalidad? Alguien me dirá que en este caso lo universal da cuenta de la *falsa concien-*

10. Huelga decirlo. Ningún movimiento histórico se funda sobre una base religiosa o nacional para arribar a la identificación mutua de los espíritus, de modo mesiánico o «místico». Sin embargo, esos movimientos son «excesivos» o «impetuosos» y partisanos, son incompatibles con la «normalidad» de las instituciones, aquello que Weber llamaba «rutinización del carisma». Acerca de la noción de «pluralismo» como designación nacional de la hegemonía en la historia de los Estados Unidos, cf. Olivier Zunz, Genèse du pluralisme américain, *Annales E. S. C.*, 2 (1987), pp. 429-444.

cia, de que una Iglesia o un Estado como institución de poder necesita un discurso de «legitimación» con que enmascarar y transfigurar a la vez su particularidad, poniendo en primer plano finalidades ideológicas, valores idealizados. No impugno la realidad de ese aspecto de las cosas. La crítica marxista o de tendencia marxista (Escuela de Frankfurt) la marcó con especial énfasis; y cada vez que una argumentación de crítica social, contestataria, de protesta contra las inequidades reales se las imputa al Estado, a la Escuela, al Derecho, etc., para demostrar que funcionan al servicio de una clase o de una casta dominante (ya sea la clase capitalista, el imperialismo, los blancos, el sexo masculino, etc.) se hallará esa misma denuncia. Mi convencimiento al respecto no es mayor que respecto de la existencia de «consenso» o «hegemonía» por otro motivo, porque simultáneamente el discurso se arraiga en una estructura más elemental, *auténticamente* universalista o universalizante. Una estructura de ese tipo existe necesariamente cada vez que una comunidad *de segundo grado*, una «Terminal Court of Appeal» (Gellner) se erige por encima de las pertenencias «primarias», que también pueden denominarse tradicionales o «naturales» por antítesis, una comunidad que interpela a sus miembros *en tanto individuos*. Dicho de otro modo, cada vez que las pertenencias inmediatas son virtualmente deconstruidas y reconstruidas en tanto mediaciones de la totalidad. Así, contemplada desde fuera (o, como habría dicho Hegel, desde el punto de vista de lo absoluto, de la Historia universal como tal) la totalidad debe parecer *particularista* en el grado más alto. Hay múltiples «religiones universales», o múltiples interpretaciones rivales de la universalidad religiosa, al igual que hay múltiples Estados-nación, múltiples ideologías nacionalistas. Cada una de ellas pretende encarnar valores universales; y cada nación ser la «nación elegida» o haber recibido la misión de alumbrar el camino del progreso, del derecho, u otro, para la humanidad entera. Lo sabemos bien: nada hay más particularista que las pretensiones de universalidad institucionales; esto es, *el discurso* de lo universal.

Pero eso no impide la presencia de otro elemento de auténtica universalidad *interna* que reside en el proceso de individuación, de producción del individuo. Es una deconstrucción y reconstrucción virtual de las identidades primarias. Es tanto más efectivo en cuanto pasó por dificultades, conflictos de los más violentos, sucesiones de opresión y revuelta que pusieron en peligro la estructura hegemónica. Aquello que me atrevería a llamar «individuos individuados» en verdad no existe por naturaleza. Los instituyen la desintegración y la integración conflictiva de las pertenencias primarias. Por ello los individuos pueden ver la comunidad superior como una instancia de *liberación*, que los libra de la pertenencia, de la adhesión a un solo grupo, o de la identificación con tan sólo una identidad masiva, no diferenciada. Lo «universalista» es ese «cortocircuito» típico, el cual provoca la demanda, en simultáneo desde lo alto y desde lo bajo, de liberación y distanciamiento. Sin lugar a dudas, también habrá que admitir que la experiencia correspondiente es por naturaleza ambivalente: puede y debe a la vez ser vivida como desnaturalización, «constricción» impuesta a los lazos afectivos y a los sentimientos naturales en nombre de la Razón, de las Nociones Comunes. Esa ambivalencia es objeto pleno de las teorías de la educación.[11]

Tal proceso funcionó ya desde el origen de las estructuras de Estado. Si constituye un medio decisivo para incorporar individuos en una comunidad, se debe a que es productor de subjetividad. Con ello entendamos que a la vez instituye el deber del individuo hacia una comunidad más abstracta, simbólica, una *comunidad imaginaria*, en el sentido de Benedict Anderson, por ende lo *sujeta*. Otro motivo es que la universalidad profundiza una brecha entre vida privada y vida social, iniciativa individual y obligaciones colectivas, una obediencia *moral* y no sólo *ritual*. En ese ámbito la convicción y la conciencia de sí priman por sobre la costumbre, la autoridad llamada «natural». No cabe duda alguna: Hegel tenía razón al respecto. Como consecuencia de esa sumisión y de esa transformación de las pertenencias «naturales» de las culturas primarias bajo la ley del Estado, de la que ellas no dejan de depender, se autonomizan la «vida privada» y la «conciencia personal». O más bien la vida privada y la conciencia pueden ser la prenda en juego de conflictos entre los intereses particulares de tal o tal otra comunidad y los intereses comunes del Estado, pues *con anterioridad* el individuo fue situado, incluso antes de haber nacido, a distancia de su pertenencia inmediata debido a la existencia del Estado o de la esfera pública. En los Estados modernos, esa constitución de la subjetividad es una tensión permanente entre las pertenencias y la ciudadanía: toma la forma de la propiedad individual, de la elección de profesión y de opiniones, del «libre juego» (al menos formalmente) entre los compromisos que proponen las iglesias, la familia, la escuela, los partidos políticos y los sindicatos; en otros términos, lo que con Michael Walzer[12] podemos llamar «igualdad compleja», que es la esencia de la «sociedad civil» tal como sucesivamente la teorizaron los pensadores del liberalismo y del pluralismo, de Locke a Hegel, de Tocqueville a Gramsci.

Para concluir, diremos también que la universalidad total efectivamente logra integrar a los individuos por intermedio de sus pertenencias

11. Véase Hegel, *Principios*, cit., § 149, y los §§ siguientes en que se desarrolla el tema de la *segunda naturaleza*.

12. Michael Walzer, *Spheres of Justice. A Defense of Pluralism and Equality*. Nueva York, Basic Books, 1983. [*Las esferas de la justicia: una defensa del pluralismo y la igualdad*. México, Fondo de Cultura Económica, 2001.]

y en contra de ellas *demostrar*, por así decir, su universalidad en cuanto lleva a grupos dominados (e incluso oprimidos) a luchar contra la discriminación, contra la desigualdad *en nombre de los valores superiores de la comunidad, es decir, en nombre de los valores éticos y jurídicos del Estado, incorporados al ideal de la ciudadanía.*

Muy específicamente, eso sucede con el valor «justicia». Vemos producirse esa situación cuando, aun en nombre de la igualdad de derechos y de oportunidades proclamada entre todos los seres humanos, movimientos feministas acometen contra las leyes y las costumbres «patriarcales» (o patriárquicos) que, más que nunca, protegen la estructura autoritaria de la familia y extienden la dominación masculina que se arraiga en el conjunto de las esferas públicas, de la política a la profesión y a la cultura.[13] También lo notamos cuando grupos étnicos o confesionales dominados –«minoritarios»– reclaman la igualdad en la diferencia, en nombre de los valores de libertad y de pluralismo que el Estado inscribió oficialmente en su constitución.[14] Y ésta se desplegó a lo largo de los siglos XIX y XX. Las luchas de clases obligaron al Estado-nación a reconocer los derechos de los trabajadores e incorporarlos al orden constitucional: proceso «marxista» en sus modalidades, pero «hegeliano» en su resultado final. Los obreros que impusieron su derecho a organizarse y luchar contra la explotación no hicieron otra cosa que afirmarse como individuos y, una vez reconocidos como tales, construyeron las nuevas mediaciones colectivas de las que dependía la continuidad del Estado. No hay medio más eficaz para validar la universalidad de una estructura hegemónica que dirigirse contra ella con una denuncia, en mayor o menor medida lograda, del abismo que separa sus principios de su práctica real, y la pone en contradicción consigo misma.

Sin embargo, no olvidemos la inevitable contrapartida de esa universalidad: desde luego, la *normalidad* y, por consiguiente, las prácticas instituidas de *normalización* en su conjunto. Por eso la libertad que brinda cualquier hegemonía es ambigua. Ella libra al individuo de la pertenencia exclusiva o de la adherencia a las comunidades primarias. ¿Pero a qué individuo aludimos? Ella requiere la subjetividad, y la desarrolla, ¿pero con qué forma? Únicamente la compatible con la normalidad.[15] En el límite

13. Cf. Geneviève Fraisse, *La Raison des femmes*. París, Plon, 1992, pp. 98 ss., 103 ss. Fraisse demuestra inmediatamente que un itinerario de ese tipo es imposible, pues su reivindicación de derechos reposa sobre el uso de un «*como* los hombres» que debe incluir a la vez la identidad y la alteridad.

14. Pienso sobre todo en los movimientos de 1983 y 1984 en Francia: «Marche pour l'égalité», «Convergence pour l'égalité».

15. Las *mismas* instituciones «hegemónicas» son, en ese sentido, liberadoras y normalizadoras, de la familia a la educación, a la medicina, etc. Habrá que poner lo anterior en relación con su estructura «ni pública ni privada», como decía Althusser de sus «Aparatos Ideológicos de

de la universalidad ficticia (y en consecuencia sus fronteras internas, a la vez exhibidas y rechazadas), un individuo es *libre* (goza de la libertad de conciencia y de movimiento, es propietario de sí mismo y de sus bienes, dispone de una vida privada inviolable, tiene derecho al secreto tanto como a expresarse en la escena pública, entra en la carrera por diplomas y honores, etc.) en cuanto es «normal». Y esto en muchos sentidos estrechamente imbricados: moralmente «correcto», respetuoso de las reglas de honestidad; con goce de «todas sus facultades», o «moralmente sano», es decir, en observancia de los modelos de razonamiento y comportamiento acordes con los modos de comunicación reconocidos; sexualmente «normal», o conforme a los modelos de la sexualidad dominante (cuando menos, si ése no es el caso, con la aceptación de ocultar sus gustos y hábitos sexuales para vivirlos de manera esquizofrénica o, en el «mejor» de los casos, en el seno de alguna «minoría» estigmatizada o *subcultura* de gueto.[16] Hacer constar este hecho no es tomar posición *en pro o en contra* de la existencia del sujeto «normal» (y la normalización correspondiente); es sin más recordar que la normalidad es el precio que el sujeto debe pagar, de un modo también «universal» (al menos en apariencia, o sin que hayamos alcanzado la altura para poder señalar una alternativa de otro modo que no sea utópico), para obtener su liberación universalista de la sujeción primaria.[17] En sentido fuerte, la normalidad no es simplemente conformarse exteriormente a costumbres u obedecer a leyes, sino que reside en la *identificación con lo universal*, por consiguiente significa que el sujeto individual interioriza, e incorpora a sí, las representaciones de un *exemplar* de sujeto «humano» (auténticamente humano), que por tanto no es una esencia o un tipo teórico cuanto un modelo,

---

Estado», es decir, que opera *más acá* de esa distinción. La interpretación de lo universal como estructura normativa es la prenda en juego del «diferendo» entre la Escuela de Fráncfort y Michel Foucault. Cf. Michael Foucault, entrevista con Duccio Trombadori, *Il Contributo*, enero-marzo de 1980 [reeditado en *Dits et Écrits*, vol. IV, pp. 41 ss.; en especial, pp. 72-77]. Cf. asimismo la discusión de D. Janicaud, Rationalité, puissance et pouvoir, en *Michel Foucault philosophe*. París, Seuil, 1989 [VV.AA, *Michel Foucault, filósofo*. Barcelona, Gedisa, 1990].

16. Entonces, habría que poner en marcha ahora un debate acerca del *conflicto* que puede enfrentar los efectos de la universalidad *real* y los de la universalidad *ficticia*: el comportamiento «desviado» o «minoritario» manifiestamente puede, en determinadas condiciones económicas, verse valorizado o simplemente explotado por el mercado. Eso no impide a la moral hegemónica, pública y privada seguir estigmatizándolo. Pero la desestabilización de las «normalidades» hegemónicas también puede estribar, por reacción, en un poderoso factor de transformación de las identidades «mayoritarias» en ideologías de exclusión o «fundamentalistas». Y no sólo en los Estados Unidos esta contradicción se despliega en una escena constantemente ampliada.

17. Se notará, en este caso, que las utopías, en especial las «cosmopolitas», oscilan significativamente entre dos modelos: el de la *constricción* moral, a la vez absoluta y espontánea (el «reino de los fines» kantiano) y el de la *licencia* sin reglas (en cuyo seno no está probado que no se encuentre «en abismo» otra ley): Tomás Moro y Fourier.

un conjunto de reglas de comportamiento. Sin eso, no será reconocido como *persona*. Para poder presentarse (ser representado o representante), hay que ser *presentable*. Para poder ser respetado hay que se *respetable, responsable*.

Así, comprendemos por qué las estructuras clave de la hegemonía (las estructuras profundas de la «razón» hegemónica) siempre son las estructuras de la familia, de las instituciones educativas y de salud mental, de las instituciones judiciales: no tanto porque servirían para inculcar artificialmente las opiniones dominantes (la «filosofía oficial») o para satisfacer tradiciones autoritarias, como por exhibir día a día, de una manera inmediata y casi tangible, los modelos simbólicos de normalidad y responsabilidad. Es la normalidad de la diferencia y del carácter complementario de los sexos, normalidad de las jerarquías intelectuales y de los modelos del discurso racional, normalidad de la oposición entre el bien y el mal, los modos honestos y deshonestos de adquirir poder y riqueza; en suma, todo lo que la filosofía moral de la era clásica reunió en el término «ley natural». Evidentemente, no se sugerirá aquí que en una sociedad «normal» (es decir, normalizada) todos y cada uno de sus integrantes sean «normales», que en su seno no haya desviación ni hipocresía, sino simplemente quienquiera que no lo sea se encuentra por ello mismo aislado, excluido o sometido a la represión, que debe ocultarse o jugar a dos puntas. Ésa es la condición implícita y constrictiva bajo la cual la alteridad o la diferencia pueden incorporarse a una ideología «total» o una hegemonía hallar cabida en ella.

También nos señala aquello que no deja de acechar a toda hegemonía: no el simple temor a los conflictos, siquiera a antagonismos sociales radicales, por más amenazantes que sean para el poder de las clases dominantes; tampoco, por otra parte, la existencia de individuos o de grupos «desviados», de movimientos «subversivos» dirigidos contra los términos de la moralidad y de la cultura, sino *su combinación*, que surge cuando parece imposible reivindicar la individualidad y su derecho sin chocar contra las reglas de la normalidad, y volver a ponerlas en entredicho. Pero esto nos lleva a una tercera forma de lo universal, que denomino *universalidad ideal*.

III

Nuevamente debemos procurar evitar algunos equívocos. Antes que de ideal, quizá debería hablar de universalidad *simbólica*, pues lo que está en tela de juicio no es un grado suplementario de ficción sino que lo universal exista también *como un ideal*, en la forma de requerimientos absolutos o infinitos susceptibles de ser invocados simbólicamente contra toda limitación institucional. «Ironía de la comunidad», como dice Hegel a propósito de Antígona y la forma en que su negativa a obedecer divide la razón contra sí misma.[18]

Sin duda, deberíamos precisar de inmediato que en los hechos, con toda probabilidad, una universalidad «ficticia» nunca puede existir sin una referencia latente a la universalidad «ideal»; o al menos, como diría Derrida, a su *espectro* indeconstruible, que en todo momento parece alcanzarla y someterla para que se justifique desde su origen simbólico: *Déclaration des Droits*, por ejemplo. La justicia en tanto institución bien podría tener como condición no sólo que los individuos «interioricen» valores comunes o universales, *obligaciones*, sino de manera más profunda que estas últimas arraiguen en alguna *insurrección* fundacional, registrada por la historia o por el mito, de donde proviene para la subjetividad su propia «infinitud», o que hace de ella el equivalente de una exigencia de libertad «absoluta», que va al encuentro de todo *estatuto* social puramente intitucional (*lex*, *nomos*).

Si en este caso uno desea volver momentáneamente a una terminología marxista, el problema que se plantea es el de la constitución de las ideologías dominantes bajo la mirada de la «conciencia» de los dominantes y de los dominados. En un comienzo (en los desarrollos de *La ideología alemana*), Marx había planteado como un teorema constitutivo del «materialismo histórico» la proposición según la cual «la ideología dominante es siempre la ideología de la clase dominante»; pero esa proposición es insostenible. No sólo hace de las «ideologías» el mero duplicado o reflejo del poder económico (lo cual torna incomprensible que la dominación «ideológica» pueda apuntalar la dominación «real», o sumarle algo), sino que impide comprender la formación de un *consentimiento* o de un *consenso* (por ende, todo proceso de *legitimación*) con otro recurso que no sea el accionar de la astucia, la mistificación y el engaño; en suma, las categorías de una psicología social fantástica y fantasmática. Daría la sensación, pues, de que haría falta invertir el esquema de inteligencia de la dominación, para introducir la idea (que sólo es paradójica en apariencia) según la cual la condición necesaria para que una ideología «domine» (en el doble sentido del alemán *herrschen*) es que constituya una elaboración de los valores y las necesidades del «pueblo», de la mayoría, y hasta de la «multitud»; en suma, que se constituya en discurso *de los do-*

18. *Fenomenología del espíritu*. México, Fondo de Cultura Económica, 1966. En este caso la escritura de Hegel al intentar discernir la esencia de lo trágico acaso vaya más allá de lo que *quiere* decir: cf. la interpretación de Suzanne Gearhart, *The Interrupted Dialectic: Philosophy, Psychoanalysis, and their Tragic Other*. Baltimore, The Johns Hopkins University Press, 1992. Interpretación contraria de Françoise Duroux, *Antigone encore. Les femmes et la loi*. París, Côté-femmes éditions, 1993.

minados, tan distorsionado o invertido como quiera imaginárselo. «La sociedad», o las fuerzas que la dominan, no pueden hablar a las masas con el léxico de lo universal y de sus valores (derechos, justicia, igualdad, bienestar, felicidad, progreso...) sino en cuanto un nodo de significación y de interpretación subsista en el núcleo íntimo de ese lenguaje, que proviene de las propias masas y que a ellas es devuelto. Y el problema fundamental que se plantea entonces es saber si un retorno semejante (acaso siquiera preventivo...) alguna vez puede efectuarse *sin resto*, o sin *malestar*.

Sin embargo, una formulación de ese tipo no elimina todo misterio. Ante todo porque el discurso auténtico de los dominados (de los «subalternos»), «independiente» de cualquier utilización o inversión hegemónica, no es aislable como tal. Si aparece, es como un origen «olvidado», o como «síntoma» individual y colectivo, no tan manifiesto en palabras y discursos cuanto en una resistencia práctica, en la *existencia* o la *presencia* irreductible de los dominados en el núcleo íntimo de la dominación. Por ello es preciso reconocer que las formas reales del vínculo entre dominantes y dominados en el ámbito de la ideología no lograrían escapar de la ambivalencia histórica, pero también que una de las acepciones de lo universal está intrínsecamente ligada a la noción de *insurrección*, en sentido lato: quienes se rebelan colectivamente contra la dominación en nombre de la libertad y de la igualdad son precisamente aquellos a los que la historia llamó *insurgés*, *Insurgents*, *Insurgentes*. Denomino universalidad *ideal* a esa significación no sólo porque brindó su base a todo el «idealismo» filosófico que hizo del transcurso mismo de la historia el proceso mismo de la emancipación, la realización de la idea de hombre (o de esencia humana, de sociedad sin clases, etc.), sino porque con ella la noción de algo *incondicionado* se introduce en el ámbito de la política.

Un incondicionado no es necesariamente una trascendencia; al contrario. Eso se nota con toda claridad en el ejemplo mayor de las proposiciones concernientes a los derechos del hombre sobre la que se fundan las diferentes *Déclaration des Droits* o *Bill of Rights* de la era clásica, conocidas como «burguesas» por la historiografía.[19] Muy específicamente eso vale para la proposición que subvierte el vínculo establecido tradicionalmente entre sujeción y ciudadanía, para justificar la difusión universal de los derechos políticos o cívicos (o la ecuación universal entre «hombre» y

19. No sólo hay múltiples declaraciones, sino que es probable que su contenido esencial haya sido repetido gran cantidad de veces a lo largo de la historia. De todos modos, las formulaciones lanzadas a todo el mundo por la Revolución Francesa y la Revolución Estadounidense a fines del siglo XVIII tienen un privilegio que puede designarse «epocal» o «historial», en una terminología heideggeriana, es decir, que acontecen retrospectiva y prospectivamente.

«ciudadano», en el léxico clásico), explicando que igualdad y libertad son indisociables, y más profundamente idénticas. Por mi parte, acuñé la fórmula «proposición de igualibertad», sobre la base de la antigua latina *aequa libertas*, que nunca dejó de asediar la filosofía política de época moderna, de Spinoza a Marx, y de Tocqueville a Rawls y Arendt.[20] Pero lo que debe retenernos en este caso es justamente el carácter absoluto, el «todo o nada» de la igualibertad: no puede relativizarse de conformidad con la diversidad de condiciones históricas o culturales, no da cuenta de progreso alguno, pero es o no es; vale decir, es reconocida o negada en tanto principio, o mejor, en tanto imperativo.

Sin embargo, la universalidad concebida en ese sentido trae aparejados, nuevamente, un aspecto extensivo y uno intensivo. El aspecto intensivo es que la aplicación de los derechos del hombre no puede ser limitada o restringida a ciertos beneficiarios: hay una contradicción intrínseca en la idea de que todo hombre del planeta no goza de los derechos constitutivos de la humanidad. Por eso la igualibertad es una idea que conduce al profetismo y al proselitismo o que tiene, como decía Gramsci del comunismo, un carácter «expansivo»: eso no entraña un prejuicio acerca de la índole de las prácticas a las que puede revestir su discurso. Puede consistir en expansión geográfica, pero también, y sobre todo, en expansión civil o sociológica, pues ningún grupo lograría ser «por naturaleza» expulsado fuera del espacio de la reivindicación de derechos. La contradicción estalla cuando dentro del marco de las instituciones políticas, sociales, domésticas, tal «categoría» o tal «clase» se mantiene en un estatuto de minoría, oscilando entre la represión y la protección, sin que por ello el principio en sí deje de ser proclamado. Obreros, mujeres, esclavos o sirvientes, extranjeros, etc., pudieron constituir otros tantos ejemplos de dichas «minorías» impensables, si no irrealizables. Pero esto no nos lleva al aspecto *intensivo* que, una vez más, es el aspecto decisivo.

Considero que podemos identificar esa universalidad intensiva con el efecto *crítico* operado por cualquier discurso en que se reitere la proposición según la cual «igualdad» y «libertad» no son, no estarían en condiciones de ser en verdad conceptos *diferenciados*, y *a fortiori* ninguna contradicción llegaría a surgir entre sus respectivas exigencias. Por ello nunca hay cabida, por más que haya dicho y argüido al respecto cierto discurso liberal, para «reconciliarlas» mediante la instauración de un «orden preferencial» de subordinación, o mediante una limitación recíproca (Rawls, Kant). De manera más pragmática, equivale a decir que *si* ninguna igualdad puede instaurarse *sin* que la libertad consista en su condición, *enton-*

20. Cf. Étienne Balibar, *Les frontières de la démocratie*. París, La Découverte, 1992.

ces la inversa no es menos verdadera: ninguna libertad que no tenga por condición la igualdad podría existir.[21]

Una proposición como ésa (doblemente negativa, correspondiente desde el punto de vista lógico a lo que los griegos llamaban *elenchos* es evidentemente dialéctica por naturaleza. Inconfutablemente tiene un contenido positivo, pues postula que la libertad y la igualdad van a la par en la «ciudad» o en la «sociedad», en el ámbito nacional o internacional, ya sea que avancen o retrocedan. Con todo, la única manera de demostrar su carácter verdadero o de justificarla en sí misma es negativa: es la *refutación de sus propias negaciones*, por ende es la manifestación de la negatividad interna que la caracteriza. Eso equivale a definir «libertad» como una *no-constricción* e «igualdad» como una *no-discriminación*. Cada una de esas nociones queda abierta a una multiplicidad de determinaciones, que dependen precisamente de las experiencias negativas que hacemos, antiguas o nuevas. La proposición se comprende, entonces, así: abolir o simplemente combatir la discriminación implica necesariamente abolir o combatir la constricción y la represión, y a la inversa. Eso patentiza sin más el tenor «insurreccional» de la universalidad ideal.

De esa negatividad resulta también lo que denominaré carácter interindividual de la universalidad ideal. Derechos de igualdad y de libertad son, por supuesto, derechos individuales. Tan sólo los individuos pueden reivindicarlos y ser sus portadores. Sin embargo, la supresión conjunta de la constricción y de la segregación (lo que podemos llamar *emancipación*) siempre es claramente un *proceso colectivo*. Sólo puede desarrollarse si gran cantidad de individuos (virtualmente *todos* los individuos) unen sus fuerzas contra la opresión, contra las jerarquías sociales y las inequidades. En otros términos, la igualdad y la libertad nunca pueden concederse, distribuirse entre los hombres; sólo puede conquistárselas. Uno piensa, ahora, en lo que Hannah Arendt llamaba «derecho a tener derechos»,[22] que nunca se reduce a gozar de tal o tal otro derecho ya adquirido y garantizado por la ley. Es evidente que el derecho a los derechos no

21. Opto ex profeso por estos términos, como ya lo había hecho en *Les frontières de la démocratie*, cit., para dejar en evidencia la contraste entre una concepción de lo universal, que según me parece está en constante funcionamiento en la interpretación de la democracia como «insurrección» (o insurrección permanente), común a las tradiciones revolucionarias holandesa, francesa, angloamericana y latinoamericana, y el «problema» del que John Rawls hace derivar su teoría de la justicia, rectificada en sus textos recientes. Él mismo no impugnaría dicho contraste. En cambio, sería más delicado decidir si la filosofía kantiana puede ser simplemente reputada de un lado o del otro de esa oposición.

22. Hannah Arendt, *Los orígenes del totalitarismo. 2. Imperialismo*. Madrid, Alianza, 1987, pp. 422 ss; en este caso, p. 430 [la numeración es continua en los tres volúmenes].

es esencialmente una noción moral, sino una noción política. El proceso al que se refiere comienza con la resistencia y aspira al ejercicio de un «poder constituyente», sin importar bajo cuál forma histórica. En consecuencia, en todo momento habría que entenderlo como un *derecho a la política*, en sentido lato, es decir, en el sentido en que nadie puede nunca emanciparse desde fuera o desde lo alto, sino solamente por su propia acción y la colectivización de esta última. Exactamente lo que los *insurgés* o insurgentes de las revoluciones democráticas del pasado proclamaron y, si hay revoluciones en el presente, proclaman.

Insisto: un concepto de universalidad como ése es *ideal*. Eso nada tiene que ver con la idea de que no cumpliría un rol activo, o de que no habría proceso de emancipación en la historia. Observamos, más bien, que el ideal de la no-discriminación y de la no-constricción es «inmortal», indestructible,[23] que no deja de renacer y de revivir en las situaciones más diversas, pero también que se desplaza constantemente. Lo hace de un lugar a otro, de un grupo a otro, de uno a otro enclave. Como es sabido, si bien las Revoluciones Estadounidense y Francesa habían proclamado que «todos los hombres nacen y permanecen libres e iguales», los órdenes sociales, las constituciones políticas que surgieron de esa proclama abundaron en restricciones, discriminaciones, instituciones autoritarias; en primer lugar, la exclusión de las mujeres y de los trabajadores asalariados de la «ciudadanía activa», mientras que la noción de ciudadanía pasiva es una contradicción en los términos. Por lo tanto, ellas produjeron la negación de sus propios principios. A eso se debe que las consignas del movimiento obrero se presentaran, en sus comienzos, como un renacimiento de la igualibertad, como una reivindicación del derecho universal a la política: «la emancipación del trabajo será obra de los propios trabajadores» (*Proclama Inaugural* de la Asociación Internacional de los Trabajadores, 1864).

Lo mismo sucede con las del feminismo. Incluso puede decirse que *repetiendo* esa misma dialéctica, aunque en términos absolutamente singulares y prácticamente irreductibles, el movimiento de «liberación femenina» fue el único en aclarar esa instancia de lo universal. El feminismo es *también* un movimiento igualitario, surgido de la evidencia de que la distribución de los derechos y oportunidades a las mujeres por obra de la (buena) voluntad de los hombres es una contradicción en los términos. Aunque fuera concebible prácticamente, llevaría ineluctablemente a su contrario, una «identificación» de los roles. El feminismo no es simplemente un «movimiento político». Munido de una dimensión ética y social, es el germen de una transformación de la política, o de una transfor-

23. Spinoza habría ligado eso al «minimum incomprensible» que representa el *conatus* individual.

mación del *vínculo* entre los sexos que se expresa (entre otras) en la práctica política existente.

La dimensión política universal de un movimiento de emancipación de ese tipo es intrínseca, no depende de la extensión de su influencia o de su popularidad. Puede movilizar ante todo a individuos pertenecientes al grupo (clase) oprimido (-a). Sus propósitos sólo se alcanzarían si se vuelve un movimiento *general*, si aspira a cambiar la estructura completa de la sociedad. Mujeres en lucha por la igualdad pasan de la simple resistencia a la política y, en congruencia con esa práctica, no buscan la obtención de derechos para una «comunidad», que sería la «comunidad de las mujeres». Desde el punto de vista de la emancipación, el «género» sexuado no define pertenencia ni comunidad. A menos que sea conveniente decir que el único género comunitario es el género masculino, pues los hombres de sexo varón (*mâle*) –o parte de ellos, los que *se identifican públicamente con su sexo*– crean instituciones y desarrollan prácticas de reproducción de sus privilegios colectivos, «genéricos». Con ello virtualmente transforman la sociedad política en comunidad basada sobre afectos y vínculos narcisistas. En su respuesta al ensayo de Charles Taylor, *Multiculturalism and «the Politics of Recognition»*,[24] Susan Wolf justamente defendió la idea de que no hay «cultura femenina» o «cultura de mujeres» en el sentido en que los antropólogos hablan de la cultura de tal o tal otra comunidad: comunidad étnica, pero también nacional o socioprofesional. La contrapartida es que *toda* cultura se organiza a imitación de cierta forma de diferencia entre los sexos, implicando a la vez formas determinadas de sumisión sexual, afectiva, económica. Por ende es preciso admitir que la posición de las mujeres en la sociedad (sociedad «real» en la división de tareas y el reparto de poderes, posición «simbólica» en el discurso y en el imaginario) es un elemento de estructura que especifica el carácter de cada cultura, sea dominante o dominada, cultura de un grupo específico o de una sociedad global con su legado de civilización, y hasta de un movimiento social.

Si la lucha de las mujeres por la igualibertad se desarrolla como un movimiento complejo tendiente a establecer la no-indiferenciación en el seno de la no-discriminación. Crea una *solidaridad* –y en ese sentido contribuye a un progreso de la ciudadanía–, pero no crea *comunidad* alguna. Puede expresarse en el léxico de Jean-Claude Milner:[25] las mujeres son típicamente una «clase paradojal», que no está formada por el imaginario de la similaridad o del parentesco «natural», ni por la respuesta al llamamiento de una Voz simbólica que las autorizaría a pensarse como un grupo «elegido». Esa lucha tiene más bien por objeto, parcialmente, trans-

24. Princeton University Press, 1992, pp. 75-85.
25. *Les Noms indistincts*. París, Seuil, 1983.

formar la comunidad como tal. De ese modo, es inmediatamente universalista, nos permite imaginar qué podría ser una transformación de la noción de política y de sus formas de autoridad, de legitimidad, de representación, que –por más democráticas que sean– inmediatamente se muestran manchadas de particularismo.

Un razonamiento como este último no lograría permanecer exento de consecuencias sobre los debates que atañen a las «minorías», a los «derechos de las minorías», al igual que, por lo menos indirectamente, al «multiculturalismo» y a los conflictos interculturales. La tan ambivalente (y a veces tan trágica) historia de las alianzas de circunstancia y de los falsos reconocimientos entre luchas de emancipación: movimiento de liberación de las mujeres por un lado, movimientos de liberación nacional (o cultural, o étnica) por el otro (por no aludir a formas al «regreso de lo religioso»), aguarda todavía una presentación de conjunto. Como se sabe, los conflictos no son en esos casos menos vivaces que entre el movimiento obrero y el feminismo, los cuales están lejos de atenuarse cuando la lucha de clases se vuelve una lucha defensiva en procura de proteger una «cultura obrera» dentro del marco de conjunto de una hegemonía nacional.

Sería al menos muestra de ligereza derivar conclusiones unilaterales a partir de lo anterior. Por cierto, debemos admitir que semejantes contradicciones no son meramente accidentales, ni meramente empíricas. Es asunto de contradicciones inherentes a los principios. De hecho, yo tendería a decir inherentes a que haya «principios». Pero la consecuencia que ha de derivarse de ello es nuestro deber de renunciar a usar los términos «minoría» y «diferencia» de modo indistinto. Si las mujeres son una «minoría» o son «minoritarias», eso no llegaría a producirse en el sentido en que hay «minorías» culturales, religiosas, étnicas. Si se las considera como la «mayoría», o mejor aún como representantes de los intereses de la mayoría en condiciones históricas dadas, no puede ser en el sentido en que por mi parte, al discutir la «universalidad real», decía que asistimos al surgimiento de nuevas culturas transnacionales virtualmente mayoritarias en un mundo donde las migraciones y los fenómenos de mestizaje no dejan de aumentar.

Por otro lado, ese reconocimiento de la tensión que afecta a las «diferencias» desde el interior (y además da cuenta de gran cantidad de decepciones que llegan tras los discursos utópicos de la «nueva ciudadanía» o del «arco iris» de las diferencias) no estaría en condiciones de hacernos derivar la conclusión de que las luchas «culturales», que expresan una reivindicación de autodeterminación, de reconocimiento o de igualdad por parte de comunidades que durante mucho tiempo fueron excluidas de la representación política y siguen siéndolo, apresadas en el *double-bind* de las políticas de exclusión y de asimilación (como las comunidades de *inmigrantes*), sólo son atribuibles al *particularismo*. Evidentemente, en una conjetura dada, tienen un componente y un rol universalistas. También según los tres ejes que intenté articular. Desde el punto de vista de la universalidad real, porque tienden a impugnar la «exclusión interior» a escala del planeta entero que incesantemente reproduce el racismo. Lo mismo sucede desde el punto de vista de la universalidad ficticia, porque tienden a ensanchar la gama del pluralismo más allá de los límites de una hegemonía dada, es decir, a *expandir la subjetividad*, al volver a poner en tela de juicio las formas de vida y de pensamiento que se imponen a la sociedad como otras tantas imágenes de la «razón», a la vez que devuelven a un grupo dominante su propia imagen idealizada. Finalmente, desde el punto de vista de la universalidad ideal, porque la discriminación entre culturas (sean culturas de clase o culturas étnicas llegadas de distintas regiones del mundo) es un recurso decisivo para reproducir la diferencia intelectual, las jerarquías de saber y de autoridad que privilegian los hombres, mujeres, niños para quienes los modelos culturales, las normas de comunicación instituidas son las más «naturales». Una forma de constricción y de discriminación que siempre existió en las sociedades nacionales y sus imperios coloniales, pero que se vuelve verdaderamente explosiva en un contexto social trasnacional. Lo constatamos una vez más: en la política hay realidades, ficciones e ideales; pero no hay esencias invariables.

La triple significación de lo universal, tal como más arriba intenté describirla, no desemboca en «respuesta» simple y definitiva alguna a la demanda de definición que se hace oír actualmente, sobre todo dentro del marco de los debates que oponen a sostenedores del «universalismo» y del «relativismo» (o del culturalismo). Esa demanda conlleva, sin embargo, una lección filosófica tanto como implicaciones prácticas.

Decir que lo universal es fundamentalmente *equívoco* (*pollakhôs legomenon*, según la fórmula de Aristóteles, utilizada por él a propósito del *ser*, pero también del *alma*, de la *causa* y del *principio*) no es decir, que *los universales* se dividirían la universalidad, como un origen perdido o un horizonte de sentido por venir, sino antes bien que cada uno de ellos *es y no es* lo universal. En otros términos, no lo es sino aporéticamente, y sobre todo no lo es sino por cercanía, por interferencia, por «identificación» problemática con los otros, con lo que no es del todo sí mismo. Así, lo «universal» –si hubiera uno de ellos, tal que fuera «uno»– sería el lazo de unión, o el tránsito de una figura a otra. Pero de por sí ese pasaje no tiene figura, unidad, estabilidad algunas. No es más que deslizamientos, conflictos, equívocos y desgarros.[26]

26. A ello se debe, en especial, que si bien se ha acuñado aquí la idea del carácter equívoco de lo universal conforme al modelo de la idea de equivocidad del ser queda fuera del planteamiento hallar, como los neoplatónicos antiguos y modernos, cierta *unidad* hiperesencial «más allá» del ser o «diversamente» (*«autrement»*) a él.

Las tres instancias de la universalidad que he diferenciado son mutuamente irreductibles, pero nunca aisladas, independientes una de la otra. La presentación que he hecho al respecto refleja sin lugar a dudas las constricciones e injunciones singulares de cierta coyuntura. Intentemos resumir qué hemos aprendido de ello.

La universalidad real es un proceso que simultáneamente *construye y destruye la unidad del «mundo»*, multiplicando las dependencias mutuas entre «unidades» políticas, económicas o culturales, cuyo conjunto da forma a la actividad social. Aquello que los anglosajones llaman *globalization* y que por nuestra parte podríamos llamar «mundialización del mundo» no es más que la repercusión como «reflujo» sobre cierto proceso abierto desde hace siglos, nutrido por la expansión del capitalismo, que al echar a andar se había traducido en la formación de conjuntos de Estados rivales entre sí, al menos en el «centro» de la economía-mundo. Aunque no hayan desaparecido, lejos de allí (por más que un estudio atento nos mostraría gran cantidad de transformaciones bajo la unidad ficticia de cada «nombre»), ya no están en condiciones de procurar modelos a las instituciones y a las formaciones comunitarias que se diseñan a escala mundial. Ha sugerido que las consecuencias de esa situación no eran sólo políticas, sino filosóficas: en especial por cuanto aquélla deja perimidas las utopías clásicas del cosmopolitismo, que reposaban sobre la idea de una esfera moral o de un «reino de los espíritus» situado *más allá* de las instituciones positivas de los Estados. Esas construcciones intelectuales (comunes al «liberalismo» y al «socialismo») son invalidadas por el propio movimiento de la universalización.

He recalcado dos puntos. *En primer lugar*, la mundialización del mundo multiplica los estatutos «minoritarios», pero al mismo tiempo dificulta cada vez más, a una cantidad siempre en aumento de individuos y de grupos, ser clasificada con una atribución *simple*. *En segundo lugar*, el efecto más inmediato, pero probablemente durable, de la relativización de las fronteras entre las «naciones», los «imperios» (o los «frentes») [Cf. caps. 5 y 6 de este libro] es un desarrollo de gran envergadura de los conflictos étnicos o pseudoétnicos, que reivindican para sí estereotipos culturales. Podríamos reformular todo lo anterior si dijéramos que en un contexto como ése se utiliza más que nunca las identidades al servicio de *estrategias* políticas defensivas y agresivas, lo que implica imponerlas de una manera más o menos violenta a uno mismo y a los otros. Sin embargo, las estrategias que vemos desplegarse seguirían siendo ininteligibles si aparentásemos olvidar que subyace o sobredetermina a la mecánica de «diferencias» una estructura general de *inequidades* antiguas y recientes, heredadas del colonialismo y del imperialismo, o surgidas de la tendencia a la desintegración del Estado nacional-social. En consecuencia, las políticas identitarias (*identity politics*) o las estrategias de defensa de la identidad amenazada son también en definitiva medios para resistirse a la universalización de la inequidad, a la inequidad como forma de universalidad. Pero es cierta la inversa: no lograríamos imaginar que en un mundo «mundializado» la lucha contra las desigualdades haya de abolir alguna vez el problema de la diferencia, o de la diversidad cultural, por tanto la resistencia a la uniformización y a la homogeneización. Entonces se plantea de forma acuciante el problema de saber cómo *universalizar la resistencia* sin por ello *intensificar y sacralizar* la representación de las identidades como alteridad exclusiva, mientras que el sistema no cesa de reproducirla y de valerse de ella.

Luego he propuesto diferenciar entre una universalidad *ficticia* y una universalidad *ideal*. La primera me parece estar implicada en la constitución de las *hegemonías* históricas y sociales, a las que asimismo he denominado «ideologías totales». Siempre está articulada a la existencia de instituciones o aparatos de Estado, tradicionales o modernos, religiosos o secularizados. En la línea de Hegel, y conforme a su planteamiento, he intentado describir la ambigüedad típica de una universalidad de esa índole como combinación entre una *liberación del individuo* respecto de los lazos de adhesión de tipo comunitario, y una *normalización* del comportamiento individual que evidentemente supone «modelos» explícitos o implícitos. Precisamente por ello la individualidad, correlato de ese tipo de universalidad, sólo puede existir bajo la condición al menos latente de represión de una desviación pasible de ser reivindicada. El factor sobre el que quiero insistir es este: aunque por definición sea una *construcción*, una «segunda naturaleza», o más bien por serlo, la hegemonía siempre trae aparejado un auténtico elemento de universalidad, que es precisamente el reconocimiento del hombre como individuo.

¿Cuáles son las consecuencias? Por un lado, la posibilidad –brindada en el mundo moderno especialmente por la institución política que adopta la forma «laica» de una ciudadanía nacional– de escapar a la oscilación violenta entre ambos extremos «imposibles», la reducción de la identidad personal a una sola pertenencia, un rol determinado de antemano por nacimiento o adopción, y la fluctuación permanente entre una infinidad de identidades contingentes, todas ofrecidas por el mercado de las culturas, tal como la idealizó cierto discurso «posmoderno». Pero esa posibilidad se paga con un precio elevado, que uno puede no desear o poder pagar. A orillas de la normalidad se perfila entonces la exclusión en sus distintas formas, como exclusión interior (la del deseo en el individuo, o la de su potencial para accionar) y como exclusión social: la de los comportamientos y conjuntos «desviados».

Estoy convencido de que la identidad colectiva «sustancial» típicamente producida y reproducida por intermedio del funcionamiento de las instituciones hegemónicas (que, en el caso del Estado-nación propuse llamar *etnicidad ficticia*)[27] representa la piedra basal de todo el sistema de normalización y de exclusión justamente en cuanto ésta es, o ha sido, el más poderoso de los recursos históricos para estatizar el espacio de las libertades, formalizando las luchas sociales y las reivindicaciones democráticas. De allí deriva la tensión permanente que afecta a la «ciudadanía». Esa tensión se vuelve crítica, y potencialmente destructiva, no bien el proceso de mundialización impone la construcción o la reconstrucción de instituciones democráticas de tipo «posnacional», o al menos «transnacional». Indudablemente dicho motivo hace que la universalidad ficticia regresione hacia el particularismo, es decir, que la identidad *nacional* virtualmente pierde su carácter «hegemónico», su significación «pluralista» (prescindiendo de cuáles hayan sido sus límites más o menos estrechos), para devenir otra forma de comunitarismo o de identidad unilateral.

El elemento de subversión que los filósofos llamaron «negatividad» corresponde a lo que he llamado aquí *universalidad ideal*. Es posible que a lo largo de la historia toda hegemonía política se haya fundado sobre una experiencia «revolucionaria», o sobre una «insurrección del pueblo». Eso no impide que la negatividad en funciones en el seno de la hegemonía inevitablemente vaya más allá de cualquier ciudadanía institucional. La problemática de la «igual libertad» (o de la imposibilidad de una libertad *sin igualdad* tanto como de una igualdad *sin libertad*) que aquella plantea es de por sí infinita. Tal ideal de universalidad nada tiene que ver con hablar el lenguaje constituido de la política (en especial el del *individualismo* o el del *socialismo*), ni con jugar su juego regulado y decidido de antemano. En cambio, aspira a inventar un lenguaje que «fuerce» las barreras de la comunicación pública. Por eso su principal exponente es el movimiento de las «clases paradójicas» que no defienden los derechos de un grupo particular en nombre de esa misma particularidad, sino proclamando que la discriminación o la exclusión que lo golpean representan una negación de la humanidad como tal. Así son, o fueron, los movimientos de liberación del proletariado en nombre de la lucha contra la explotación del «trabajo», o de liberación de las mujeres en nombre de la igualdad en la diferencia entre los sexos.

Considero esencial mantener enteramente abierta la posibilidad, para otros movimientos sociales, de tener un componente universal en ese sentido, es decir, de llevar adelante un combate universalista contra la discriminación en la medida en que exhiben una diferencia antropológica fundamental. Pero me resulta igualmente esencial reconocer que ninguna

27. La forme nation, en Étienne Balibar e Immanuel Wallerstein, *Race, nation, classe. Les identités ambiguës*. París, La Découverte, 1988. [*Raza, nación y clase*. Madrid, IEPALA, 1991.]

armonía preestablecida puede existir entre las expresiones de la universalidad ideal entendida en el sentido de que todas se remiten a la misma forma, a la misma negatividad. Es posible que nos veamos obligados a admitir, no sólo como hecho de experiencia sino como rasgo de finitud que afecta a la constitución del ideal de *humanidad*, que la negatividad es intrínsecamente múltiple, «escindida»: eso no nos llevará a relativizarla, a rebajar su carácter incondicional, sino a comprender que una instancia de lo universal así constituida debe antes bien engendrar eternamente el conflicto o la escisión que descansar en la simplicidad y la unidad de un saber absoluto. Eso tiene consecuencias muy concretas. No hay frente espontáneo, en cierto modo natural, de «excluidos», «minoritarios» (aquellos que Rancière en su libro reciente,[28] llama los «*sans part*» [sin partido]), contra la universalidad dominante o el sistema establecido de la política. Eso no significa que dicha unidad no pueda existir en determinadas circunstancias. Simplemente debe ser construida, e incluso debe ser objeto de una *opción*: así, ejemplifica la finitud o el riesgo, al que me refería ya cuando hablaba de la ambigüedad de los ideales. La filosofía puede dar nombre a ese problema, pero no resolverlo.

28. Jacques Rancière, *La Mésentente. Politique et philosophie*. París, Galilée, 1995. [*El Desacuerdo. Política y filosofía*. Buenos Aires, Nueva Visión, 1996.]

REFERENCIAS DE LAS PRIMERAS PUBLICACIONES

Tres conceptos de la política: emancipación, transformación, civilidad
«Trois conceptes de la politique: Émancipation, Transformation, Civilité», *Les Temps Modernes*, núm. 587, marzo-abril-mayo de 1996.

¿Existe un racismo europeo?
«Gibt es einen «Europäischen Rassismus»? Elemente einer Analyse und einer Handlungsorientierung», en F. Balke, R. Habermas, P. Nanz, P. Sillem (comps.), *Schwierige Fremdheit. Über Integration und Ausgrenzung in Einwanderungs-ländern*. Francfort, Fischer Taschenbuch Verlag, 1993.

Las identidades ambiguas
«Internationalisme ou barbarie», *Lignes*, núm. 17, octubre de 1992.

¿Qué es una frontera?
«Qu'est-ce qu'une frontière?», en M.-C. Caloz-Tshopp, A. Clévenot, M.-P. Tschopp (comps.), *Asile – Violence – Exclusion en Europe. Histoire, analyse, prospective*. Coeditado por los Cahiers de la Section des Sciences de l'Éducation de l'Université de Genève y el grupo «Violence et droit d'Asile en Europe» de Ginebra, 1994.

Las fronteras de Europa
«Les frontières de l'Europe», Actas del Coloquio *L'idée d'Europe et la philosophie*, de la Association des Professeurs de Philosophie de l'Académie de Poitiers. CRDP de Poitou-Charentes 1995.

Violencia: idealidad y crueldad
«Violence: idéalité et cruauté». Seminario de Françoise Héritier, *De la violence*. París, Odile Jacob, 1996.

Globalización / civilización
«Globalization 1 & Globalization / Civilization. Part 2», *Documenta X – the book: politics poetics*. Idea y concepción de C. David y J.-F. Chevrier. Ostfildern, Cantz, documenta y Museum Fridericianum Veranstaltungs de Kassel, 1997.

Los universales

«Ambiguous Universality». Ponencia leída en el Coloquio Cultural Diversities: On Democracy, Community, and Citizenship. Nueva York, The Bohen Foundation, en *differences: A Journal of Feminist Cultural Studies*, 7.1 (1995).

Excepto «Globalización/civilización», todos los ensayos fueron compilados en versión francesa en Étienne Balibar, *La crainte des masses. Politique et philosophie avant et après Marx*. París, Galilée, 1997. El prefacio ha sido escrito especialmente para esta edición.